자유, 뭥미?

자유, 뭥미?

------- 박효종

박영books

■ 머리말

　눈에 보이는 것보다 눈에 보이지 않는 것이 더 소중하다는 말이 있다. 물론 모든 게 그런 것은 아닐 터이다. 눈에 보이면서도 소중한 가치를 지닌 것들이 얼마나 많은가. 우리 주변을 돌아보면 더더욱 그렇다. 나를 낳아준 어머니와 아버지, 더불어 살아가는 가족, 사랑하는 남자친구나 여자친구, 그 얼마나 소중한 존재들인가. 그들은 눈으로 볼 수 있다. 그러나 나라의 존재를 한번 생각해보았는가. 나라라는 것은 아무리 눈을 씻고 찾아보아도 눈에 들어오지는 않는다. 물론 손에 잡히는 실체도 아니다. 서울 광화문에 가면 청와대도 보이고 정부종합청사도 볼 수 있다. 또 여의도에 가면 국회의사당을 보는 게 어렵지 않다. 허나, 그것들은 나라의 상징은 될 수 있을지언정 나라, 그 자체는 아니다. 나라라는 것은 대기중의 산소처럼 눈에 보이는 것이 아니다. 산소가 없다면 사람들이 숨쉬고 살아갈 수 없듯이 나라도 그런 존재다. 우리가 살아가켬면 국가공동체가 있어야 하지 않겠는가. 이런 말을 하면 "국가주의자 아니냐"라고 반론을 제기하는 사람도 있겠지만, 전혀 그렇지 않다. 국가 안에서 태어나고 국가 안에서 생을 마감하는 것이 엄연한 현실 아닌가.

　그런 국가에 대해 세금내고 병역의 의무만 이행하면 그만인 것인

가. 그건 그렇지 않다. 국가에는 영혼이 있다. 분명 국가 안에는 우뚝 솟은 우람한 산도 있고 깊은 골짜기도 있으며 굽이굽이 흐르는 강도 있다. 그러나 그것만으로 국가라고 부를 수는 없다. 국가란 영혼으로 존재하는 어떤 것이다. 국가의 영혼이 맑아지고 싱그러움을 유지하면 우리의 삶 전체에 상서로운 기운이 넘쳐흐를 터이다. 대한민국이라는 나라의 영혼은 과연 무엇이겠는가. 자유라는 생각이 든다. 이 자유를 정성껏 가꾸어나갈 때 대한민국의 영혼은 더욱더 맑아지고 건강해질 수 있지 않겠는가.

국가는 특별하다. 인간 개개인은 나이를 먹으며 늙어가지만, 국가는 나이를 먹어도 늙지 않는다. 늙지 않고 청춘을 구가하는 비결이 과연 무엇이겠는가. 국가가 늙지 않는 비결은 봄마다 돋아나는 새싹처럼 푸릇푸릇한 세대, 과거를 이어주는 미래세대가 끊임없이 올라오기 때문이다. 그래서 국가는 늙을 수 없다. 사람들이 나이를 먹고 죽음을 맞이해도 국가는 그럴 수 없는 이유가 바로 여기에 있다. 국가는 늘 푸른 소나무와 같다. 허다한 나무들이 봄에 잎을 키우고 여름에 무성해지며 가을에 잎을 떨어트리고 겨울에 앙상한 가지로 남지만, 소나무는 사시사철 푸르름을 자랑하고 있지 않은가.

그럼에도 생각해야 할 점이 있다. 하나의 국가가 수백 년 묵묵히 서 있는 소나무와 같이 굳건한 거목이 되려면 그 국가의 영혼이 더욱더 풍요로워지고 또 그 풍요로움이 세대를 이어가며 전해져야 한다. 과연 대한민국이라는 국가의 영혼이 더욱더 싱싱해지고 또 우리 젊은 세대에게 제대로 전하지고 있는 것인가.

문득 우리 젊은 세대에게 던지고 싶은 질문이 있다. 다시 태어난다면 어느 나라에 태어나고 싶은가 하는 물음이다. 우리 대한민국인가, 아니면 대한민국이 아닌 다른 나라인가. 혹시 미국이나 유럽의 어느 나라에 태어나고 싶다는 대답을 하고 싶은 것인가. 나는 당혹스러웠다. 청소년들을 대상으로 조사를 해 보니 60%에 해당하는 응답자들이 그런 대답을 한 것이다. 별것 아니라고 가볍게 넘기기에는 걱정될 만큼 많은 숫자다. 정말 그런 것인가. 정녕 우리 젊은 세대는 그렇게 생각하고 있는 것인가.

나는 말하고 싶었다. 젊은 세대와 이야기를 하고 싶어진 것이다. 젊은 세대, 여러분들이 태어나고 자라난 이 땅과 이 나라에 대한 사랑이 그 정도인가 하고 걱정이 되었기 때문이다. 만일 그렇게 생각한다면, 여러분이 태어나고 자라난 이 땅과 이 나라를 누가 키워간단 말인가.

그렇다. 현실은, 아니 대한민국의 현실은 만족스럽지 못하다. 마음에 들지 않는 부분이 어디 한두 군데뿐이랴. 하지만 그렇다고 하더라도 다시 태어난다면 이 대한민국에 다시 태어나고 싶다고 말해줄 수는 없겠는가. 다시 태어날 그 때는 우리 대한민국이 어느 선진국 부럽지 않은 멋진 나라가 되어 있을 테니 말이다. 아, 아니다. 차라리 젊은 세대, 여러분들이 그런 멋진 나라를 앞장서서 만들어 나가겠다고 말해주면 정말 좋을 것 같다.

　이 책에는 이 간절한 뜻이 담겨져 있다. 세금을 내고 병역을 이행하는 일이 결코 작은 일은 아니다. 마음과 정성이 필요한 일이 아니던가. 허나, 그것만으로 충분치 않다. 국가에 관한 문제만 나오면 취업준비로 바빠서 생각할 틈이 없다, 일하느라 피곤하다, 놀러갔다 와서 차분하게 생각해 보겠다, 심지어 애국이 무슨 꽃이냐고 되묻기도 한다. 구시대적인 발상이라고 말해주는 것만 해도 고맙게 느껴질 정도다. 물론 개인이 중요하고 소중하다. 그래서 개인의 관심사도 소중할 수밖에 없다. 이 점을 부인할 사람이 누가 있겠는가. 하지만 이제는 국가도 생각해 보아야 한다. 국가를 위해 할 일이 세금납부와 병역이행 이외에 무엇이 있는지 곰곰이 고민해 보아야 하지 않겠는가. 아닌 게 아니라 대한민국이라는 국가의 영혼에 대해 생각할 단초를 제공하기 위해 이 책을 펴냈다. 부디 읽고 마음으로 공감해주기를 간절히 소망한다.

2012년 7월 17일
박효종

　PS. 젊은 세대 여러분, "대한민국이 이랬으면…" 하는 주문만 하지 말고 여러분의 풋풋한 숨결로 대한민국에 더 맑고 깨끗한 영혼을 불어넣어 주세요!

■ 차례

1장 지금은 '자유'를 부르짖을 때!

1. 자유의 이상, 그것이 무엇인가 ·· 17
2. 자유인은 인간이 아닌 '신(神)'에게만 무릎을 꿇는 존재 ············ 21
3. 자유인의 공동체 ·· 26
4. 대한민국, '공화적 자유'를 지향해온 나라 ································ 30

2장 대한민국은 자유인의 공동체인가

1. '자유인의 공동체'를 평가하는 척도는 ····································· 39
2. 우리는 정의로웠건가 ·· 42
3. 우리는 지혜로웠건가 ·· 46
4. 우리는 용감했던가 ·· 48
5. 우리는 절제력이 있었던가 ··· 52
6. 우리는 포용력이 있었던가 ··· 58

3장 더 큰 자유의 공동체를 위하여

1. '민주화', '산업화', '선진화'는 '일란성 삼생아(三生兒)' ·············· 71

2. 민주화, 어떻게 보아야 하나 ……………………………………… 72
3. 산업화, 어떻게 보아야 하나 ……………………………………… 75
4. 선진화, 어떻게 보아야 하나 ……………………………………… 78
5. 정치, 작은 것이 아름답다 ………………………………………… 83

4장 국가, 우리에게 무엇인가

1. 현충원에서 대통령의 이런 연설을 듣고 싶어요 ……………… 93
2. 동토의 나라에 버려진 '노병'들을 데려오라 …………………… 96
3. 조국 위해 목숨 바치는 것은 얼마나 명예로운가! …………… 100
4. 아덴만에서 비로소 대한민국 국가가 있었다네! ……………… 105
5. '전쟁기념관'은 '호국기념관'으로 불러야 ……………………… 109

5장 '망국의 날'에 무엇을 생각해야 하나

1. '나라'는 지키든지, 빼앗기든지, 둘 중의 하나! ……………… 117
2. 100여 년 전 무능했던 우리의 위정자들 ……………………… 123
3. '식민지 근대화'란 없다! ………………………………………… 130

6장 '친일청산', 하려면 제대로 해야!

1. 직위형 친일, 생계형 친일 ……………………………………… 139
2. '친일규명위', 왜 문제가 되나 ………………………………… 144
3. 친일의 '사실'과 민족애의 '진실' ……………………………… 148

7장 국가의 영웅은 '태어나는 것'이 아니라 '만들어지는 것'인데…

1. 우리 사회는 '영웅만들기'에 인색한 사회인가 ……………… 157
2. '대한민국의 영웅'이라면 ……………………………………… 162
3. 모든 영웅은 '공7: 과3'의 존재 ………………………………… 169
4. 영웅을 기리는 조각상을 세우려면 …………………………… 176

8장 '야누스'의 얼굴을 가진 북한, 원칙 있는 대처가 약!

1. 북한의 호전성엔 결연히 맞서야! ……………………………… 183
2. '나그네·햇볕' 그리고 '늑대·양' ……………………………… 187
3. 북한을 잘못 알고 있는 사람들 ………………………………… 191
4. 돈으로 평화를 산다? …………………………………………… 196

5. '재스민 꽃', 북한에도 피어날 수 있을까 ……………………… 199

9장 진보와 보수는 '당동벌이(黨同伐異)' 아닌 '구동존이(求同存異)'를 지향해야

1. 진보와 보수, '독불장군' 아니다 ………………………… 209
2. 강남좌파! ……………………………………………… 211
3. 진보와 보수, '연날리기' 시합을 할 수는 없을까 …………… 215
4. 진보의 '이상', 보수의 '현실' ……………………………… 218
5. 보수, 무엇이 문제인가 …………………………………… 221
6. 진보, 무엇이 문제인가 …………………………………… 226
7. 진보와 보수, '구동존이'를 길잡이삼아야 ………………… 231

10장 '복지논쟁'이 놓치고 있는 것!

1. 정치인이 '산타클로스'가 될 수 있을까 …………………… 241
2. '복지의 함정', 무엇인가 ………………………………… 245
3. 이리와 개 ……………………………………………… 250
4. 왜 '무상급식'을 갖고 '아이들 먹이는 문제'라고만 하나 …… 256

11장 정치인의 소명을 생각한다

1. '정치인 헌법', 필요하다 ·· 267
2. '우리당'과 '우리지역'은 있는데, '우리나라'는 어디 있나 ········ 276
3. 정치인의 가장 큰 죄악은 '기회주의' ······································ 282
4. 정치인을 좋아한다는 것! ·· 287

12장 권위의 회복이 시급하다

1. '권위'란 과연 무엇인가 ·· 295
2. 공화국의 대통령이라면 권력을 분산해야 ······························· 303
3. 국회여! 국회여 폭력만은 안 됩니다 ···································· 307
4. 결정규칙을 존중하는 국회로 태어나야 ·································· 313
5. 사법부는 모름지기 '정의의 여신'을 닮아야 ··························· 317
6. "한번 법관이면 영원한 법관"이 되어야 ································· 322
7. 국가권위란 '다모클레스의 칼'과 같은 것 ······························ 326

13장 교육이 반듯해야 반듯한 공동체가 된다

1. 교육의 본질회복, 시급하다 ……………………………………… 335
2. '인권'보다는 '인성'을 가르치는 것이 학교의 소명 ………… 339
3. 한국사 학교교육 제대로 이루어져야! ……………………… 347

14장 2030세대, 여러분에게 부탁해요!

1. 여러분의 모습을 거울에 한번 비춰보세요 ………………… 357
2. 우리 공동체의 과거도 알아야 하지 않을까요 …………… 363
3. 여러분이 바로 세워주세요, 노년의 권위! ………………… 366
4. 재미없고 불편하더라도 진실은 중요해요 ………………… 369
5. 권리만 갖고 말하지 않기로 해요 …………………………… 374
6. SNS시대에도 교양과 지성은 필수품이에요! …………… 377
7. 조국에 대한 사랑은 우리 모두에게 소중한 가치랍니다! ……… 380

지금은 '자유'를 부르짖을 때!

I'm a free man

■ 자유의 이상, 그것이 무엇인가

여러분!
『아라비안 나이트』로 불리는 『천일야화』를 들어 보셨겠지요.

그 주인공의 하나가 일반 백성들이 어떻게 살고 있는지를 알기 위해 거지로 변장했다는 바그다드의 칼리프 하룬 알 라시드랍니다. 절대권력 주위에 몰려든 아첨꾼들에 둘러싸여 있었기 때문에 그로서는 기발한 방법이 아니고서는 백성의 목소리를 들을 방도가 없었지요. 그토록 영특했지만, 하룬은 어느 날 우연히 아내의 불륜을 목격하게 되지요. 배신감을 참을 수 없었던 그는 그 후 여성에 대한 복수를 생각하고 매일 매일 왕비를 바꾸어가며 하룻밤을 같이 지낸 왕비를 처형하지요.

자신과 하룻밤을 보낸 왕비의 절개를 영원히 보존하겠다는 것이 명분이었죠. 이렇게 세월이 흐르다보니 수많은 왕비들이 죽어나가 어느덧 왕비를 자청하는 처녀가 없게 되는 사태에 이르게 됩니다.

이 어려운 시기에 재상의 딸인 세헤라자데가 왕비가 되기를 자원합니다. 죽음을 각오한 것이지요. 아버지의 완강한 반대를 무릅쓰고 그녀는 왕궁으로 들어가게 되는군요.

하룬은 하룻밤을 지낸 후 이전과 마찬가지로 세헤라자데를 처형하려 했지요. 그러나 밤마다 들려주는 세헤라자데의 이야기에 흠뻑 빠져들게 된 그는 결국엔 복수의 마음을 버리고 그녀를 진정으로 사랑하게 됩니다. 이렇게 『천일야화』의 또 다른 주인공으로 이야기꾼 세헤라자데가 등장하게 되는 것이지요. 세헤라자데는 천일 동안 밤마다 너무나도 매혹적인 이야기로 왕을 감탄시켜 마침내 자신에 대한 형의 집행을 유보시키고 하룬과의 결혼에 이르게 됩니다.

세헤라자데의 이야기야말로 흥미진진하죠. 하지만 그 기본적인 프레임을 찬찬히 뜯어보면 공포와 폭압에 의해 유지되며 변덕스럽기 짝이 없는 왕의 명령과 지시 및 복종만이 판치는 권위체제, 즉 전제정의 전형적인 이미지인 것입니다.

전제주의적 정치체제에서 질서의 궁극적 원리는 전제군주인 왕의 개인적 성향으로부터 나오게 마련입니다. 물론 전제정이라고 해서 정의正義나 법, 예의가 아무런 의미를 갖지 못하는 그런 무규범의 세상은 아니지요. 정의를 규정하는 절차뿐만 아니라 정치제도를 운영하는데 필요한 나름대로의 법과 규칙들은 엄연히 존재합니다. 비정하리만큼 엄격한 경우도 많아요. 하지만 '임의성'과 '폭압성'이 통치의 유기적 특징이라는 사실은 변하지 않지요.

정말로 우리는 묻고 싶군요. 과연 세헤라자데는 '자유인'이었을까요.

물론 그렇다고 말할 수도 있을 거에요. 그녀는 처음에는 하룬에 대해 두려움을 가졌을는지 모르나, 나중에는 하룬이 그녀에게 사랑의 포로가 되었기 때문에 자유를 누린 왕비가 되었다고 말할 수도 있기 때문이지요.

그러나 엄밀하게 생각해보면, 그런 것은 아니랍니다. 세헤라자데는 자유는 누리게 되었지만, 그 자유는 불안한 자유였고 따라서 진정한 '자유인'은 될 수 없었습니다. 하룬으로부터 뜨거운 사랑은 받았으나, 역시 그는 세헤라자데의 생사여탈권을 가진 주인主人으로 군림했기 때문이지요. 분명 그녀는 사랑을 받는 동안 자유를 만끽할 수는 있었을 거에요. 그러나 하룬의 사랑이 끝났다면 어떻게 되는 거죠. 세헤라자데 역시 다른 이전의 왕비들처럼 처형될 수밖에 없는 운명이 아니었나요. 물론 그녀는 뛰어난 이야기꾼이었기 때문에 그런 비참한 운명은 벗어날 수 있었죠. 그러나 그렇다고 해서 참된 자유를 누린 '자유인'이라고 할 수는 없을 거에요.

자유인이라면 모름지기 주인이 없어야 합니다. 자신의 운명을 좌우할 어떤 주인도 없어야 합니다. 오로지 자기 자신이 자기운명의 주인이 되어야지요. 자기운명을 좌우할 다른 주인이 있다면, 그는 노예나 혹은 노예와 비슷한 몸종일 뿐, 자유인이 될 수는 없습니다.

영어에 지배를 뜻하는 단어가 있습니다. 바로 'domination'이라는 용어죠. 이 말의 어원은 라틴어의 'dominatio'인데, '주인'을 뜻하는 'dominus'에서 유래한 것입니다. 또 '폭정'을 뜻하는 'despotism'이란 말도 있는데, 이것은 그리스어의 'despotes'에서 유래했죠. 역시 '주인'이라는 뜻입니다.

이처럼 '지배'라는 말은 라틴어건 그리스어건 한결같이 노예에 대하여 노예주가 자의로 휘두르는 절대적 의미의 권력을 함의해왔지요. 그러니 주인이 있으면 자유인이라고 할 수 없는 거에요.

바꾸어 말하면 '자유인'만이 진정한 인간이라고 할 수 있죠. 어떻게 노예를 보고 진정한 가치를 가진 인간이라고 할 수 있겠어요.

종달새를 한번 보세요. 새장에 갇혀있는 종달새를 보고 어떻게 종달새라고 하겠어요. 물른 새장에 갇혀 있어도 종달새는 분명 종달새죠. 그러나 하늘을 날 수 있는 소중한 자유를 잃어버렸는데, 어떻게 진짜 종달새라고 하겠어요. 창공을 훨훨 나는 종달새를 보고 비로소 진짜 종달새라고 할 수 있는 거에요.

또 인간관객들을 대상으로 '쇼'를 하고 있는 돌고래도 생각해봐요. 돌고래는 바다에서 자유롭게 헤엄치며 살아야 하는데, '쇼'에 동원되고 있으니 그런 돌고래야말로 노예처럼 강제노역당하고 있는 존재가 아닌가요. 그러니 노예화한 돌고래라고 할지언정 진짜 돌고래라고는 할 수 없는 거에요.

자유인도 마찬가지에요. 주인을 섬기고 사는 인간도 인간이라고는 할 수 있겠으나, 자유라는 소중한 가치를 잃어버렸으니, 진정한 가치와 품위를 가진 인간이라고는 할 수 없죠.

■ 자유인은 인간이 아닌 '신神'에게만 무릎을 꿇는 존재

고대 그리스인들은 같은 시대를 살았던 다른 민족에 비해 매우 독특한 정치비전을 가지고 있었죠. 그랬기 때문에 2천년이 지난 오늘날에도 우리의 비상한 관심을 끌고 있지요. 자신들의 민주적인 삶에 자부심을 가지고 있던 그리스인들은 백성들이 통치자 앞에 무릎을 꿇고 엎드려 절을 하는 관행을 경멸했지요.

그리스인들은 이집트나 페르시아와 같은 거대한 오리엔트제국의 웅장한 문화에 감탄하기도 했지만, 그들의 통치방식에 대해서는 '바르바로스barbaros', 즉 '야만인'이라고 부르며 냉소적인 태도를 보였답니다. 특히 왕과 같은 통치자 앞에 부복俯伏하여 경배하는 관행을 보고 '프로스키네시스'라고 부르며 경멸했는데, 인간들 사이에서 결코 존재해서는 안 되는 '주인과 노예의 관계'라고 생각했지요.

그들은 오로지 신神앞에서만 무릎을 꿇을 수 있다고 믿었어요. 종교인들이야말로 신앞에서만 무릎을 꿇는 존재가 아닙니까. 이처럼 무릎을 꿇는 행위에는 인간과 신 사이의 간극間隙과 괴리를 확인하게 만드는 상징적 의미만이 두드러지는 거에요. 어떻게 인간과 인간 사이의 평등한 관계를 음미할 수 있을까요.

자유인이란 이처럼 신神앞에서만 무릎을 꿇을 뿐, 다른 사람에게는 무릎을 꿇지 않는 존재입니다.

우리 사회에서는 자유의 문제를 갖고 이야기할 때 흔히 '자유인'보다는 '자유주의자'로 지칭하는 경우가 많습니다. 물론 전적으로 틀렸다고 말할 수는 없겠지요. 하지만, 어딘가 어색하고 또 흠결이 있는 말입니다. 목에 칼이 들어와도 다른 사람 앞에서 무릎을 꿇지 않을 정도로 엄숙성을 가진 것이 자유라면, 그런 자유를 희구하고 지향하는 사람은 마땅히 '자유인'이라고 해야지 '자유주의자'라고 부른다면 잘못된 것이지요.

왜냐구요. 자유주의자라고 하면 그 특유의 '주의'라는 말 때문에 상대주의적 의미가 풍기지 않나요. 그래서 '공동체주의'와 같은 사상과 대립각을 이루는 것으로 생각하기 쉽지요.

자유인은 단순히 '간섭'을 싫어하는 사람은 아니에요. 정확하게 말하면 그는 '간섭'이 아니라 '지배'를 싫어하는 사람이지요. 지배받는 것을 뼛속까지 질색하는 사람이에요.

간섭이나 방해를 받는다는 것과 예속되거나 사적 주종관계에 놓여 있다는 것의 차이는 생각보다 큰 거에요.

예를 들어볼까요. 전제군주 아래서 사는 사람들을 생각해보세요. 그 사람들은 왕의 말 한마디, 기분여하에 따라 감옥에 갇힐 수도 있고 재산을 빼앗길 수도 있으며 또 목숨을 잃을 수도 있어요. 물론 평소에는, 또 왕의 기분이 좋을 때는 평화로운 삶을 살기도 하죠. 하지만 언제나 왕의 임의적인 처분 아래 있다는 불편한 진실은 변하지 않지요.

어떤 왕은 시녀가 너무 아프게 안마를 했다는 이유로 죽음을 명하죠. 다만 왕도 그 시녀를 죽이는 것에 대해 양심의 가책을 받았던지 그 시녀가 죽는 방법은 스스로 선택하게 했다고 하는군요. 정말로 변덕스러움의 극치가 아닌가요.

죽이기는 하는데 '편하게' 죽이다니요.

또 아버지는 어떤가요. "하이든은 교향곡의 아버지다" 혹은 "조지 워싱턴은 미국건국의 아버지다", 그런 아버지 말고 가정의 아버지를 말해볼까요. 아버지 가운데는 '기러기 아빠'처럼 헌신적인 아버지도 있지만, 폭군형 아버지도 있죠. 그런 폭군형 아버지의 말은 집안에서 곧 법이 됩니다. 이 아버지는 말보다는 기침으로 의사를 전달하고 꼭 말을 해야 한다면 완전한 문장보다 단문이나 명사형으로 뜻을 나타내죠. 밥먹을 시간이면 '밥!'으로 충분하죠. 이 아버지가 술을 마시고 들어오면 그 집안은 어머니부터 어린 자녀까지 벌벌 떨게 됩니다. 산천초목 떨듯이 말이죠. 언제 트집을 잡고 소리 소리 지르며 폭력을 행사할지 모르거든요.

물론 아버지가 밖에서 일하고 있는 동안, 또 아버지가 술을 마시지 않는 한, 집안 식구들은 한숨을 돌리며 가슴펴고 살 수 있습니다. 또 간섭도 받지 않지요. 하지만 그렇다고 해서 아버지의 횡포 아래 사는 불안한 삶이란 것을 누가 부정할 수 있을까요.

이런 경우, 간섭은 존재하지 않지요. 그럼에도 지배받고 있다는 사실만은 명명백백합니다. 첫 번째 사례로 든 전제군주는 항상 백성들을 탄압하고 있는 존재는 아니에요. 하지만 원한다면, 언제든지 탄압

할 수 있는 가능성이 있지 않겠어요. 두 번째 사례에 나오는 폭군형 아버지도 지금 당장 집안 식구를 괴롭히고 있는 것은 아니죠. 허나, 언제든지 마음만 먹으면 식구를 괴롭히며 학대할 가능성이 있다고 할 것입니다.

바로 그렇기 때문에 자의적인 주인이나 지배자로부터 자유로운 사람이 '자유인'입니다. '자유인'의 개념에는 이처럼 중차대한 의미가 배어있는 만큼, '자유주의'라는 하나의 이데올로기로 불려지는 진부한 범주나 혹은 '사회주의'나 '공동체주의'와 대비되는, 이른바 '안티테제'의 개념으로서 이해하기보다는 엄숙한 정치적 이상理想으로 간주될 필요가 있죠.

자유인의 이상은 그리스의 신 '디오니소스'로부터 시작하여 로마의 신 '리벨타스Libertas'의 이름을 딴 '리버티liberty'라든지, 혹은 노예가 아니었던 가정경제의 주인을 지칭한 독일어에서 유래된 '프리덤freedom'이라고 불렀던 현상으로 상징되는 거에요.

우리는 '자유인自由人'이라고 부를 때 단순히 자유를 누리는 사람의 의미가 아니라 자유에 대한 자아의식을 가진 사람, 자유에 대한 '자기정체성'을 가진 사람으로 생각할 필요가 있어요. '자유인'이라고 부를 때는 단순히 '지금·여기서' 우연한 계기에 자유를 향유하는 사람이라는 뜻을 넘어, 자유를 자신의 존재이유로 삼고 있는 사람이죠. 그래서 자유와 자율을 빼앗긴 사람, 즉 '노예'와의 차별성이 두드러지는 것이죠.

예를 들어 '채식주의자'라고 부르는 경우를 보면 정체성의 문제가 뚜렷해지죠. 고기를 구하지 못해 어쩔 수 없이 식단을 식물성 위주로 짜는 사람을 말하기보다는 고기가 있어도 먹지 않을 정도로 채식을 뚜렷한 생활철학으로 삼는 사람을 지칭하지 않나요. '육식주의자'와는 사뭇 다른 정체성을 가진 사람을 부각시키기 때문이에요.

'자유인'이라는 것도 이와 마찬가지로 정체성의 개념이에요. "목에 칼이 들어와도 자유는 포기할 수 없다", "비굴하게 앉아서 살기보다는 자유를 위해 서서 싸우다 죽겠다", 이런 말을 외치는 사람이 '자유인'인 것이죠.

그러니 절대군주가 군림하는 체제 아래서는 결코 살 수 없고 시민들의 평등한 결정권이 중심이 된 민주공화국 아래서만 살겠다고 선택한 사람이 바로 '자유인'입니다. 자유인은 '동의와 설득에 의한 공동체'에서 살지언정 '명령과 지시에 의한 공동체'에서는 살 수 없습니다.

서구의 민주국가들이 소련이나 중국 등의 공산당 전제통치에 대항해 그 자신을 '자유세계'라고 부르면서 호소했던 개념이야말로 바로 이런 범주의 자유인들이 살고 있는 세계라고 할 수 있지요. 마찬가지로 대한민국이 북한의 김일성·김정일 전제통치와 구분하여 스스로를 '자유국가'라고 부를 때 함의되는 뜻도 바로 이런 것이죠.

그래서 요즈음은 북한의 학정을 못 이겨 구사일생 끝에 대한민국으로 넘어온 북한주민을 일컬어 '탈북자'라고 하지만, 60~70년대만 해도 '귀순歸順 용사'라고 했지요. 그 귀순의 의미야말로 노예가 아닌 자유인으로 살겠다는 엄숙한 결의인 것이죠.

■ 자유인의 공동체

자유인이라고 해서 홀로 살수는 없습니다. 혼자 산다면 로빈슨 크루소가 아니겠어요. 그러나 그렇게 살 수는 없지요. 자유인은 당연히 무리를 이루고 살아야 합니다. 그것이 바로 '자유인의 공동체'인 것입니다.

'정의의 여신'을 보세요. 정의의 여신은 불의를 내치고 정의를 구현하려는 법정에만 있는 거잖아요. 이와 마찬가지로 '자유의 여신'도 자유인들의 공동체에단 있습니다. 자유의 여신상이 뉴욕 리버티 섬에 있는 것도 우연한 일은 아니죠. 마찬가지로 자유인의 공동체에서만 '자유로'도 있고 또 '자유공원'도 있는 거에요.

또 반대로 자유인이 자유를 누리고 살려면 역시 환경이 자유공동체여야 하지요. 자유공동체가 아닌 곳에서 어떻게 자유인이 숨쉬고 살겠어요.

제비를 보세요. 제비는 따뜻한 곳에서만 사는 철새죠. 그래서 날이 따뜻해지면 우리나라로 왔다가 추워지면 다시 중국쪽의 강남으로 날아가는 거에요. 또 귤과 탱자도 그렇잖아요. 따뜻한 곳에서는 귤이 되지만, 추운 곳에서는 탱자가 되는 거에요.

이런 점은 일찍이 그리스의 플라톤도 말했지요. 정의로운 공동체에서 비로소 정의로운 인간이 가능하다고요. 불의한 공동체에서 정의로운 인간이 가능하다거나 정의로운 공동체에서 불의한 인간이 가능하다고는 하지 않았죠. 이처럼 자유인도 자유의 공동체에서만 가능한거에요. 노예의 공동체에서 자유인이 번성할 수 있는 것은 아니죠.

그렇다면 지금은 모든 세상이 자유인의 공동체인가요. 실제로 절대권력을 행사하는 '군주의 시대'가 종식된 것은 확실하잖아요. 영국이나 태국에 왕이 있다고는 하나, 상징적으로 존재할지언정 실제로 통치하는 것은 아니잖아요. 그런 의미에서 전제정은 사라진 것인가요.

유감스럽지만 그렇다고는 말할 수 없군요.

역사적으로 본다면 사람들은 계몽주의 시대를 거치면서 이성과 인권 및 인간의 존엄성에 눈을 떴죠. 그래서 잔인한 이집트의 파라오나 로마의 칼리굴라, 네로 등에서 연상되는 광기어린 황제들과 같은 전제군주에 대해 마음속으로부터 혐오감을 갖게 되었지요. 고대 그리스와 로마문화를 수놓았던 인본주의를 되살리겠다는 르네상스 운동이 활활 타오른 것도 바로 그런 이유죠. 또 미국의 독립운동이 일어나고 프랑스 혁명이 일어난 것도 마찬가지랍니다.

오죽하면 미국의 조지 워싱턴George Washington이 대통령 취임연설에서 "자유의 성스러운 불꽃the sacred fire of liberty을 보존해야 한다"고 말했을까요.

이 모든 현상이 자유인의 존엄성을 시대정신으로 받아들인 것이지요. 하지만 현대세계에서도 전제적 권력을 향한 권력의지의 욕망은 마치 '잠자는 화산'처럼 계속해서 꿈틀거리고 있답니다. 물론 그렇다고 해서 왕관 쓰고 왕좌에 앉아 있는, 그런 촌스러운 방식은 아니죠.

현대판 절대권력이 부활하기 위해서는 위장이 필요했습니다. 20세기에 들어서면서 소련의 스탈린이나 나치독일의 히틀러가 대중들로부터 열광적인 지지를 받으며 군림한 경우야말로 바로 이와 같은 사례가 아니겠습니까.

왜 그랬을까요.

패전이나 절대빈곤 등으로 말미암아 일부 공동체의 사람들은 절망감에 젖게 되었죠. 그러다 보니 그런 절망의 수렁에서 벗어나기 위하여 '이상형理想型'이라는 매혹적인 형태로 다가온 전제정의 마법과 주술에 현혹된 것이죠. 이런 사실들을 생각할 때마다 우리는 다시 한번 전제정의 가능성이 시공간상으로 결코 먼 과거나 다른 지역만의 일이 아님을 알 필요가 있습니다.

당장 북한만 하더라도 그렇죠. 전제정의 방식으로 통치되고 있지 않나요. 북한의 통치방식을 보면, 마치 고대 이집트의 파라오의 나라에 살고 있는 것처럼, 전제군주가 사람들에게 언제라도 고통이나 죽음을 강요할 수 있음을 보여주고 있지요.

이런 현상들에 주목해보면, 대한민국이 건국 초에 자유와 민주주의, 공화정을 정치적 이상으로 삼았다는 사실에는 의미심장한 메시지가 담겨있지요. 그것은 단순히 영토·주민·주권을 가진 국가의 수립만을 말하는 것이 아니지요. 또 '공공의 일', 혹은 치안이나 국방의 문제와 같은 공공재의 문제들을 관리할 평범한 권력체의 구축만을 의미하는 것도 아닙니다.

대한민국을 만들었다는 사실에는 사람들이 자유롭고도 평등한 존재로 서로 의사소통하고 자신들의 운명을 합의와 소통, 설득에 의해 결정하는 공동체를 만들었다는 뜻이 배어있는 거에요.

물론 대한민국이 민주공화국을 지향했다고 해서 자유의 훼손이나 왜곡, 권위주의, 억압과 같은 저질스러운 것들이 없었다는 것은 아닙니다. 특히 1950년대 말과 70년대 중반 및 80년개 초와 중반, 한국사회는 '권위주의'라는 비판을 받을 정도로 '민주주의의 왜곡'이나 '자유의 결핍현상'이 두드러졌지요. 자유와 권리를 부르짖는 사람들을 감옥에 가두거나 직장에서 내쫓는 등, 억압이 성행했지요.

하지만 한 가지 점에 있어서는 단호했습니다.

북한의 전제정과 같이 노예가 된 상태로 살아가는 인간의 삶은 결코 안 된다는 것이었죠.

■ 대한민국, '공화적 자유'를 지향해온 나라

대한민국은 '자유인의 공동체'라고 할 수 있을까요.

대한민국이 제정한 헌법을 보면 자유의 공동체인 것은 분명하지요. 왜인가요.

대한민국 헌법을 한 번 보세요. 전문에는 "자유민주적 기본 질서를 더욱 확고히 하여 … "라고 했고, 제1장 제4조에서도 "대한민국은 … 자유민주적 기본 질서에 입각한 평화적 통일정책을 수립하고 이를 추진한다"고 해놓았지요.

그렇다면 대한민국이 선택한 헌법에서 나오는 이 '자유'라는 개념을 어떻게 해석해야 할까요. 가장 명백한 방식은 소극적으로 하는 것으로서 구속받지 않는 상태를 의미하지요. 그러나 구속받지 않는다는 점을 강조한다고 해서, 그것이 곧 '소극적 자유'를 의미한다고 할 수 있을까요. 반드시 그렇지는 않아요.

자유론의 대가인 벌린I. Berlin이란 학자가 규정한 자유의 이분법을 볼까요. 그에 따르면, '소극적 자유'란 '간섭없는 자유'를 의미하지요. 그런데 이처럼 '소극적 자유negative freedom'를 간섭이 없는 상태로 받아들이면, 간섭이 정당화되는 상태는 '적극적 자유positive freedom'가 될 수 있는 것이죠. 이처럼 간섭의 문제를 중심으로 자유를 이해하게 되면, 대한민국 헌법에서 말하는 '자유민주적 기본 질서'라고 할 때 그 근거로서 작용하는 자유의 중차대한 의미가 퇴색되는 사태가 불가피합니다. 왜

냐하면 '정부로부터의 자유'를 반대하고 '정부를 통한 자유'를 옹호하는 적극적 자유론자들과 마찰을 빚게 되고 그 결과 격렬한 논쟁을 피할 수 없기 때문이지요.

바로 이것이 한동안 헌법 119조와 관련, 우리 사회에서 불거진 논쟁의 실체이기도 하지요. 119조는 두 조항으로 구성되어 있는데, 1항은 "대한민국의 경제질서는 개인과 기업의 경제상의 자유와 창의를 존중함을 기본으로 한다"는 내용으로 되어 있습니다. 그런가 하면 2항은 "국가는 균형 있는 국민경제의 성장 및 안정과 적정한 소득의 분배를 유지하고 시장의 지배와 경제력의 남용을 방지하며 경제주체 간의 조화를 통한 경제의 민주화를 위해 경제에 관한 규제와 조정을 할 수 있다"는 내용을 담고 있지요.

그런데 적극적 자유를 주장하는 사람들은 경제자유를 중시하는 1항 대신에 경제에 간섭할 수 있도록 정부의 개입에 폭넓게 문을 열어놓은 2항을 강조하지요. 그들은 2항의 내용을 헌법정신의 핵심이라고 규정하고 이를 중심으로 정부규제를 정당화하고 있습니다. 하지만 소극적 자유론자들은 2항이 아닌 1항이 헌법의 기본정신이라고 역설하며 자생적으로 형성되는 시장결과에 개입하여 이를 바꾸려는 정부의 간섭은 시장경제의 자유로운 발전을 가로막고 열린 경제를 폐쇄된 경제로 만든다고 주장하고 있지요.

실상 적극적 자유론자들이 개진해온 주장들은 우리에게 널리 알려진 것 아닌가요. 자유가 자기실현과 같은 적극적 상태를 의미한다면,

재산이 없어 자기실현의 목표를 달성하지 못하게 될 때, 자유란 굶어 죽을 자유만을 말할 뿐 실제로 '가난은 부자유'라고 말할 수 있다는 것이 그들의 입장이지요.

당연히 소극적 자유론자들은 이에 대해 반론을 제기합니다. 만일 이런 방식으로 자유를 이해하게 되면, '자유의 문제'는 어느새 '권력의 문제'로 슬쩍 바뀌어 질 우려가 있다는 내용이 그것이지요. 그 경우 예를 들면, 가난을 없애기 위해 온정적인 독재자의 존재도 정당화될 수 있지 않을까요.

이처럼 소극적 자유론자들과 적극적 자유론자들 간에 진행되는 논쟁이 그 자체로 의미가 없는 것은 아닐 거에요. 특히 정부의 시장개입을 어떻게 보아야 하느냐는 문제에서 중요한 의미를 갖는 논쟁이지요.

하지만 자유의 공화국으로서 대한민국의 건국이념이나 헌법정신을 온전히 대변하는 것은 아니에요. 우리는 '작은 정부'니 '큰 정부'니 하는 논란을 본격적으로 전개하기 위해서 '자유적 민주질서'를 표방한 것이 아니기 때문이죠. 그보다는 '자유'라는 특별한 개념으로부터 국가의 확실한 정체성을 확보하기 위한 것이어서 '자유인의 공동체' 안에 반드시 우리가 살아야 한다는 점을 확연히 보여준 결의라고 보아야 하기 때문이죠.

"자유 아니면 죽음을 달라give me liberty or give me death"라고 외쳤던 미국 독립전쟁 당시 독립운동가였던 패트릭 헨리Patrick Henry의 절규를 기억하나요.

영국의 아메리카 식민지에 대한 탄압이 강경해지자 독립을 원하는 혁명세력의 저항 또한 거세지고 있었죠. 독립파는 영국정부의 무력에 대항할 민병대를 조직하기로 했죠. 그래서 1775년 3월 23일 버지니아주 리치먼드의 세인트존 교회에서 모입니다. 버지니아 식민지 협의회는 이곳에서 민병대를 조직하기 위한 문제를 논의하기 위해서였죠. 그들은 영국정부의 방해를 피하기 위해 주도인 윌리엄스버그가 아닌 리치먼드에 모였습니다. 여러 사람이 발언했지만, 의견은 분분했고 결론은 모아지지 못했죠. 그때 한 신사가 나섰는데 바로 그가 패트릭 헨리였습니다. 그는 사자후를 토해내죠.

"여러분이 바라는 것은 무엇인가요. 여러분이 가진 것은 무엇입니까. 쇠사슬을 차고 노예가 되어가고 있는데도, 목숨이 그리도 소중하고 평화가 그리도 달콤하단 말입니까. 전능하신 신이시여! 길을 인도해주소서. 여러분이 어떤 길을 선택할지 모르지만, 나는 이렇게 외칩니다. 내게 자유 아니면 죽음을 달라."

바로 이런 자유야말로 대한민국 헌법에서 나오는 자유의 의미죠. '정부간섭으로부터의 자유'나 '정부개입을 통한 자유'라기보다는 주인과 노예관계로 '예속되지 않는 자유'를 의미하는 거에요. 예속되지 않는 자유란 정부의 간섭유무를 말하기보다는 지배·종속관계를 받아들이지 않겠다는 뜻이죠. 자의적인 권력을 행사하는 통치자 밑에서 삶을 살기보다는 죽음을 선택하겠다는 단호한 결의의 표현인거에요.

그러므로 이런 의미의 자유라면 '자유지상주의'나 '자유주의 전통'

에서 나오는 자유보다는 스파르타나 로마의 공화정에서 비롯되는 '공화주의 전통'에서 나오는, 이른바 '공화적 자유'의 개념으로 파악하는 것이 타당하지요. 이처럼 노예의 삶을 살 수 없다며 지배와 예속으로부터의 자유를 갈구했기에 대한민국 국가건설자들은 북한지역을 제외하고 단독정부를 세우는 일도 불사했던 것입니다.

그렇다면 '자유인의 공동체'는 어떻게 운용되나요. 여기서는 이성적 존재들 간에 이루어지는 평등한 정치적 관계가 핵심이며, 설득과 동의의 관계가 중요하지요. 설득과 동의는 화자話者와 청자聽者 사이에 평등성을 전제한다는 점에서 명령·복종관계와 다르답니다.

또한 통치자의 임의적인 뜻이 아니라 법에 복종하는 평등하고 자유로운 사람들끼리의 삶이 특징이지요. 이런 사람들이 합의를 통해 '공동의 일'을 처리합니다. 군림하는 존재와 복종하는 존재들 간에 불가피하게 형성되는 불평등한 관계는 아리스토텔레스의 고전적인 표현대로 "번갈아가며 통치하고 통치받는 방식"에 의해 평등한 관계로 바뀌는 것이지요.

우리는 바로 대한민국 건국을 통해 그런 내용의 자유의 공화국을 세운 것이지요. 광복 후 3년 간의 혼돈과 무질서를 겪으면서 세우기로 결단한 것이 바로 이런 자유민주주의 국가였던 것입니다.

그런데 이 사실을 두고 최근 일부 사람들은 의문을 제기하기도 하지요. 대한민국정부를 수립할 당시 일반 대중들은 자유에 대한 것도 잘 몰랐고 또 당연히 자유를 갈망하는 의식도 강렬했다고 할 수는 없는데, 어떻게 자유의 공화국을 세웠다고 말할 수 있겠는가 하는 물음이에요.

이 문제에 대해선 이렇게 대답하고 싶어요. 자유라는 말은 요즈음 너나할 것 없이 인기어로 사용하고 있지만, 동양세계에서는 일찍이 없었던 말이죠. 중국에서도 없었어요. 달리 말하면 그것은 용어가 없었다기보다는 우리가 자유라는 용어를 통해 표출되는 사상이 없었다는 뜻이 되는 것입니다. 실은 '자유自由'라는 말도 영어의 'freedom'과 'liberty'를 번역하는 과정에서 만든 조어에요. 일본 학자가 만든 것이죠. 이렇듯 고대 그리스에서는 'eleutheria'라는 용어를 쓰고 로마에서는 'liberats'라는 용어를 썼는데, 중국을 위시한 동양에서는 그런 용어조차 없었으니 당연히 우리 사회에서도 자유에 관한 사상이 결핍되었다고 말할 수도 있겠죠.

하지만 자유라는 것은 특별한 가치죠. '역사의 아버지'로 꼽히는 페르시아의 헤로도토스가 전해주고 있는 일화를 보면 자유의 특성이 참 인상적이에요. 스파르타와 페르시아가 테르모필레에서 전투를 벌이기 전 죄를 지어 용서를 빌러간 스파르타인 스페르키아스와 불리스는 페르시아 왕 앞에서 무릎을 꿇어야 한다는 히다르네스 왕의 말을 듣고 이렇게 대답하지요.

"저희들에 대한 대왕의 충고는 사태를 충분히 알지 못한 데서 나온 것입니다. 대왕께서는 한쪽 면에 대해서는 잘 알고 계시지만, 다른 한쪽 면에 대해서는 모르고 계십니다. 즉, 노예라는 것이 어떤 것인가에 대해서는 잘 이해하고 계시지만, 자유라는 것에 대해서는 아직 경험한 일이 없기 때문에 그것이 단지 아니면 쓴지 모르고 계십니다. 그러나 대왕께서도 일단 자유의 맛을 알게 되신다면, 자유를 위해서는 창뿐만 아니라 손도끼라도 들고 싸워야 한다고 우리에게 권하게 될 것입니다."

우리 대한민국의 자유도 그런 것이었습니다. 처음엔 자유를 잘 몰랐죠. 본격적으로 경험해보지도 못했으니까요. 그러니 자유를 갈구하는 마음도 간절하지 않았을는지 모릅니다. 과연 해방정국에서 우리 가운데 누가 패트릭 헨리처럼 "자유 아니면 죽음을 달라"고 비장하게 외쳤을까요. 그런 사람은 없었죠. 하지만 자유를 맛보게 되면서 점차 자유의 가치를 알게 되었고 이윽고 자유를 위해 목숨을 바치겠다는 자유인이 등장하게 된 것이죠. 그렇게 자유인의 공동체를 만든 것입니다. 마치 처음에는 고기 맛을 모르던 사람도 고기를 먹어보면 맛있어 하듯 우리에게 자유도 그런 것이었어요.

이처럼 처음에 우리 공동체에서 자유에 대한 갈구가 간절하지 못했을지 모르나, 그게 문제는 아니에요. 스파르타인 스페르키아스와 불리스의 말대로 자유의 맛을 보면서 우리는 자유인이 되었고 대한민국은 자유인의 공동체가 된 거니까요.

대한민국은 자유인의 공동체인가

I'm a free man

■ '자유인의 공동체'를 평가하는 척도는

우리가 '자유의 공동체'인가요. 우리의 과거를 보면서 또 현재를 보면서 '자유의 공동체'라고 말할 수 있나요. '자유의 공동체를 가늠하려면 어떻게 해야 할까요. 여기서는 플라톤의 『국가』에 나오는 비전을 빌리고, 또 여기에다 한 가지를 더 덧붙일까 합니다.

플라톤은 국가 공동체가 진정한 국가, 이른바 '폴리테이아politeia'가 되려면, 네 가지의 덕목德目이 필요하다고 했지요. 그게 무엇일까요. 바로 지혜와 용기, 절제와 정의입니다. 하나의 공동체가 자유인의 공동체가 되고 또 자유인의 공동체로 살아 숨쉬려면, 당연히 지혜가 있어야 하고 또 그 지혜를 짜내는 사람들이 있어야 하지요.

용기도 마찬가지입니다. 자유인의 공동체를 지키려면 용기가 필요하고 또 그 용기를 발휘할 수 있는 용감한 사람, 즉 '용사勇士'들이 있어야 하는 것입니다. 그래야 자유를 위해서 목숨을 걸고 싸울 수 있지 않겠어요.

그런가 하면 자기절제가 있어야 합니다. 개인으로 볼 때도 자기가 하고 싶은 대로 다 하고자 하는 사람이라면 '자유부인'처럼 '방종한 인간'이라고 할지언정 어떻게 책임의식을 가진 '자유인'이라고 할 수 있나요. 해야 할 일, 해서는 안 될 일, 또 할 수는 있지만 차마 할 수 없는 일에 대해 스스로의 분별력이 필요하지요.

공동체도 마찬가지입니다. 하나의 공동체가 '자유인의 공동체'가 되려면 자기절제력을 갖추어야 합니다. 우리는 흔히 절제력이 없는 자유를 가지고 이야기 할 때, '방종'이라고 말하기도 하지만, '해방'이라는 표현도 쓰지요. '해방'이라고 하는 것은 모든 속박과 억압에서 말끔히 벗어났다는 말인데, 자유인의 공동체가 되려면 절제가 있는 자유를 누려야지 그렇지 않고 모든 금기와 제약을 파기하는, 이른바 '해방구解放區'의 개념은 곤란합니다.

아담과 이브도 무엇이든 할 수 있는 자유의 낙원에 살았지만, 한 가지 과일만은 먹어서는 안 된다는 금기가 있었잖아요.

춤을 추더라도 옷을 입고 추워야지, 옷을 벗고 춤을 출 수는 없잖아요. 또 수영을 하더라도 수영복을 입어야지 맨몸으로 수영을 할 수는 없는 노릇이죠.

바로 이것이 자기절제력을 가진 자유의 나라와 금기가 전혀없는 해방구와의 차이가 아닐까요.

그런가 하면 자유인의 공동체가 되려면 정의가 있어야 하지요. 한 공동체에 정의가 없거나 부족하다면, 자유인의 공동체라고 말할 수는 없습니다. 아우구스티누스Augustinus의 말대로, 정의야말로 자유인의 공동체가 해적집단이나 강도집단과 구분되는 핵심적인 가치일 것입니다.

그러나 명실상부한 '자유인의 공동체'가 되려면 플라톤이 말한 이런 네 가지의 덕목만으로는 부족하지요.

뭐가 더 필요할까요.

용서와 관용하는 마음이 있어야 합니다.

사람들은 살아가면서 때로는 실수를 하고 잘못을 하며 때로는 남에게 한을 심어 줄 수 있지요. 바로 그렇기 때문에 잘못을 용서하고 화해하는 마음이 반드시 필요한 것입니다. 왜 마음뿐이겠습니까. 행동도 필요한 것입니다.

한 공동체에 용서나 관용하는 마음이 부족해서 회한만 넘쳐흐른다면, 동상이몽同床異夢의 공동체에 불과하지요. 앙앙불락怏怏不樂하며 불화하는 사람들의 원성만 높지 않겠습니까. 불화와 적대감으로 가득한 공동체는 더 이상 진정한 의미의 자유인들 사이의 유대가 살아 숨쉬는 공동체라고 할 수 없지요.

역사적으로 보거나 세계를 크게 보면, 번영하는 자유인의 공동체는 모두가 한결같이 용서와 관용하는 정신이 넘쳐흐르는 공동체입니다. 정의가 바로 서야 하는 것은 분명하지만, 정의만이 존재하고 포용이나 용서, 화해와 자비가 없으면, 그 공동체는 우정과 사랑이 없는 메마른 사막과 같은 공동체라고 이야기할 수 있을 것입니다.

정의라고 하는 것은 칼을 들고 세우는 것이잖아요. 그렇기 때문에 차가운 바람이 부는 분위기죠. 그런데 세상에 찬 바람만 불고 따뜻한 햇볕이 없다면, 어떻게 식물이 자라고 꽃이 필 수 있겠습니까. 이와 마찬가지로 하나의 공동체가 따뜻한 공동체가 되려면, 사람들의 마음을 한 곳으로 모아야 하는데 여기에 필요한 것이 용서와 관용입니다.

오죽하면 『베니스의 상인』에서 법관으로 나온 포샤는 자비와 정의를 비교해서 샤일록에게 호소했을까요. 이렇게 말이죠.

"정의가 인간으로서 가질 수 있는 덕이라면 자비라고 하는 것은 신神만이 행할 수 있는 덕이죠. 인간이 신이 될 수 없지만 자비를 행한다면 신과 비슷한 존재가 될 수 있어요. 자비라고 하는 것은 마치 하늘에서 내리는 이슬처럼 누구를 가리지 않고 자애롭게 내리는 것이지요."

바로 그렇기 때문에 하나의 공동체가 명실상부한 자유인의 공동체가 되려면 이 다섯 가지의 덕목이 필요합니다.

■ 우리는 정의로웠던가

대한민국은 어떤가요. 과연 정의로운 공동체였나요. 대한민국이 정의로운 공동체가 아니었다는 시각도 만만치 않지요. 가장 대표적인 주장이라면, 광복 후 친일파를 제대로 청산하지 못했다는 것입니다. 그러니 대한민국은 정의로운 공동체가 아니라는 거에요.

이런 주장을 어떻게 보아야 하겠습니까.

분명 친일파가 있었죠. 일제의 식민지로 있던 당시 어떻게 보면 일본인들보다 더 잔인했던 것은 바로 친일파들이었죠. 같은 한국인으로서 일본인들의 앞잡이로 한국인을 고문했던 그들은 한국의 역사 속에서 치부로 남아있습니다. 하지만 단순히 그들의 존재가 문제가 된다기보다 더 큰 문제는 바로 대한민국 건국 후 친일파의 청산이라고 할 수 있지요.

우리 신생 대한민국이 친일파를 제대로 청산하지 못했다는 말은 맞아요.

친일파를 청산하기 위한, 이른바 '반민특위'도 제대로 활동을 하지 못했잖아요. 그러나 그렇다고 해서 대한민국에 정의가 없다는 말은 진실이라고 할 수는 없어요.

친일파를 왜 제대로 청산하지 못했을까요. 광복 후에 공산주의자들은 대한민국을 공산화하기 위해 수단, 방법을 가리지 않았지요. 건국에 대한 파괴 책동이 하도 심하다보니 그들을 막기 위해 안간힘을 쓰느라 친일파청산이 소극적으로 된 것입니다.

참으로 아쉬운 일이지요.

하지만 문제가 또 있어요. 광복 후 친일파청산이 제대로 되지 않았다고 주장하는 사람들 가운데는 식민지시대를 살았던 조선인들 대부분을 친일파로 낙인찍으려는 경향도 있습니다.

이것은 한마디로 "넘치면 모자르니만 못하다"는 뜻의 '과유불급過猶不及'의 문제라고 볼 수 있지 않을까요.

누가 '친일파'인가요. 일본인과 손을 잡고 같은 한국인을 괴롭히고 고문하고 민족에 해를 끼친 행동을 한 것은 변명의 여지가 없는 친일

행동이라고 할 수 있죠. 그렇지만 그 당시 언론, 학교, 또는 회사경영, 문화활동을 했던 모든 사람들을 과연 친일파라고 할 수 있을까요.

그들이 대한민국의 독립을 위해서 일본군과 맞서 싸우며 눈에 띄게 투쟁한 사람들은 아니에요. 그러나 그렇다고 그들이 나서서 친일행위를 했다고는 할 수 없는 일이죠. 그들 가운데는 단지 주어진 상황에서 자신들의 앞가림을 한 사람들도 많고, 또 겉과 달리 속으로는 민족교육을 위해 애쓴 사람들도 적지 않지요. 단지 그 상황에서 독립운동을 하지 않았다고 하여 민족을 팔아넘긴 친일파로 몰아가는 것은 온당치 않아요.

친일파 청산과 관련, 가장 중요한 것은 친일파가 지금까지 '하나의 세력'으로서 존재하고 있는가 하는 문제지요.

혹시 지금 친일파가 개인으로서는 존재할는지 몰라도 하나의 정치·사회 세력으로 존재하고 있는 것은 아니잖아요. 그것은 농지개혁으로 말미암아 지주세력이 존재하지 않는 것과 마찬가지죠. 그렇기 때문에 친일파 청산을 완전무결하게 하지 못했다고 해서 정의가 패배했다고 말하거나 민족정기가 흐려졌다고 단언할 수는 없는 것입니다.

더구나 광복 후 60년도 훨씬 지난 이 시점에서 새롭게 친일파를 가려낸다며 4,000명 이상의 대규모로 『친일인명사전』 같은 것을 만드는 것은 결코 분별력있는 일은 아니지요.

우리 인간은 자기가 태어나는 세대를 선택할 수가 없잖아요. 그럼에도 일제 식민지시대를 고통으로 살아간 세대 전체나 혹은 그 시대를 살았던 명망가 대부분을 '친일'로 몰고 가는 것은 당대를 산 사람들의 고통과 가슴앓이, 한을 모르는 후대의 교만함이라고 할 수 있습니다.

물론 독립투사들을 박해고문하고 민족전체에 고통을 준 악질적인 친일파는 가려내야 하지요. 그러나 그렇지 않고 그 시대를 살아간 명망가들을 한 두개의 잘못이 있다고 해서 단번에 친일파로 낙인찍는 것은 제대로 된 친일청산도 아닐뿐더러 또 민족의 정의를 바로 세우는 일도 아닙니다.

또한 더욱 더 중요한 것은 우리는 지금 '친일親日'을 처벌하는 문제를 넘어 '극일克日'을 한 상황이라는 것이죠. '극일'보다 더 큰 '친일청산'이 어디 있겠어요. 일본에게 나라를 빼앗긴 서러움을 복수하는 길은 일본 못지않게, 아니면 일본보다 더 크게 국력을 키우고 부국강병을 하는데 있다는 일념으로 사력을 다해 놀라운 성과를 이루었다면, 그보다 더 통쾌하고 멋진 친일청산이 어디 있겠습니까.

그런 점에서 보았을 때 친일파청산이 일부 미흡하다고 해서 대한민국이라고 하는 공동체에 정의가 없다고 할 수는 없습니다. 친일청산에 있어 단기적으로는 완벽하지 못했지만, 장기적으로는 대한민국의 국력을 키움으로 인해 '극일'의 성취를 이루었기 때문에 친일청산의 민족적 의지와 정기가 살아 숨쉬고 있는 것은 분명하지요.

■ 우리는 지혜로웠던가

그렇다면 지혜의 문제는 어떤가요. 신생 대한민국에 지혜가 있었나요. 또 지혜를 가진 현자들이 있었나요.

대한민국에 지혜가 있었느냐 하는 문제에 있어서도 당연히 만만치 않은 반론이 있지요. 그것은 신생 대한민국에 지혜가 있었다면, 왜 통일국가가 되지 못하고 분단국가가 되었는가 하는 문제일 거에요. 분단국가가 된 것, 참으로 통탄스러운 일이지요. 당시에 국가지도자들과 민족지도자들은 너나할 것 없이 통일국가를 원하지 않았던가요.

이처럼 광복 후에 민족지도자들은 너나할 것 없이 통일국가를 만들고자 했지만, 혼돈과 같은 국내외의 사정으로 인해 역부족이었습니다. 김구나 김규식 선생 같은 분은 마지막까지 통일국가를 위한 노력을 했지만, 소련의 사주를 받은 김일성의 전략적 계산 앞에서 속수무책이었죠. 김일성을 비롯한 공산주의자들은 오로지 이 땅에 공산국가를 세우는 것이 목표였죠. 그러나 한반도에 공산주의 국가가 세워졌더라면 '자유인들'은 어떻게 되었을까요. 북한은 물론이겠지만, 남한땅까지 노예처럼 살아가는 '노예들의 공동체'가 되지 않았을까요.

지금 우리 대한민국의 시작을 보고 '결손국가'라고 말하는 사람도 있고 또 6·25전쟁을 보고 '실패한 통일전쟁'이라고 평가하는 사람도 있습니다. 통일국가가 되지 않은 것을 갖고 통분해하며 한스럽게 여기는 그 마음은 이해할 수 있습니다.

그러나 광복 후 좌익과 우익 싸움이 너무나 치열하여 한 치 앞도 내다보기 어려웠던 불확실성 상황이었던 만큼 '자유인의 공동체'가 세워질 수 있느냐 하는 문제는 전망조차 불투명했죠. 이런 절체절명의 상황에서 대한민국을 세운 것을 갖고 지혜라고 말할 수는 없을까요. 건국의 지도자들은 미소공동위원회까지 결렬된 상황에서 유엔의 도움을 받아 남쪽 땅에서나마 '자유인의 공동체'를 만들겠다는 결의를 한 것이지요.

바로 이것이 국가적 지혜가 아닐까요.

만일 우리가 통일국가를 만들기 전에는 자유인의 공동체를 만들 수 없다고 한다든지, 좌우합작 정부를 만들기 전에는 자유인의 결사체를 만들 수 없다며, 마치 '오지 않는 버스'를 기다리는 심정으로 기다리고 또 기다렸다면, 어떻게 되었을까요. 북한에서는 소련의 강압적인 힘으로 공산주의 국가를 만드는 노력이 착착 진행되었는데, 이 남쪽에서만 통일국가를 기다리느라 우두커니 기다리고 있었다면, 지금쯤 우리의 운명은 어떻게 되었을까요.

우리까지 노예처럼 살아가는 운명이 되지 않았을까요.

반쪽이기는 하지만, '건강한 반쪽'이었기에 대한민국을 건국한 것은 지혜로움의 결과였습니다. 물론 아쉬움이 남는 지혜로움이지요. 왜 북한 땅까지 포함한 통일된 자유인의 공동체를 만들지 못했을까 하고요.

하지만 당시 철의 장막이 내려지는 엄혹스런 냉전구도 아래서 통일된 '자유인의 공동체'는 하나의 꿈일 수밖에 없었습니다. 그래서 남쪽에서만이라도 '자유인의 공동체'를 만든 것은 '최상의 지혜'는 아니지만 '최선의 지혜'라고 말할 수 있을 거에요.

당시 그런 지혜가 없었더라면, 지금 우리는 자유인들의 이야기보다는 노예들의 이야기르 일관해야 했을는지 모릅니다.

■ 우리는 용감했던가

자유인의 공동체는 용감해야 합니다. 그래야 지킬 수 있기 때문이죠. 우리는 정말 용감했나요. 자유를 지키기 위해 젊음과 목숨을 불사를 만큼 용감했나요

확실히 우리는 용감했습니다. 바로 6·25야말로 이에 대한 산 증인이죠.

한동안 6·25는 '잊혀진 전쟁'이었습니다. 특히 누가 누구와 싸웠는지 모르는 사람들도 많죠. 하지만, 보다 심각한 문제는 6·25의 진실과 의미가 우리 공동체의 구성원들 사이에 명확하게 공유되고 있지 못하다는 점입니다.

6·25의 상처와 아픔이 아직도 남아 있는데, 무엇을 위해 싸웠는지가 분명치 않으면 어떻게 될까요.

단순히 남과 북이 서로 총을 겨눈 동족상잔同族相殘의 비극에 불과한

것인가요. 전쟁에 대한 의미가 확실치 않으면 젊음과 목숨을 바친 호국 세대의 희생과 헌신은 '망각의 늪'에 빠질 수밖에 없습니다.

과연 6·25는 우리에게 어떤 전쟁이었나요.

6·25는 자유를 수호하기 위한 전쟁이었고 자유의 땅을 지키기 위한 호국전쟁이었죠. 그런 자유수호 의지가 결연決然했기에 소련제 탱크를 앞세우고 쳐들어오는 북한 공산주의자들 앞에 무릎을 꿇지 않았습니다. 우리는 중과부적衆寡不敵이었고 맨손이었지만, 용감했지요.

정규군으로도 싸웠고 학도병으로도 싸웠지요. 벌판에서도 싸웠고 산에서도 싸웠으며 참호를 파고 싸웠고 철교에서도 싸웠습니다.

하늘에서도 싸웠고 바다에서도 싸웠습니다. 그 노력이 헛되지 않아 자유와 인간의 존엄을 지켜낸 것입니다.

만일 아버지 세대가 죽음을 두려워한 나머지 '비겁한 평화'를 원했다거나 적화통일을 받아들였더라면, 지금 우리는 어떻게 되었을까요.

틀림없이 현대판 노예의 삶을 살았을 것입니다.

밤낮으로 김일성·김정일 어록을 외우고 저녁마다 자아비판하느라 진이 빠졌을 겝니다. 또 비만 오면 김정일 사진이 비 맞을까 밤잠을 설치고 집집마다 김 부자 사진을 걸어 놓고 절을 했을 터이죠.

그러나 아버지 세대는 '비겁한 노예'보다는 '떳떳한 자유인'이 되고자 했기에 분연히 일어섰던 것입니다.

바로 6·25를 통해 보여준 용감함이 있었기에 자유인의 공동체가 가능했던 것이죠.

물론 우리는 자유를 지키는 데만 용감했던 것은 아닙니다. 자유를 가꾸는 데도 용감했죠. 대한민국을 만듦으로 인해 '자유인의 공동체'는 시작되었지만, 사실을 말하자면 '자유인의 공동체'의 시작은 미미했고, '작은 나비의 날개짓'에 불과했죠.

그러다 보니 독재와 권위주의 또는 반대파에 대한 억압 등이 버젓이 살아 있었죠. 특히 권력을 가지게 된 사람들은 자유인의 게임 규칙에 익숙하지 못했고, 오히려 과거 왕정시대의 관행을 편하게 생각하고 있었죠. 그래서 억압을 하면서도 그것이 자유의 원칙에 크게 위배된다는 것을 몰랐던 것입니다.

이에 자유인들은 분연히 일어났죠. 자유당 정권 말기 권력자들은 정권을 연장하기 위해 대규모의 선거부정을 저질렀습니다. 정말 1960년 3·15 정부통령 선거는 변명의 여지가 없는 명백한 부정선거였습니다. 그래서 학생들이 들고 일어났죠. 더 이상 자유와 민주주의의 유린 사태를 두고 볼 수 없다면서요. 그들은 피를 흘렸고 목숨도 바쳤죠. 그 결과 자유를 억압했던 자유당 정권은 물러났습니다. 지금도 4·19 민주묘역에는 부정선거에 항의하다 목숨을 바친 젊은 넋들이 누워 있죠.

그러나 그렇다고 해서 권위주의적 통치가 종식된 것은 아니었습니다. 그 후에도 여러 번 권력자들은 권력으로부터 오는 치명적 유혹을 떨쳐내지 못했죠. 70년대에는 유신체제가 있었습니다. 국회를 해산하고 헌법을 정지시킨 거에요. 하지만 이 상황에서도 자유를 부르짖는 사람들이 있었죠. 그들은 그렇게 독재에 반대하는 목소리를 내는 과정에서 감시도 당하고 직장도 잃고 때로는 감옥에도 가는 등, 온갖 고초를 겪었죠.

그래도 무릎만은 꿇지 않았죠.

또 5·18 광주민주화운동은 어땠나요. 유신정권이 종말을 고하면서 기대를 모았던 '서울의 봄'은 '자연의 봄'처럼 정말로 짧았죠. 그 후 군부권위주의가 등장하자 광주에서는 저항의 불길이 일어났습니다.

분명 자유인의 함성이었죠.

1986년 시민들은 6·10 항쟁을 통해 더 이상 자유에 대한 억압은 참지 못하겠다며 궐기했죠. 군부권위주의 정권은 이 자유의 목소리에 굴복할 수밖에 없었습니다. 그 후부터 자유의 수레바퀴는 누구도 돌릴 수 없는, '불가역적인 것'이 되지 않았나요.

이처럼 자유를 위해 헌신한 사람들의 희생은 소중한 거에요. 고문을 당해 죽기도 하고, 직장에서 쫓겨나기도 하고 때로는 감옥에 가기도 했죠. 허나, 이에 굴복하지 않는 용기가 있었기에 '자유인의 공동체'는 꽃필 수 있었습니다.

돌이켜보면 우리는 자유를 지킬 뿐만 아니라 자유를 가꾸는 데에도 용기백배했던 것이지요. 그래서 단 시일내에 명실상부한 '자유인의 공동체'가 된 것이 아니겠습니까.

우리는 공산주의자들의 침입에 맞서 목숨을 바칠 만큼 용감했고 또 내부적으로는 독재에 항거하는 데도 목숨을 돌보지 않을 만큼 용감했죠. 바로 그랬기에 우리 자유인의 공동체에는 용기라고 하는 덕목이 확고하게 자리잡게 된 것입니다.

■ 우리는 절제력이 있었던가

'자유인의 공동체'는 절제가 있어야죠. 바로 이것이 자유인의 공동체가 이른바 단순한 '허방구解放區'와는 차이를 보이는 소이입니다. 원칙과 철학을 지키기 위한 일정한 절제력없이 어떻게 '자유의 공동체'가 가능하겠어요.

우리는 '반공'을 통해 자기절제를 했죠.

대한민국을 건국하는 상황에서 반공주의를 선택한 것입니다.

이 반공주의를 어떻게 보아야 하나요. 우리 사회 일각에서는 반공주의야말로 '자유인'과 공존할 수 없는 절대악絕對惡으로 단언하고 있기도 하죠. 그러나 그와 같은 주장은 잘못된 것입니다. 북한이 항상 수단 방법을 가리지 않고 대한민국을 공산화하려는 상황에서 반공주의는 자유의 이상과 반대되는 것이 아니라 오히려 자유의 이상을 실현하기 위한 절제기제였죠.

반공주의에 관한 좌파진보주의자들의 '한맺힘'과 피해의식은 대단하지요. 그러니 이 반공주의에 대한 평가처럼 어려운 것도 없어요. 보수와 진보가 첨예하게 부딪치는 문제이니까요. 반공주의는 오늘날 자유의 공동체의 아킬레스건으로 낙인찍혀 진보진영으로부터 끊임없이 공격을 받고 있죠.

하지만 반공주의야말로 자유의 공동체를 세우고 운영하는 과정에서 자유인들이 떨칠 수 없었던 '두려움'을 반영하고 있는 거에요.

건국세력을 필두로 한 자유인들은 무엇에 대한 '두려움'을 갖고 대한민국을 세우고 운영해왔을까요. 그것은 공산주의, 혹은 보다 더 정확하게 말하자면, '권력자인 인간을 신神처럼 섬기는 북한 사회주의에 대한 두려움'이었죠.

남한땅에서나마 자유민주주의 공화국을 수립하려고 하자 폭력과 테러를 동원하면서까지 집요하게 방해한 것이 바로 공산주의자들이었기 때문이죠.

그들은 북한에서 공산주의 정권을 수립한 것으로 만족하지 않고 남한까지 공산화하기를 원했습니다. 그 결과 정부수립 이전부터 해방공간에서 남로당은 지속적으로 대구와 제주도에서 무장봉기를 하고 폭동을 일으키며 정판사에서 가짜 돈을 만드는 등, 끊임없이 '자유적 민주질서'에 대한 도전행위를 계속했지요.

공산주의자들이 저지른 수많은 무장봉기 사건 가운데 여수순천반란 사건은 가장 위협적이었죠.

이승만정부는 대한민국정부수립 이후 최대의 위기였던 여수순천반란 사건을 진압한 후 반공국가의 틀을 확립하게 됩니다. 그 계기가 국가보안법 제정이었어요.

국가보안법 제정은 대한민국의 자유인들이 살아남기 위해 선택한 부득이한 자기절제조치였죠. 이 법에 의해 대한민국의 건국을 방해한 좌익세력들이 정치적 결사의 공간에서 배제되는 결과를 초래한 것은 사실입니다.

그러나 엄밀한 의미에서 볼 때, 반공주의는 공산주의자들에 대한 징벌적 조치라는 '배제적 의미의 제도화'라기보다는 대한민국의 자유를 보호하기 위한 '자기절제의 제도화'라고 보아야 할 거에요.

우리는 알고 있어요. '결사의 자유'와 '사상의 자유', 및 '표현의 자유'를 보장하는 자유인들의 공동체는 전통적으로 일련의 딜레마에 직면해왔다는 사실을 말이죠. 그것은 모든 사람에게 기본적 권리와 자유를 인정하는 '자유인의 공동체'가 관용을 옹호하지 않는 사람들을 관용할 수 있을까 하는 문제였죠.

'사상의 자유'와 '결사의 자유'를 억압하고 파괴하려는 사람들에게 '사상의 자유'와 '결사의 자유'를 허용할 수 있을까 하는 문제이기도 했지요.

이 문제가 심각한 이유는 자유의 근본적 가치를 부정하는 사람들이 자유 공동체의 절차와 제도를 이용하여 집권세력이 되었을 때 자유는 고사되거나 종식될 위기를 맞게 되기 때문이죠. 따라서 이런 상황에서 중요한 사실은 자유인의 공동체가 '빈 공간'이나 '백지상태tabula rasa'에서 작동하는 것은 아니라는 점에 있지요.

'자유인의 공동체'가 살아남고 융성하려면, 거기에 알맞은 토양과 조건들이 갖추어져야 합니다. 바위 위에서 식물이 싹을 틔우고 자라날 수 있는 것은 아니잖아요. 그 중 하나가 자유의 가치와 철학을 공유하는 사람들의 숫자가 다수여야 한다는 점이죠. 자유인들은 절차를 중시하고 이성과 소통, 설득의 힘을 신봉합니다. 하지만 절차주의를 존중하지 않고 '이성의 힘'이나 '설득의 힘'보다 '폭력의 힘'과 '공포의 효율성'을 믿는 사람들이 많아지면, 자유의 가치는 만개하기는커녕 살아남기조차 힘들지요. 또 설사 우여곡절 끝에 자유인들의 공동체가 출범했다고 하더라도 붕괴되는 것은 시간문제가 아닐 수 없군요.

자유인의 공동체라도 사공이 너무 많으면 배가 산으로 올라갈 수밖에 없는 거에요.

또 어떤 사공들은 아예 타고 있는 배를 가라앉히고 다른 배로 가려고 하지 않나요.

이런 경우를 감안하면, 자유의 가치와 이상은 특별한 거에요. 그러니 자유를 두고 모든 유형의 승객들을 가리지 않고 무조건 태우고 보는 배처럼 볼 수는 없어요. 자유인들이 타고 있는 배라면 목적지인 항구는 당연히 '자유의 나라'가 되어야죠. 자유인들이 배를 타고 기껏 '노예의 나라'로 갈 수는 없잖아요.

그렇기 때문에 '자유인의 공동체'를 모든 가치에서 초연할 뿐만 아니라 모든 가치를 무차별적으로 받아들일 정도로, "술에 물탄 듯, 물에 술탄 듯" 몰가치적이며 중립적인 '어중이 떠중이의 공동체'로 생각하는 것은 잘못이지요. 자유인의 공동체를 위해서는 최소한으로 공유되는 자유인의 가치가 밑받침이 되어야 하는 등, 일정한 자기절제력이 요구되는 것도 이 때문입니다.

이 자기절제력은 특히 신생 자유민주주의국가일수록 더욱 필요한 법이죠.

국가보안법은 바로 자유인들의 공동체에 살면서도 자유의 가치를 받아들이지 않고 그 제도에 무임승차하면서 자유와는 결코 상종하거나 동행할 수 없는 이념을 전파하는 등, 자유를 의도적으로 악용하는 사람들을 제지하기 위해 만들어진 제도적 메커니즘이에요.

물론 다른 모든 통치이념들이 그랬던 것처럼, 반공주의에는 오·남용이 많았죠. 정적을 제거하는 수단이나 죄없는 사람을 옭아매는 억압의 도구가 되기도 했지요. 그래서 희생자들이 다수 나왔죠. 국가보안법에 대해 한스럽게 생각하는 사람들이 많은 이유에요.

당연히 그런 억울한 사람들의 한은 풀어주어야 합니다. 또 보상도 충분히 해줘야 해요.

그러나 그렇다고 해서 반공주의가 '그 자체로' 잘못되었다거나 자유의 가치와 이상을 무의미한 것으로 만들 정도로 '거악巨惡'이나 '악의 화신'이라고 비하할 수는 없는 일이죠.

이것은 해열제와 같은 약을 오남용하는 경향이 있다고 해서 해열제의 사용을 악惡으로 규정하는 근거로 삼는 것과 같은 이치가 아닐까요.

오히려 공산주의가 근본적으로 결함이 있는 사상체계며 반인권적·억압적 정치사회체제라는 사실은 80년대 말에 이루어진 소련과 동구의 '대변혁'이 입증하지 않았던가요. 인간을 짐승처럼 다루는 정치범수용소를 비밀리에 운용하고 있는 북한의 수령체제는 더 말할 나위가 없을 정도로 사악하고 비열한 체제로 평가받고 있죠.

그것은 마르크스나 레닌이 표방한 국가사회주의체제에도 미치지 못하는, 김일성·김정일 개인숭배사상에 입각한 전제정의 범주에 불과하기 때문입니다.

또한 엄밀한 의미에서 볼 때, 우리에게 '반공주의'의 구도가 굳어진 것은 정부수립보다는 6·25 전쟁이 그 결정적 계기가 되었습니다. 대한민국의 반공주의가 해방공간의 좌우갈등에서 비롯된 것이 사실이지만, 6·25의 경험과 참상에 의해서 더욱 강화된 것으로 보아야 하죠. 6·25를 겪은 한국국민들에게 그 전쟁은 단순한 민족적 상잔의 비극을 넘어, "노예냐, 자유인이냐"를 가늠하는 절체절명의 어떤 것이었죠.

한반도를 전체주의 노예공동체의 방식으로 통치하려는 공산주의자들의 남침에 맞서 자유의 가치를 수호하겠다는 의지로 목숨을 바치고 피를 흘렸기 때문이죠. 만일 북한이 6·25를 통해 남침하지 않았다면, 한국의 반공주의는 대만의 경우처럼 공산당도 제도적으로 허용하는 '연성軟性 반공주의'로 작동했을 가능성이 큽니다.

그러나 죽음의 행진이나 대량학살, 인민재판, 종교탄압 등, 6·25의 참상을 통해 공산주의자들의 야만적 행동을 실존적으로 체험한 공동체구성원들은 "공산주의만은 안 된다"라는 생각을 하게 되었고, 이 '강성强性 반공주의'는 여야는 물론, 민심과 언론 및 여론의 강력한 지지를 받는 가치관이 되었죠. 특히 이런 사실은 5·16쿠데타 이후 야당이 대통령후보로 나선 박정희 후보의 과거를 문제삼은 데서도 여실히 드러납니다.

이것은 인민민주주의로 포장한 공산주의에 대한 '공포'가 대한민국의 자유인들에게 공동체의 '등뼈'로 작용해왔음을 보여주는 것이죠.

■ 우리는 포용력이 있었던가

우리 공동체는 정녕 용서와 화해하는 공동체인가요. 우리 공동체에는 지혜로움도 있었고 용기도 있었으며, 절제도 있었고 정의도 있었는데, 이 용서와 화해는 없었네요. 화해보다는 회한이나 보복과 같은 것이 있지 않았나요.

공동체에 왜 '용서'라는 것이 필요한가요. 일반적으로 용서라고 하는 것은 종교인들의 공동체에서나 쓰는 말이라고 생각하지요. "일곱 번씩 일흔 번이라도 용서해 주어라"라고 하는 바이블의 가르침은 신앙을 가진 종교인들에게 해당되는 말이 아닌가요.

그러나 엄밀하게 생각해보면 결코 그렇지 않습니다.

용서와 화해는 바로 자유인의 공동체에서 가장 많이 사용되어야 하는 언어고 화두가 되어야 하는 거에요.

물론 어느 공동체나 다툼이 있고 또 다투는 과정에서 심지어는 피를 흘리고 목숨도 잃기도 하지요. 그러나 성숙한 자유 공동체의 특징이라면 다툼이 있을 때에는 치열하게 다투지만, 다툼이 끝나면 화해를 한다는 거에요.

싸우는 한쪽에서 화해의 손길을 내밀 때 드 다른 한쪽에서는 그 손을 뿌리치지 않고 붙잡는 것이죠.

미국의 경우를 한 번 볼까요. 미국은 식민지시절 독립을 쟁취하기 위해 1775년부터 1783년까지 영국군과 무려 8년에 걸치는 전쟁을 벌이지요. 이른바 '독립전쟁'입니다. 이때 미국 대륙에 살면서도 영국군의 편이 되어 워싱턴 장군이 이끄는 미국의 독립군과 맞서 싸운, 이른바 '왕당파'가 있었죠. 우리의 '친일파'와 비슷한 개념인데, 그 숫자도 적지 않았습니다. 주민 가운데 30%나 되었기 때문이지요. 미국의 독립을 위해서 싸우던 독립군의 입장에서 보면 이 '왕당파'야말로 영락없는 반역자가 아니었을까요.

영국군이 항복함으로써 드디어 독립전쟁이 끝나게 되자 영국군 편에 붙어 독립군과 싸웠거나 독립군을 돕지 않았던 왕당파 사람들의 처리가 문제가 됐죠. 하지만 워싱턴 장군을 비롯한 당시의 독립파들은 이들을 처벌하기보다는 용서를 하고 관용을 베풀었죠. 이로써 별다른 피해를 입지 않았습니다. 왕당파는 남북 캐롤라이나 주를 빼놓고는 재산이 몰수되지도 않았죠. 또 몇 개의 주를 빼고는 공직에 제한을 받지도 않았고요.

또 원하는 곳에 정착하도록 했습니다. 그 결과 벤자민 프랭클린의 아들인 윌리엄 프랭클린과 당대의 가장 훌륭한 미국 화가인 존 싱글턴 코폴리를 포함하여 약 10만 명의 왕당파가 미국을 떠났죠. 그들 대부분은 캐나다에 정착했습니다. 이렇게 해서 미국 건국 초에 자칫 분열의 씨앗이 될 수 있었던 왕당파문제는 수면 아래로 가라앉아 통합과 화해의 공동체를 이룰 수 있었던 거에요.

대단한 포용이었죠.

또 미국의 남북전쟁 당시는 어땠나요. 1861년에 시작되어 1865년에 끝난 미국의 남북전쟁은 남부와 북부 두 지역으로 나뉘어 노예제도 폐지를 둘러싸고 벌어졌던 내전이었죠. 5년여에 걸친 이 전쟁은 1865년 4월 9일 버지니아 주 애포매턱스에서 북군 총사령관이었던 그랜트U. S. Grant 장군에게 남군 총사령관인 리R. E. Lee 장군이 항복함으로 막을 내리게 되죠.

남군 총사령관 리 장군은 남부 연합의 수도였던 리치몬드가 함락당한 후 패잔병과 함께 서쪽으로 퇴각하다가 퇴로가 막히자 항복을 결심하고는 그랜트 장군에게 전령을 파견합니다. 다음날 정오에 애포

매턱스에 있는 매클린의 집에서 만나자는 전갈을 보냈던 것이죠. 리 장군은 "어쩌면 이번 협상이 내 마지막 날이 될지도 모르겠구나"라고 생각했습니다. 그랜트 장군이 적군 우두머리인 자신을 총살시킬 수도 있기 때문이었죠. 남군 총사령관으로써 떳떳한 최후를 맞이하기 위해 리 장군은 최고의 군복을 갖춰 입습니다.

하지만 그랜트 장군은 놀라울 정도로 관대했습니다. 리 장군은 물론 남군들에게 그냥 고향으로 돌아가라고 한 것이죠. 전쟁 포로 같은 이야기는 아예 입에 담지도 않았습니다. 더욱이 타고 있던 말도 그대로 주었고 또 굶주린 남군 패잔병에게 2만 5천 명 분의 식량까지 제공해주었죠. 이에 감동한 것은 리 장군만이 아니었습니다. 5년이 넘는 내전으로 모든 것을 잃고 적개심으로 불타던 남부 전체에서 북군에 대한 원한이 봄눈 녹듯 사라진 것입니다.

특히 남군의 총사령관으로서 북군에 수차례 치욕스런 패배를 안겨주었던 리 장군은 패전 후에 감옥에 간 것이 아니라 당시 워싱턴 대학이라고 불리던 대학의 총장이 되었죠.

만약 그랜트 장군이 남부 패잔병들을 전쟁 포로로 혹독하게 다루고 리 장군을 전범으로 몰았다면 어떻게 되었을까요. 적대감과 복수의 마음은 지금까지도 남아있었을 거에요. 당시는 물론 지금으로서도 상상하기 힘들었던 그랜트 장군의 관용 덕분에 피비린내나는 남북전쟁의 상처가 빨리 아물 수 있었던 거죠.

참으로 감동적이고 놀라운 포용력이라고 하지 않을 수 없습니다. 윈

쪽 뺨을 맞았으면서도 그 맞은 대로 보복하지 않은 아름다운 경우라고 해야 하지 않겠습니까.

그런가 하면 우리가 잘 알고 있는 남아프리카공화국의 넬슨 만델라는 또 어떤가요. 그는 27년 동안 감옥에 있다가 드디어 감옥에서 나와 흑인들의 추앙을 받으며 대통령이 되지요. 그런데 그 만델라는 '스프링복스'라고 하는 럭비팀을 살리려고 안간힘을 쓰지요. 남아프리카공화국에 있어서 럭비팀은 증오의 존재였죠. 럭비는 발생지가 영국이며 백인 부유층의 스포츠니 흑인들이 좋아할 리 없습니다. 그래서 흑인 선수라곤 한 명밖에 없던 남아공의 럭비팀이 다른 나라와 시합을 하면 흑인들은 으레 다른 나라 팀을 응원했죠. 오랫동안 차별 정책으로 흑인을 괴롭힌 백인들이 열광하는 운동 경기였기 때문이지요.

혹독한 차별을 받았던 흑인들은 백인들로부터 정권을 넘겨받자 이 럭비팀부터 해체시킬 궁리를 합니다. 럭비팀의 이름은 물론 유니폼까지 바꾸고자 했죠. 그러나 만델라는 흑인들의 완강한 반대를 무릅쓰고 이 럭비팀을 살리기로 마음먹고 안간힘을 쓰지요. 그 결과 자신을 오랫동안 고문하고 괴롭힌 백인들의 아이콘이라고 할 수 있는 럭비팀의 명칭이나 유니폼 그대로 살려냈습니다.

드디어 1995년 6월 24일 남아프리카 공화국의 엘리스파크 경기장에서 럭비 월드컵 결승전이 열리죠. 월드컵 결승전날 만델라는 '스프링복스' 유니폼을 입고 나왔죠. 그러자 그의 관용에 감동한 백인 선수들은 투혼을 발휘했고 뉴질랜드 대표팀을 연장전 끝에 꺾게 됩니다. 이처럼 백인 럭비팀은 만델라의 화해와 용서의 노력을 월드컵에서 우승함으로써 보답을 한 것이지요.

우리는 어떤가요.

우리 공동체에는 용서가 없어요. 화해도 없어요. 오직 분함과 회한, 그리고 일찍이 니체F. Nietzsche가 말한 바 있는, 이른바 '르쌍티망 ressentiment'이 흘러넘칠 뿐입니다.

대표적인 것이 4·19혁명이지요. 부정에 항거한 4·19혁명정신은 고귀하고 아름답지만, 화해함으로써 더욱 더 역사에 빛나는 민주혁명이 될 수 있는 것이 아닌가요. 또 50년이 지났으니 지금쯤이면 이승만 대통령과 화해할 때가 된 것이 아닌가요. 물론 부정선거에 항의하는 학생들을 향해 발포한 것은 잘못이지만, 그래도 이승만 대통령은 직접 발포명령을 내린 것도 아니었어요. 오히려 희생당한 학생들을 찾아가 위문하며 애통해했고 또 "부정을 참지 않고 들고 일어난 학생들이 장하다"라고 했지요. 그리고는 대통령직에서 깨끗이 물러났죠. 또 축재한 것도 없을 정도로 깨끗한 건국대통령이었어요.

그렇다면 이제는 4·19단체도 용서를 할 때가 되지 않았나요.

물론 우리 공동체에서 보복이 가장 심했던 시기는 6·25때였죠. 대량 보복이 있었기 때문이죠. 특히 6·25 당시에는 우리가 남쪽으로 몰렸다가 북진을 했고 또 다시 남쪽으로 내려오는 등, 전세가 수시로 역전되었기 때문에, 적군과 아군의 점령지도 극적으로 바뀌었지요. 그 과정에서 수많은 보복이 일어난 것입니다.

사실 6·25 전에도 가슴 아픈 상처는 많았지요. 해방 공간에서 3년 동안 좌익과 우익으로 갈려 격렬하게 싸웠죠. 또 여수순천반란 사건 때에도 많은 피를 흘렸습니다. 그뿐만이 아니죠. 제주도 4·3 사건 때도 양민들과 군경 가리지 않고 많은 사람들이 죽어갔죠. 그 과정에서 화해와 용서는 없었고 보복만이 있었던 것입니다. 빨치산으로 있으면서 투쟁하다가 죽은 사람들의 집안에도 복수의 마음과 한이 남아있었죠.

이때 권력을 가진 우파쪽 사람들이 "죄는 미워해도 사람은 미워하지 말라"는 관용의 정신으로 이들 좌파 사람들을 껴안았다면 화해의 물꼬는 텄을 것입니다.

혹은 미국 독립전쟁 당시 독립군이 '왕당파'를 용서해주고 북군이 남군을 어루만지며 과거의 잘못을 묻지 않았던 것처럼, 연좌제를 실시하지 않고 부역자로 낙인찍어 공직의 길을 막지 않았다면, 용서와 화해의 공동체가 되었을는지도 모르죠. 그러나 당시 권력을 잡았던 보수 세력은 용서와 화해의 손길을 내밀지 않았고, 징벌만을 능사로 했습니다.

그러자 80년대 들어와 자유와 민주주의가 꽃피면서 자유의 공간이 넓어지고 담론의 공간이 커지자 그동안 억울하게 박해와 탄압을 받았다고 생각한 좌파 진보주의자들은 이번에는 복수하는 마음으로 자신들을 냉대한 대한민국 체제의 정당성을 부정하고 나온 것입니다. 그들은 대한민국이 시작부터 잘못되었다며 친일파의 문제를 계속 들고 나와 건국과 호국은 물론 산업화에 큰 공을 세운 우파보수의 주요 인사들까지 "모두 다 친일파였다"는 식으로 낙인을 찍었습니다.

그리고는 새롭게 나라를 세워야 한다며 김대중정부 때는 '제2건국위원회'를 만들었고 노무현정부 때는 진실화해위원회를 만들어 보수주의자들의 잘못을 들추어내며 대한민국의 역사를 "정의가 패배하고 기회주의가 득세한 역사"라고 한 것이지요. 좌파진보세력은 대한민국의 역사나 정통성은 물론이고 이제까지의 성취에도 흠결투성이라고 규정했죠. 그래서 모든 것을 바꿔야 한다고 했죠. 또 우리 역사는 부끄러운 역사라며 학교에서 가르치기도 하고 그런 주장을 하는 언론사들도 온라인·오프라인을 막론하고 활발하게 활동을 하게 되었습니다.

여기서 누구의 잘잘못을 따질 수 있을까요. 산업화세력과 민주화세력의 계속되는 불화를 보고, 또 진보와 보수 사이에 지속되는 적대적 감정을 보면서 누구의 잘못이라고 딱히 꼬집어 말할 수 없는 것은 우파든 좌파든, 산업화세력이든 민주화세력이든, 권력을 잡았을 때 관용과 용서의 정신이 전혀 없었다는 것입니다. 대한민국에서 권력을 잡았던 사람들이 상대방에 대해 용서하고 관용의 정신을 베풀었다면, 지금 우리 공동체는 보복과 회한의 '악순환惡循環'이 선의와 공감의 '선순환善循環'으로 바뀌었을지 모릅니다.

하지만 권력을 잡고 나서는 우파든 좌파든 가리지 않고 상대방에 대해 너그럽지 못하고 가혹했으니, 이런 결과가 온 것이 아닐까요. 상대방을 이단자나 독재세력 정도로 낙인을 찍고 영원히 추방의 벌을 내리려고 했지요.

바로 그렇기 때문이 우리 사회에서 좌파와 우파, 진보와 보수가 두 번에 걸쳐 정권 교체를 했음에도 평화와 화해의 정신은커녕 오히려 보복과 적대감, 한스러움의 감정이 더 커져 있는 것입니다. 좌파진보가 "정의가 패배하고 기회주의가 득세했다"고 하니, 우파보수는 그런 주장을 하던 정권을 상대로 "잃어버린 10년"이라고 반박하는 것이죠.

아! 대한민국은 '자유인의 공동체'인데, 왜 '복수의 여신'인 '에리니에스들'만이 창궐하는 것일까요. 성숙한 자유인의 공동체라면 복수의 여신인 '에리니에스들'은 '자비를 베푸는 여신', 즉 '에우메니데스'로 변신해야 하는 것이 아닐까요. 바로 이것이 2,500년 전 아이스킬로스가 『오레스테이아』에서 힘주어 전하고 있는 메시지입니다.

우리 사회에서는 이 용서와 화해의 문제가 해결되지 않고 있기 때문에 선거 때만 되면 바로 이 보복의 악순환이 재현되지요. "자신들이 정권을 잡으면 대한민국의 모든 것을 뒤엎겠다"라고 기염을 토하기도 하고, 또 다른 쪽에서는 "그것은 반反대한민국세력이다, 아예 북한에 가서 살아라" 이렇게 응수하지요.

관용과 포용이 없고 처벌과 자기식 정의만 외치는 공동체, 바로 이것이 우리의 자화상이 아닌가요. 용서와 화해는 권력을 가졌을 때만 할 수 있습니다. 권력이 없는 약자가 어떻게 화해와 용서를 말할 수 있을까요.

그런데 우리의 경우는 권력을 가졌을 때는 거의 항상 징벌적 어젠다 agenda만 들고 나오네요. 이렇게 되면 '자유의 공동체'라고는 하나, 끝없이 상대방을 적대시하고 상대방이 망하기를 바라는 악의만 가지고 살아가는 원한의 상황과 조금도 다를 바가 없습니다. 말로만 공동체이지 '적과의 동침'과 다를 바가 없죠.

일찍이 프랑스의 사상가인 르낭은 "민족이란 무엇인가"라는 책에서 국가의 성립이 망각에서 비롯된다고 밝혔죠. 여러 지역이 하나의 국가로 통일되기 위해서는 이전에 존재했던 수많은 지역 간 갈등, 혹은 내전의 아픈 상처와 기억을 잊어야 하기 때문이죠. 이렇게 보면 '망각'이란 '용서'의 시작인거에요. 상대방에게 당한 회한만 기억한다면 어떻게 용서가 되겠어요.

우리 공동체에 헌법도 있고, 헌법정신도 있으며, 정권 교체도 여야 간에 수시로 이루어지고 있죠. 그럼에도 평화와 통합의 공동체가 되지 않고, 오월동주吳越同舟와 같은 공동체가 되고 있는 것은 바로 이 '망각'과 '용서'가 없기 때문이지요.

더 큰 자유의 공동체를 위하여

I'm a free man

■ '민주화', '산업화', '선진화'는 '일란성 삼생아三生兒'

대한민국이 겪어온 변화와 발전을 바라보는데 공통된 인식이 있습니다.

먼저 산업화에 성공했고, 그 뒤를 이어 민주화에 성공했으며, 이제 그 두 가지 성취를 기초로 해서 선진화를 향해 나가고 있다는 말이 그것이죠.

이런 인식이야말로 언론과 지식인들은 물론, 정치인들과 일반 시민들도 대체로 공유하고 있는 내용이라고 할 것입니다.

그러나 그런 역사인식이 과연 올바른 것일까요. 문제의 개념화와 인식이 올바른 것이라면, 별 문제가 없겠죠. 하나 잘못되었다면, 잘못된 개념과 인식을 바탕으로 해서 대한민국의 비전을 논의하는 것은 "깨진 항아리에 물을 붓는" 상황처럼 허망할 수도 있습니다.

우리가 살아온 삶을 '산업화', '민주화'로 구분하고 "앞으로의 과제는 선진화다", 이런 식으로 규정하는 방식은 편의적인 것일 수는 있으나, 정확하고 올바른 인식이라고 하기는 어렵군요.

대한민국이 세워진 이래 우리 역사는 줄곧 '민주화의 역사'였고 또 '산업화의 역사'였으며, 동시에 '선진화의 역사'이기도 했지요.

이 세 가지는 대한민국인들의 삶 속에 모두 다 녹아 있는 것이어서 서로 명확하게 구분되거나 단절된 적은 한 번도 없었습니다. 물론 이 세

가지 중 어느 하나도 아직 완결이나 완성되었다고 말할 수도 없지요.

오히려 이 모두가 현재진행형이라고 보아야할 것입니다. 당연히 앞으로도 우리가 더불어 똑같이 헌신해야 할, 이른바 '공시적共時的 과제'이고요.

■ 민주화, 어떻게 보아야 하나

민주화에 대해서 생각해 보죠.

70년대의 유신체제로 지칭되는 권위주의 통치 구조에 대한 국민적 저항을 민주화 운동이라고 불러왔습니다. 마찬가지로 80년대의 군부권위주의에 대한 저항도 민주화 운동이라고 지칭했죠. 물론 이 두 가지는 같은 연장선상에 있었습니다.

1987년부터 시작된 민주화를 본의적 의미의 민주화로 규정하고 김영삼정부와 김대중정부가 출범함으로 인해 비로소 민주화가 완결된 것으로 생각하는 사람들이 많은 것도 사실입니다.

제5공화국의 군부권위주의에 항거해서 대통령 직선제가 이루어지고, 권위주의 체제가 사라진 것을 민주화라고 인식하고 있는 것이죠.

물론 80년대 민주화 운동과정에서 노고를 무릅쓰고 헌신한 민주화 세대의 노력은 제대로 된 평가를 받아야 합니다.

그러나 곰곰이 생각해보면, 대한민국을 세운 사실자체가 민주화의 작업이었습니다.

이승만 대통령이 자유와 인권, 민주주의를 기초로 한 헌법을 제정해 대한민국을 건국한 위업 자체가 대한민국의 역사에서 가장 중요한 민주화 작업이라고 할 수 있다는 의미죠. 따라서 유신체제와 5공체제를 거치면서 왜곡된 형태의 민주주의를 바로잡은 것을 가지고, 민주화의 본질이나 전체로 인식하고 있는 것은 잘못된 것입니다.

제2차 세계대전이 종식된 다음 아시아와 아프리카지역에서 많은 신생국들이 출현했죠. 그러나 그들은 한결같이 사회주의를 표방했습니다. 또 스스로 제1세계의 자본주의 국가와도 다르고, 또 제2세계의 사회주의 국가와도 다른 '제3세계'를 만들었다고 선언하게 되지요.

우리는 처음부터 자유민주주의 공화국을 만들었습니다. 그래서 민주화가 시작된 것입니다.

그것이 바로 민주화의 '첫 번째 물결'이었죠.

특히 1945년부터 3년간 계속된 해방정국의 그 극심한 혼란 속에서, 자유민주주의 국가를 수립하지 못했다면, 어떻게 1987년의 민주화가 가능했을까요.

뿐만이 아닙니다. 정부를 수립한 지 3년도 안 된 시점에서 북한 공산주의자들이 기습남침을 해왔지요. 이 때, 호국정신으로 피를 흘리며 격퇴한 것이야말로 대한민국 민주화에 대한 가장 위협적이었던 걸림

돌을 제거한 것입니다.

그 후 3·15 부정선거와 자유당 독재에 대한 항거로 4·19혁명이 일어났죠. 그리고 제2공화국을 거쳐 제3공화국이 출범했습니다. 이것을 '제2의 민주화물결'이라고 해야 할 것입니다.

물론 87년부터 시작된 민주화가 오늘날 우리가 누리고 있는 자유공동체의 모습을 비교적 온전한 형태로 보여주고 있는 것은 틀림없지요. 그런 점에서 '제3의 민주화물결'이라고 해도 무방합니다.

80년대의 민주화 운동은 중요하지만, 대한민국 민주화 과정의 유일무이한 형태처럼 생각하는 것은 문제가 있습니다. 그 이전에는 민주주의가 없었던 것처럼 말이죠.

우리의 민주화는 대한민국을 세우면서 시작되었고, 6·25의 시련을 통해 호국노력과 어우러지면서 한층 더 착실하게 발전해왔습니다. 그 후 제2공화국, 제3공화국을 거쳐 80년대의 민주화를 이루게 된 것이지요.

물론 지금 우리가 누리고 있는 민주주의도 완전한 것은 결코 아닙니다. 계속해서 그 흠결을 고치고 보다 성숙하고 완성된 형태의 민주주의를 만들고자 끊임없이 노력해야 할 이유가 여기에 있지요.

■ 산업화, 어떻게 보아야 하나

산업화라는 명칭도 그 정확한 개념과 내용은 모호하다고 할 수 있습니다.

일반적으로 박정희정부 때 산업화가 시작되어 달성되었다고 보는 것이 통상적인 인식이죠. 과연 그런 인식이 타당한 것일까요.

물론 박정희정부 시절 우리의 산업화가 질적으로 도약한 것은 분명한 사실입니다. 그 시대를 기점으로 해서 생존자체가 불안했던 절대빈곤의 '보릿고개'를 넘어 이제는 웰빙 등 삶의 질에 관심을 가질 만큼 소득도 비약적으로 증대했기 때문이죠.

그러나 그렇다고 해서 우리의 산업화가 60년대에 비로소 시작해서 70년대 말에 완결된 것으로 보아서는 안 됩니다.

민주화와 마찬가지로 산업화도 역시 60년대 이전에 시작과 기초가 있었죠.

또 그 기초를 중심으로 해서 지속적으로, 때로는 도약을 하면서 발전해 나아가는 역동성을 보여 주었습니다.

어떻게 '무無'에서 '유有'가 창조될 수 있으며, 또 씨앗을 뿌리지 않고도 거둘 수 있을까요.

산업화는 이미 50년대 이승만정부 시절부터 시작된 것이죠. 가장 중요한 주춧돌은 농지개혁이었습니다. 만일 농지개혁이 없었다면, 아직도 지주계층이 땅을 통해 수익을 창출하려는 '지대추구자'로 남아 있었을 거에요. 그러나 농지개혁으로 말미암아 농지로부터 더 이상 이익을 얻을 수 없음을 깨닫게 된 지주층은 점차 산업에 투자하는 기업가층으로 변모하지요. 이 기업가층이 60년대부터 시작하여 본격적으로 '기업가정신'을 발휘하게 되는 것입니다.

뿐만 아니라 이승만정부는 교육부문에 대대적으로 투자를 했지요. 그 결과 1950년대에 국민교육이 비약적으로 보급되었습니다. 그 이전까지 한국인의 교육수준은 아주 낮았죠. 1947년 15세 이상의 인구 가운데 중고등학교 졸업자는 4.4%, 대학교졸업자는 0.6%에 불과했지요.

이승만정부는 '교육입국'을 주창하여 초등학교의 의무교육제를 도입했으며 정부예산의 10% 이상을 교육에 투자했습니다. 그 결과 중학교와 고등학교는 세 배나 크게 늘었죠. 대학도 광복직후 19개교에 불과했던 것이 1960년까지 63개교로 늘었습니다. 가히 '교육혁명'이었죠. 교육에 대한 대대적인 투자덕분에 양질의 고학력의 근로자들이 탄생할 수 있었던 것이고 또한 이들이 60년대부터 든든한 산업역군이 되는 것입니다.

이처럼 지주로부터 변신한 기업가들과 교육혁명의 결과 길러진 숙련 근로자들이 출현함으로써 60년대의 산업화의 기초는 이미 50년대에 놓여졌던 것이죠

1950년대 1인당 국민소득은 불과 50달러 수준이었습니다. 상황이

그랬던 만큼 미국은 "처참한 수준에 있던 나라"인 한국에 산업화 가능성은 거의 없다고 판단했습니다.

그래서 한국이 일본에 농산물을 수출하고 공산품은 일본으로부터 수입할 것을 권고하기도 했죠.

하지만 이승만정부는 제한적이나마 산업입국의 시동을 걸었습니다. 수입공산품을 국산으로 대체하는 소비재산업위주의 '수입대체 산업화'를 추진한 것입니다. 그 결과 면사, 밀가루, 설탕 등 이른바 '삼백三白 산업'이 융성했죠.

이런 산업화의 노력이 미미하고 약소한 것이라고 해도 50년대에 시작되었던 '수입대체 산업화'야말로 전쟁의 참화를 겪은 암울한 상황에서 나름대로 최선을 다해 진력했던 초창기 산업화라고 할 수 있을 것입니다.

그 후 60년대 박정희 정부가 출범하면서 '수입대체 산업화'는 '수출지향 산업화'로 바뀌었죠.

이로써 한국의 제품들을 해외에 수출할 수 있었습니다. 그러다 70년대 들어와 중화학 산업화에 성공을 하게 되죠. 그리고 지금까지, 즉 중화학 산업화 이후에도 반도체 등 고부가가치 산업과 첨단산업에 박차를 가하게 되었습니다. 이처럼 산업화는 지금, 즉 민주화시대에도 여전히 계속되고 있는 과정이 아닐까요.

번영된 공동체를 유지하기 위해서는 계속해서 산업화의 질을 높이는 데 힘을 쏟는 것이 필요하죠.

이런 의미에서 산업화는 어느 특정한 시점에 시작돼서 어느 특정한 시점에서 끝난 일정한 시기의 현상이 아니라 앞으로 우리 공동체가 지속 가능한 공동체를 지향하는 한 끊임없이 추구해 나가야 할 과제라고 해야 할 것입니다.

■ 선진화, 어떻게 보아야 하나

요즘 들어와 선진화는 우리 사회에서 빈번히 사용하고 있는 화두요, 공동체의 지향점이 되었습니다.

실제로 지난 30여 년간 대통령을 포함한 많은 정치지도자들과 학자들이 선진화를 외쳐왔고, 그 결과 선진화 담론은 시대정신처럼 확산되고 있죠.

지금도 선진화의 깃발은 높이 펄럭이고 있지 않습니까.

그럼에도 선진화가 무엇인지, 또한 어떠한 내용으로 되어 있는지, 어느 누구도 정확하게 규정하지는 못하고 있지요. 또 규정하는 경우에도 사람마다 달라 혼란스럽기조차 합니다.

선진화와 관련된 최초의 표현은 제5공화국 시절에 시작되었죠. 당시의 구호는 "선진 조국 창조"였습니다. '선진 조국 창조'가 우리에게 절실하게 필요한 어젠다agenda임에는 틀림없지요. 다만 "무엇이 선진 조국이냐" 하는 문제는 남아 있다는 것입니다.

우리의 목표를 선진국이 되는 것으로 잡는다고 하더라도, "도대체 어떤 나라가 선진국인가" 하는 점에 대해서는 고민이 필요합니다. 국제기구가 통계를 작성하는 데 있어 일부 국민소득이 높은 국가들을 두고 '발달했다', '앞섰다'는 의미로 '선진국'이라고 지칭하기는 하죠. 그럼에도 불확실성이 내재해 있는 개념임에 틀림없습니다.

분명한 것은 선진화는 경제만 가지고 말할 수는 없다는 점입니다.

경제적 지표는 선진화의 '필요조건'은 될 수 있을지 몰라도 '충분조건'은 아니기 때문이죠. 우리가 선진사회라고 부르는 서구의 국가들을 보면 한결같이 1인당 국민소득이 3만 달러를 넘습니다. 허나, 3만 달러를 넘는 사회라고 해서 모두가 선진국인 것은 아니죠.

중동의 일부 산유국들을 한번 보세요. 국민소득은 3만 달러를 훨씬 넘지만, 국제사회는 그들을 '부국富國'이라고 부를지언정 '선진화된 국가'라고 평가하지는 않습니다. 오히려 최근에는 '재스민 혁명'이 일어나고 있을 정도로 민주주의가 결핍되어 있죠.

그 이유는 간단합니다. 선진국은 '높은 국민소득' 뿐만 아니라 국가에 품격이 있어야 하니까요. 또 민주주의가 정착되어 있으면서도 자기절제가 있어야 하지 않을까요. 시민사회도 건강해야 하고 대중문화에도 수준이 있어야 하죠.

이런 점에서 볼 때, '선진화先進化'는 곧 '선진호善進化'라고 말할 수 있지 않을까요. 선진화善進化된 국가는 '좋은 정부', '좋은 시민', '좋은 시민사회', '좋은 문화' 등 각종 '좋은 것들'로 가득해야 하기 때문이죠.

여기서 생각해야 할 점은 앞 '선先' 자 '선진화'를 사용하든, 혹은 착할 '선善' 자 선진화를 쓰든, 기존의 상황에서 한 단계, 두 단계 앞으로 나아가거나 도약하려는 노력과 좋은 가치들을 만들어 나가는 노력의 과정을 모두 선진화라고 말할 수 있다는 것입니다.

그런 의미에서 보던, 우리는 건국 이후부터 이 두 가지 의미의 선진화를 모두 추구했다그 해도 과언이 아니죠.

1948년의 대한민국 건국은 유교를 이념으로 하는 왕조체제와 일본제국주의체제가 완전히 종식되고 우리 민족 스스로의 손에 의해 민주공화국을 수립했다는 것을 뜻합니다. 자유와 평등의 원리가 정립되고 자유민주주의와 시장경제가 제도적으로 정착됨으로써 그동안 억눌려왔던 우리 민족의 잠재력과 창의력이 최고로 발휘될 수 있는 조건이 마련된 것이죠.

그렇다면 이것이야말로 바로 선진화의 거보를 내디딘 것이 아니겠습니까.

대한민국의 건국은 구한말과 일제 식민지시기에 이르기까지 '백성百姓'과 '신민臣民'으로서 통치의 객체로만 존재하고 있던 우리 '민족'이 정치적 권리와 의무를 가진 '국민國民'과 '시민市民'으로 전환되었음을 의미하죠.

상호간에 평등하고 자유를 누리는 '자유시민' 말입니다.

건국을 통해 왕조체제의 부속물에 불과한 존재가 아니라 과학과 기술을 습득하여 사회적 역량을 배양하고 종교와 양심의 자유를 갖고 자신의 운명을 스스로 개척할 수 있는 존재가 되었다면, 분명 선진화가 아닐까요.

그런가 하면 해방 직후 세계에서 가장 가난한 나라였던 대한민국이 건국 60년이 지난 지금 세계 10위권의 경제대국으로 성장한 것도 이 두 가지 의미의 선진화 과정이 아니겠습니까. 경제성장도 했고, 삶의 질도 비약적으로 향상되었으니 말이죠.

또 권위주의를 극복하고 민주주의를 보다 온전한 것으로 만든 것도 당연히 두 가지 의미를 함축한 선진화의 과정입니다. 민주주의로 말미암아 거대한 문명사적 흐름에 동참했고, 인권과 평등의 가치도 고양되었으니까요.

그렇다면, 1인당 국민소득 3만 달러를 넘어가려는 노력의 과정은 물론 자유민주주의, 시장경제 및 복지국가를 만들어 나가는 노력의 과정도 모두 '선진화'의 현상이라고 이야기할 수 있을 것입니다.

이처럼, 선진화라는 것은 산업화와 민주화의 단계와 반드시 구분되고 또 산업화와 민주화를 이룬 다음, 비로소 그 다음 단계에서 추진해야 할 후속 과제라고는 말할 수 없지요.

오히려 산업화와 민주화의 연장선상에서 같은 내용을 가지면서도 그 질을 한층 더 높이고 향상시키는 데 선진화의 특징이 있다고 할 수 있을 것입니다.

바로 그렇기 때문에 선진화라고 하는 것은 어떤 특정한 정치·사회 세력이 선점할 수 있는 특정화된 화두가 아니죠. 오히려 대한민국이라는 공동체 전체가 매달려 왔고 앞으로도 계속해서 혼신의 힘을 다해 완수해 나가야 할 과제라고 봐야 하지 않을까요.

결국 우리 사회에서 60~70년대 산업화를 추진했던 세력을 '산업화 세력', 80년대 민주화 운동을 벌였던 세력을 '민주화 세력', 이렇게 나누고 양분하며 양자 사이에 정체성의 차이가 확연하고 대립과 긴장관계가 있는 것처럼 간주하는 것은 잘못된 접근방식이죠.

산업화라고 해도 민주화와 같이 가야 할 과제고 또 민주화라고 하더라도 산업화와 동떨어져서 추진할 수 있는 과제가 아니기 때문에 마치 두부 자르듯이 '산업화 세력'과 '민주화 세력', 이런 식으로 구분하는 것은 의미가 없습니다.

오히려 우리 모두가 동시에 '산업화 세력', '민주화 세력' 및 '선진화 세력'이 되어야 하는 것이 맞죠.

정치, 작은 것이 아름답다

정치란 무엇인가요.

정치는 전통적으로 다른 사람에게 해악을 행하는 것을 금지하는데서 출발했고 또 국방이나 치산치수 등, 공공재 문제를 해결하는 방식이기도 했죠. 따라서 이런 역할을 담당하는 전문인, 즉 정치인들의 임무와 행위를 의미하는 것으로 이해해왔습니다.

그것이 바로 정치에 관한 은유적 표현으로 '항해하는 배'가 자주 사용되었던 이유이기도 하죠.

아닌게 아니라 플라톤을 비롯한 많은 사상가들은 국가나 정부를 '배船'에 비유해왔습니다.

정부를 영어로 'government'라고 하는데, 이 용어의 어원은 그리스어에서 '키잡이'를 뜻하는 '퀴벨네테스kubernetes'로부터 나왔습니다. 중세 라틴어에서 '키'를 의미하는 '구베르나쿨룸gubernaculum'도 'government'라는 단어의 뿌리를 이루고 있지요.

배의 안전운행과 항로제시에서 가장 중요한 역할을 수행하는 선장이나 선원들의 행위야말로 정치인들의 전형적인 역할로 간주되었던 것이죠. 그만큼 정치와 정치인은 배라는 공동체를 운행하는 데 있어 중요한 역할을 하는 존재입니다.

그런가 하면 정치는 보다 세속적으로 말해 권력의지를 가진 사람들의 활동을 지칭하기도 했죠. 권력에 대한 접근을 갈구하는 사람들의 활동이었다는 뜻입니다. 또 권력을 오·남용하는 사람들의 야심을 가로막는 의로운 반대파들의 활동도 포함되었습니다.

그런 활동 이외에 모든 것들은 '정치가 아닌 삶', 혹은 '사적 삶'이었던 셈이죠. 정치가 사회와 경제, 문화, 종교와 구분되는 논리와 경계선이 그러했습니다.

그러나 최근에는 행복과 복지, 도덕·예의범절, 위생은 물론, 개인의 자아실현문제까지 관장할 정도로 정치의 영역이 넓어졌습니다. 거의 모든 것이 이런저런 이유로 '정치적인 것'으로 규정되기에 이르렀죠. 이제 정치는 사회, 경제, 교육, 종교와 딱히 구분되지 않을 정도로 일상적인 것이 됐습니다.

정치의 확장이 하나의 시대적 흐름으로 굳어지게 된 것은 우리 사회에서도 결코 예외는 아니지요. 어느덧 정치가 아닌 것이 없게 됐습니다.

여야가 요즈음 격렬하게 벌이는 복지논쟁만 해도 그렇지 않습니까. "상주보다 곡쟁이가 더 서럽게 운다"더니 복지야말로 가난한 당사자들보다 정치인들에게 초미의 관심사가 된 것이죠.

그런가 하면 미국산 쇠고기를 먹는 문제부터 비롯하여 청소년들의 비만을 걱정하고 학교급식에 신경을 곤두세우며, 전세대란과 대학등록금문제까지 챙길 정도로 정치의 영역이 넓어진 것이죠.

이런 현상을 어떻게 보아야 할까요. 좋은 것일까요, 아니면 나쁜 것일까요.

우리 가운데는 삶에서 직면하는 어려움과 불편함, 혹은 고통을 토로하는 사람들이 허다합니다. 비록 자신이 선택하기는 했지만, 몸담아 일하고 있는 직장이 마음에 들지 않고, 봉급이 적다고 불평하는 사람이 얼마나 많습니까.

혹은 자신의 능력이 보잘 것 없다고 한탄하는 사람들도 꽤 있습니다. 심지어는 "나는 왜 이렇게 못생겼나" 혹은 "왜 키가 이렇게 작나" 하고 한탄하며 자신의 외모에 대해 심각한 열등감을 토로하는 사람들도 있습니다.

그러나 그렇다고 해서 정치가 불행하다고 느끼는 모든 사람들을 구제하고 '행복한 신데렐라'로 만들어 주겠다고 나서야 할까요.

그런 상황이 벌어진다면, 일상적인 모든 것은 정치가 될 것입니다. 또 그 반대도 성립하지요. 정치가 모든 것이 되지 않을까요. 개인의 자아실현과 행복문제는 물론, 도덕적인 사항조차 정치의 대상이 되어 정치로부터 벗어나는 것은 아무것도 없게 됩니다.

모든 것이 정치가 되면, 무슨 문제가 발생할까요. 개인의 자율성이나 개인의 자유와 같은, 소중한 가치들을 훼손하거나 모욕하는 정책들이 '정치의 이름으로' 시행될 수도 있겠구나 하는 걱정이 앞섭니다.

정치가 '과잉'이라고 할 정도로 확장된 이유는 무엇일까요.

분명 한 가지 이유만은 아닐 것입니다. 그래도 중요한 한 가지는 빼놓을 수 없지요. 그것은 권력을 휘두르는 정부·여당의 정치인들과 그들과 다투고 있는 야당의 정치인들이 "짜고 치는 고스톱"의 상황처럼 서로 격렬하게 다투는 과정에서 자연스럽게 만들어진 결과라는 것입니다.

"여야가 정치판을 키우는데 공모했다"라고 표현해도 지나친 것은 아니죠.

정부나 여당은 공동체에 어떤 자랑할 만한 일이 생기면 "그것이 누구의 덕이지" 하며 자신의 공로를 대대적으로 선전하고 인정받기를 원합니다.

여당정치인들은 대선은 물론, 총선 재보궐 선거가 다가올 때마다 입이 닳도록 말하죠. "유권자 여러분은 우리가 5년 전 집권했을 때보다 얼마나 행복해졌는지 알고 있지요. 여러분이 더욱 더 안전해졌고 경제가 좋아졌으며 편안함을 느낀다면, 우리가 정치를 잘해온 덕분입니다. 그러니 계속해서 우리를 지지해 주세요."

당연히 이를 맞받아치는 것이 야당정치인들의 몫이지요. "여러분은 5년 전보다 더 불행을 느끼고 있지 않습니까. 세금은 무거워지고 장사는 더욱 어렵고 살기는 더 힘들어지지 않았습니까. 그 모든 게 정부·여당이 정치를 잘못해왔기 때문입니다. 우리가 집권을 해서 정치를 하면 여러분을 반드시 행복하게 해 주겠습니다."

공동체에서 일어나는 모든 잘못된 것에 더해 '총체적으로' 비난하기로 마음을 먹고 있는 야당은 "정치가 잘못되어 개인의 삶은 물론, 모든 것이 피폐해졌다"고 주장하는 것이지요.

여야정치인들이 정치의 성격에 대해 끊임없이 벌이는, 이른바 '아전인수我田引水'식 공방이야말로 '공동체의 일' 가운데 좋든 나쁘든 모든 사안들이 정치와 정책에 의해 빚어진 것이라는 생각을 확산시키는 데 결과적으로 결탁하고 있는 셈이죠.

정치인들의 과잉 수사修辭와 요란한 자기선전이야말로 행·불행을 막론하고 모든 운명을 만들어내는 '운명의 신'으로 정치를 바라보도록 만든 요인입니다.

더욱이 선거를 치룰 때마다 개인 자율의 영역은 점점 더 줄어들고 정치의 영역은 더욱 더 넓어지고 있습니다.

원래 정치는 작을수록 아름다운 것이 아닌가요. 그럼에도 어느새 공룡처럼 커지니 징그러워지고 두려움의 대상이 되는군요.

선거는 항상 있게 마련이지요. 그러나 생각해보면 사시사철이 정치인들에겐 선거철이 아니겠습니까. 금년, 내년, 아니 3~4년이 남았다고 해도 항상 정치인들에겐 '발등의 불'입니다. 그러니 이때야말로 정치인들이 우리나라를 단순한 '지상의 왕국'이 아니라 무릉도원과 같은 '천상의 왕국'으로 인도하겠다는 거대하고도 달콤한 약속을 경쟁적으로 내놓게 될 때죠.

'그날이 오면', 즉 '우리가 집권하는 날이 오게 되면', 신혼부부들은 모두 반값아파트를 서울의 강남에서 얻게 되고 병이 든 환자들은 무료로 진료와 치료를 받게 되며, 결혼을 하지 못한 농촌의 총각들은 도시의 예쁜 신부를 맞게 되고 대학생들은 반값등록금을 내고 대학을 다니게 된다는 식이죠.

그러나 이미 프랑스의 정치사상가인 루소는 영국의 선거민주주의를 빗대어 이런 말을 한 적이 있지요. "영국사람들은 4년에 한번 투표할 때는 왕이 되지만, 그 다음 4년간은 노예로 지낸다"고요.

우리는 어떻습니까.

대통령 선거가 있는 해 하루, 투표하는 날 '천국'에서 살게 되지요. 정말 그날은 먹지 않아도 배가 부르지요. 그리고 나머지 5년 동안은 손가락을 빨거나 눈물 젖은 빵을 먹게 되는 것은 아닌가요.

그러나 정치인이라면 "정직이 최선의 정책"이라는 말을 한번쯤은 들어 보았겠지요.

정직을 정치인의 덕목으로 삼는다면, 자신들이 하고 있는 일이 '돌'을 '빵'으로 변하게 하거나 '물'을 '술'로 변하게 하는 기적과 같은 것이 아님을 국민들에게 확실히 말해야 하지 않을까요.

오히려 '빵'을 '돌'로 변하게 하고 '술'을 '물'로 변하게 한 적이 많았음을 실토하며 용서를 구해야 하는 것은 아닌지 묻고 싶군요.

마찬가지로 가난에 찌들어 살고 있는 사람들을 하루아침에 벼락부자로 만드는 기적을 행할 수 없다는 사실도 국민 앞에 솔직히 밝혀야 합니다.

정치인 가운데 누가 있어 옛날에 바다를 가른 모세의 기적을 행할 수 있으며, 또 어떤 정치인이 전설의 고향에 나오는 '우렁 각시'처럼 일터에서 돌아오면 공짜로 집안에 밥상을 차려줄 수 있을까요.

오히려 평지에 풍파를 일으키지 않으면 다행이고, 또 공짜로 주지 않아도 좋으니 국민들의 쪽박이나 깨지 않으면 도와주는 것이죠.

정치인들은 '미다스왕'처럼 자신의 손에 닿으면 무엇이든 황금으로 변하게 하는 기술을 가진 연금술사가 결코 아닙니다.

『호밀밭의 파수꾼』에 나오는 홀든처럼 사람들이 낭떠러지에 떨어지지 않도록 테두리를 쳐놓고 보호를 하는 것이 본연의 임무가 아닐까요.

인기는 없을는지 모르지만, 바로 그렇게 말하는 것이 정치인의 정도正道입니다.

정치인 여러분!

국민들에게 정치로부터 무엇인가 받는 일 말고도 아름답고 소중한 영역이 있다는 것을 이야기해줄 수 없을까요. 무엇인가 받기보다는 남에게 주며, 또 받은 것보다 더 많이 주고 심지어 생명까지도 주는 것이 그런 것이라고요.

아프리카 수단에서 어려운 사람들을 위해 의술을 베풀다 목숨을 바친 이태석 신부처럼 자기 자신이 가진 것을 사람들에게 베풀고 사는 것이 아름답다고 말해줄 수 없을까요.

또 구제역 퇴치를 위해 엄동설한에 밤낮으로 헌신하다 과로와 추위로 숨져간 순직 공무원들의 삶이 아름답다고 말해줄 수 없을까요.

자신의 몸을 추스르지 못하는 독거노인들을 찾아 그들을 목욕시키며 등을 긁어주는 따뜻한 마음씨의 젊은이들이 실천하는 봉사의 삶이 아름답다고 말해줄 수는 없을까요.

또 히말라야산을 등정한 등반대원이나 지구 곳곳을 누비고 다닌 오지여행가처럼, 자신의 신념과 소신에 따라 모험을 하는 것이 아름답다는 것도 말해줄 수 있나요.

그런가 하면 스스로 일터에서 땀을 흘리며 살아가는 많은 보통사람들처럼 혼신의 힘을 다하는 자구의 노력과 자립의 정신이 아름답다는 것도 말해줄 수 있어야 합니다.

모름지기 정치인들은 국민들을 향해 큰 소리로 외칠 수 있는 정직함의 용기를 보여 주어야 합니다. 하늘이 스스로 돕는 자를 돕는 것처럼 "정치도 스스로 돕는 자를 돕는다"고요.

국가, 우리에게 무엇인가

I'm a free man

■ 현충원에서 대통령의 이런 연설을 듣고 싶어요

나는 꿈을 꿉니다. 아니 꿈을 꾸고 싶어요. 횡재를 바라는 '돼지꿈'도 아니고 봄이 되면 꾸는 '일장춘몽'도 아닙니다. 또 셰익스피어가 말한 '한 여름 밤의 꿈'도 아니에요.

그보다는 더 진지해요. 아마도 로마의 키케로가 『국가론』에서 말한 '스키피오의 꿈somnium scipionis'과 비슷한 것이지요.

그 꿈은 대통령의 멋진 연설을 듣고 싶은 거에요.

그렇습니다. 역사에 남을 만큼 멋진 연설을요. 마치 고대 아테네의 페리클래스가 펠로폰네소스 전쟁에서 죽은 전사자들을 추모한 『추도연설』처럼 말이죠.

어디서요.

국립현충원이지요.

어떤 연설이냐구요.

이런 내용의 연설이에요.

> 지금으로부터 60여년 전 우리의 독립운동가들과 애국지사, 및 건국의 지도자들은
> 연합국들의 도움을 받아
> 치욕적이고 고통스러웠던 일제 35년간 노예의 삶을 청산하고

한민족 역사상 최초로 이 남한 땅에 자유 속에 잉태되고, 만인은 모두 평등하게 창조되었다는 대의를 헌법에 새긴 새로운 나라를 탄생시켰습니다.

바로 그것이 자유의 나라, 대한민국입니다.

하지만 그 이후 그런 대의로 만들어진 나라가 과연 이 지상에서 오랫동안 존재할 수 있는지 없는지를 계속해서 시험받아 왔습니다.

저는 이 나라를 살리기 위해 목숨을 바친 사람들에게 마지막 안식처가 된 이곳에 그들의 뜻을 기리기 위해 여기에 왔습니다.

이런 행위는 너무나 당연하고도 적절한 것입니다.

그러나 더 큰 의미에서 보면, 이 안식처를 거룩한 땅으로 만드는 사람은 우리가 아닙니다.

독립과 건국 및 호국을 위해 목숨 바쳐 싸웠던 그 용감한 사람들, 전사자 혹은 생존자들이, 이미 이곳을 거룩한 땅으로 만들었기 때문에 우리로서는 거기에 더 보태고 뺄 것이 없습니다.

세계는 오늘 제가 여기에 와서 무슨 말을 했는가를 별로 주목하지도 않고, 또 오래 기억하지도 않을 것입니다.

하지만, 그 용감한 사람들이 대한민국을 위해 행한 일이 어떤 것이었던가는 결코 잊지 않을 것입니다.

그들이 싸워서 그토록 고결하게 시작한 일, 그러나 미완으로 남긴 일을 수행하기 위해 결의를 다져야 하는 것은 오히려 우리들, 살아 있는 사람들입니다.

우리 앞에 남겨진 그 미완의 큰 과업을 다하기 위해 지금 여기 이곳에 바쳐져야 하는 것은 우리들 자신이기 때문입니다.

저는 그 명예롭게 죽어간 사람들로부터 더 커다란 헌신의 힘을 얻어 그들이 마지막 신명을 다 바쳐 지키고자 한 대의에 저 자신을 봉헌하고, 그들이 헛되이 죽어가지 않았다는 것을 굳게 다짐하고자 합니다.

신의 가호와 호국영령들의 보살핌아래 이 나라는 자유와 번영의 나라가 될 것이며, 통일 국가의 꿈을 반드시 이루어나갈 것입니다.

어딘가 표현이 많이 닮았다고 생각하지 않나요.

분명 닮았죠.

미국의 대통령 에이브러헴 링컨Abraham Lincoln의 '게티스버그 연설'을 아주 빼닮았죠. 번안이라고 해도 과언이 아니죠.

또 표절이라고 해도 좋아요.

하지만 그만큼 지금의 대한민국을 생각하는데 더 없이 필요하고도 절실한 연설이라고 생각되네요.

이 대한민국이야말로 독립운동가들과 애국지사, 건국의 지도자들과 호국용사들의 피와 땀으로 이루어진 거룩한 나라죠.

앞으로 우리 공동체에 어떤 어려운 일이 생기고 또 험난한 시련이 닥치더라도 우리는 이 엄숙한 사실을 결코 잊지 말아야 합니다.

■ 동토의 나라에 버려진 '노병'들을 데려오라

혹시 2010년 추석 때를 즈음하여 일어난 일을 기억하나요.

이산가족 상봉이 있었습니다.

남북 간 이산가족 상봉이 처음은 아니었지요. 언제나 그랬지만 이번에도 애처로움을 떨칠 수 없었습니다.

이산의 한많은 세월과 애잔한 사연들을 어떻게 그 짧은 시간 동안에 담아낼 수 있었겠습니까.

또 짧은 만남과 긴 이별이야말로 애끓는 단장斷腸의 아픔의 새로운 시작일 터입니다.

그 가운데서도 유난히 가슴 뭉클하게 하는 사연이 있었죠.

바로 노쇠한 몸을 이끌고 나타난 4명의 국군포로였습니다. 그동안 우리 사회에선 전사자로 파악되고 있었는데, '살아있는 전사자'가 된 것입니다.

노병은 죽지 않고, 다만 사라진다고 했던가요.

그들의 출현을 보면서 바이블에 나오는 나자로처럼 죽은 자가 무덤에서 걸어 나온 것처럼 반가움도 있었지요.

하지만 그보다 더 큰 죄책감이 마음을 억누르고 있었죠. 그들의 생존을 확인한 것만 해도 다행이라는 느낌이 들었지만, 그동안 우리는 무얼 했나 하는 회한과 자책감 때문에 깊은 상념에 빠져들 수밖에 없었답니다.

국군포로!

과연 그들이 누구던가요.

6·25 때 대한민국을 위해 싸우다 전세가 부득이해 적들에게 잡힌 국군들이 아닙니까. 전쟁은 끝났으나, 북한은 그들을 놓아주지 않았습니다.

하지만 그들이야말로 얼마나 고향땅을 밟고 싶어 했던 사람들입니까. 밤이면 밤마다 달을 보고 집으로 가기를 염원하며 기도했던 사람들이 아닌가요.

또 아오지 탄광에서 중노동에 시달릴 때마다 틈만 나면 고향에 두고 온 처자식을 생각하며 눈물을 흘렸던 사람들이지요.

그런가 하면 창공을 자유롭게 날아다니는 새를 보면서도 새장 안에 갇혀 있는 자신의 신세를 한탄하며 새들에게조차 자유로운 몸으로 살아가게 해달라고 빌었던 사람들이 아닙니까.

세월은 무정했습니다.

그들은 북한에서 낙인찍힌 존재로 살아가며 모진 목숨을 이어갔고 어느덧 60년의 세월이 흘렀습니다.

그러나 실상인즉 세월이 무정했던 것은 아니죠. 국가가 무정했던 것입니다.

6·25 이후 60년 동안 그들은 우리 대한민국에서도 '죽은 사람'과 '잊혀진 존재'가 되었을 뿐입니다.

우리는 그들을 집 나간 '가출자' 정도로 치부하지 않았던가요. 실종신고를 했는데도 돌아오지 않았으니, 죽은 자로 취급한 것이 우리 국가입니다. 따지고 보면 오늘날 우리가 누리고 있는 자유와 번영이 가능했던 것도 그들의 희생과 헌신, 조국애가 있었기 때문입니다.

그들이 포로가 될 때까지 용감하게 싸우고 버텨주지 않았던들 어떻게 대한민국이 자유와 번영의 공동체가 될 수 있었을까요.

그런데도 그들은 동토에 버려져 있는 것입니다. 자신의 힘으로 사력을 다해 자유의 땅으로 건너온 사람들은 건너오고, 그렇지 못한 사람들은 그대로 남아 신음하고 있는 것이지요.

지금도 집에 가고 싶다고 통곡하며 절규하는 그들의 소리가 들리지 않습니까.

그 '소리 없는 아우성'을 들을 수 없다면, 결코 대한민국 국민이 아닙니다.

정말로 우리 국가는 무심했습니다.

대북포용이든, 햇볕정책이든, 이른바 '속빈 강정'이 아니었던가요.

바이블에 나오는 착한 목자는 99마리의 양을 버려두고 길 잃은 한 마리 양을 찾아 길을 나서는데, 우리 국가는 뭐하고 있었습니까.

대한민국이 그토록 무심하고 무능했던 거지요.

우리가 자주 들어본 말이 있습니다. "국가가 여러분을 위해 무엇을 해줄 수 있는지를 묻지 말고 여러분이 국가를 위해 무엇을 할 수 있는지를 물어보라"고요.

국군포로야말로 국가가 내게 무엇을 해줄 수 있는지를 묻지 않고 국가를 위해 내가 무엇을 할 수 있는지를 자문하며 전장에 나갔던 사람들입니다.

그런데 그들은 왜 냉대와 외로움의 세월을 보내야 했던가요.

문득 뱃사람이 들려준 말이 떠오릅니다. 같이 배에 탔을 때 어느 한 사람이 실수로 바다에 빠지면 무엇이든 손에 잡히는 대로 하다못해 망치라도 집어 들어 즉시 바다에 던져야 한다는 것이지요. 그래야 물에 빠진 사람이 믿음을 갖고 기다리게 되기 때문입니다.

사정이 이러함에도 우리는 대한민국이라는 배가 침몰하지 않도록 돕다가 물에 빠진 그들에게 도움의 손길은커녕 아무런 의사표시도 해주지 못했습니다.

"그대들이 나라를 위해 헌신했으니, 그대들을 반드시 집에다 데려다 주겠다"라는 약속도 헌신짝처럼 내팽개쳤죠.

그러니 그들은 잊혀진 존재로 살아가면서 자신을 버린 조국을 얼마나 원망했을 것입니까.

오, 무정한 국가여!

세계적 경쟁력을 키운다고 하고 남북대화를 하면 무얼 합니까. 고향 땅을 밟고 싶다고 절규하는 노병 하나 데려오지 못하는 '못난이 국가'를 가지고 무슨 국가경쟁력이 있다고 할 것입니까.

지금이라도 동토의 나라에서 황혼의 석양을 바라보며 눈물짓고 있는 노병들을 불문곡직 데려와야 합니다.

정든 땅, 가족과 친지의 품 안에서 평화롭게 잠들수 있도록 말이죠.

■ 조국 위해 목숨 바치는 것은 얼마나 명예로운가!

평택해군기지에서 침몰됐다 인양된 천안함 잔해의 처참한 모습을 보았어요. 아! 그 때 "나라라는 것은 무엇인가" 하는 생각이 들더군요. 또 "천안함의 진실은 무엇인가" 하는 상념에 잠기게 되었지요.

분명 '천안함의 진실'에는 유족들의 눈물이 배어 있습니다. 잃어버릴 수 없는 아들, 잃어서는 안 되는 남편을 잃은 유족들의 슬픔은 이미 천안함 잔해의 한 부분이 된 것이 아닌가요.

물론 천안함을 파괴했던 호전집단의 가증스러운 음모도 빼놓을 수 없습니다. 또 천안함의 진실을 믿지 않는 사람들이 우리 사회에 일부 있다는 것도 정말로 야속한 일이죠.

그러나 천안함의 비극에는 '국가의 진실'이 담겨 있다는 점이 가장 중요합니다.

우리 국가가 어떻게 존속되고 있는가에 관한 문제가 바로 이 '국가 진실'의 핵심이 아닐까요.

국가는 사람들이 월드컵 축구나 겨울올림픽에서 신나게 응원하는 열기에서 그 존재감을 일부 느낄 수 있습니다. 하지만 그게 국가실체의 전부는 아니죠.

외국에 나가면 공항에서부터 눈에 확 들어오는, 삼성, LG, 현대 등 한국 기업들의 대형 광고판에서 대한민국이 읽힐 수도 있겠지만, 그렇다고 국가의 온전한 모습이 다 드러나는 것은 아닙니다.

그보다는 '피'와 '눈물' 및 '땀'으로 구현되는 희생과 헌신, 책임과 같은 가치들을 생각할 때 비로소 국가의 실체와 마주하고 있다고 할 수 있죠.

우리 선수들이 올림픽에서 금메달을 따는 모습을 보며 느꼈던 환희만이 아니라 새벽녘의 이슬처럼 아침 햇살이 비칠 때 소리 없이 스러져 간 아들이나 남편을 가슴에 묻고 살아야 하는, 이른바 천형天刑과 같은 슬픔을 감내할 수 있어야 한다는 것,

바로 이것이 국가적 삶의 징표임을 천안함의 잔해는 말없이 웅변하고 있습니다.

국가가 희생과 헌신으로 이루어져 있는 실체라는 생각은 고대 그리스부터 현대에 이르기까지 줄곧 이어져올 정도로 오래된 전통입니다.

한 공동체에서 '자유시민'으로 산다는 것, 즉 '시민다움'의 절정은 자신의 공동체를 위해 죽을 준비가 돼 있고 그 공동체의 존속과 안녕을 위해 모든 것을 희생할 준비가 돼 있다는 점에서 들어났죠.

'공동체 사랑'이야말로 인간이 추구하는 가치 가운데 가장 위대한 가치로 칭송받았고, 자신들의 공동체를 위해 죽음으로써 이 사랑을 보여준 사람들은 다른 모든 잘못을 용서받았습니다.

이러한 사실은 스파르타의 어머니들이 말한 것으로 전해지고 있는 경외서의 속담이 여실히 보여주고 있지요. 그들은 전장으로 떠나는 자기 아들들에게 말했답니다.

"방패를 가지고 돌아오든지, 아니면 방패 위에 누워서 돌아오라."

이것은 전쟁터에 나가면 승리해 돌아오든지, 아니면 목숨을 바치든지 둘 중 하나를 선택함으로써 '국가의 진실'을 입증하라는 지상명령과 같은 것이었습니다.

펠로폰네소스 전쟁에서 스파르타인들과 싸우다 죽은 아테네의 전몰자를 기리는 페리클레스의 『추도연설』에서도 이 점은 뚜렷하게 나타나죠. 아테네를 위해 죽은 전사는 아테네를 위한 최고의 사랑, 즉 그리스어로 '필로폴리스$_{philopolis}$'라고 부르는 가치를 실천한 용사로 추모되고 있기 때문입니다.

또 이와 동일한 정서가 "살아있거나 죽었거나 이 자리에서 용감하게 싸운 용사들은 이 땅을 신성하게 만들어버렸습니다"라고 말하고 있을 정도로 에이브러햄 링컨의 『게티즈버그 연설』에서 되풀이되고 있음을 잊어서는 안 됩니다.

천안함의 용사들은 자신들의 죽음으로 '우리의 바다'와 '우리의 나라'를 거룩하게 만들었습니다. 그렇기에 그들을 추모하는 자리가 있다면, 그것은 그들을 신성하게 만드는 자리가 아니라 살아있는 우리가 신성한 존재로 만들어지는 자리인 것입니다.

일찍이 로마의 시인 호라티우스$_{Horatius}$는 읊조렸죠.

"조국을 위해 죽는 것은 얼마나 달콤하고 명예로운 일인가$_{dulce\ et\ decorum\ est\ mori\ pro\ patria}$!"라고요.

혹시 여기서 '달콤하다'는 표현은 과도한 표현이라는 생각이 들지 않나요. 나라를 위해서 죽는다고 해도 죽는 것은 참담한 고통인데, 어떻게 '달콤하다'고 말할 수 있겠습니까. 달콤하다는 표현은 초콜렛을 먹을 때 쓰는 표현이죠. 그러지 않아도 칼레시를 위해 목숨을 바치겠다는 '칼레의 시민'을 조각한 프랑스의 조각가 로댕은 그 칼레시 영웅들의 마지막 모습을 고통에 힘겨워 하는 모습으로 담았더군요.

우리 천안함 용사들도 마찬가지로 무척이나 괴로웠을 거에요.

모름지기 '달콤하다'는 표현은 '용기 있다'거나 '영웅답다'라는 말로 바꾸는 것이 마땅하다는 생각이 드는군요.

그럼에도 중요한 것은 천안함 장병들의 죽음과 같은 영웅적이고 명예스러운 죽음이야말로 우리 국가공동체가 지탱되고 있는 비결이며 원천이라는 점입니다.

이처럼 그들의 죽음이 '국가의 진실'을 말하는 것이라면, 바다도 아니고 국립현충원도 아닌, 우리들 가슴속 깊이 묻어 그들을 국민적 기억의 대상으로 삼아야 하지 않을까요.

천안함의 장병들은 용기를 실천함으로써 '국가의 진실'을 보여주었습니다.

그렇다면 이번에는 살아있는 우리가 용기를 발휘함으로써 그들의 용기에 보답하고 국가가 무엇으로 존속하고 지탱되는지를 보여주어야 할 차례가 아니겠습니까.

■ 아덴만에서 비로소 대한민국 국가가 있었다네!

천안함 피침과 연평도 피격을 생각할 때마다 우리 국가에 대해 참으로 답답하고 원통한 느낌이 듭니다.

그런데 곰곰이 생각해보면 답답한 것은 그 뿐만이 아니었어요.

2010년 11월이던가요. 삼호드림호 선원들이 소말리아 해역에서 해적들에게 잡혔다가 몸값을 지불하고 풀려난 일이 있었죠.

처음엔 안도감이 들었는데, 사실을 알고 보니 그게 아니었던 거에요.

대한민국처럼 어엿한 국가가 해적들과 7개월 줄다리기 끝에 무려 100억원에 달하는 몸값을 지불하고 또 그 액수조차 만천하에 공개되었죠.

한 나라가 '벌거벗은 왕'이 아닌 다음에야 어떻게 이보다 더 '벌거벗은 국가'가 될 수 있습니까.

돈을 주고 인질을 돌려받는 것이 비굴하다고 생각되는 이유는 무엇이겠습니까.

그것은 인명의 소중함을 일깨우기보다는 목숨을 담보로 돈을 요구하는 사악한 무리의 탐욕에 굴복했다는 점 때문입니다.

또 단순한 굴복의 문제도 아니지요. 비굴하다는 느낌을 넘어 탐욕을 부추기게 되는 결과를 초래하지 않았는가 하는 자괴감도 큽니다.

탐욕이란 마시면 갈증이 더해져 끊임없이 더 요구할 수밖에 없는 바닷물처럼, 죽음 외에는 무엇으로도 충족시킬 수 없는 무한대의 욕구를 말하는 것입니다.

한 국가가 사람을 납치해 돈을 요구하는 악의 세력을 끝까지 찾아내 응징하지는 못할망정 돈을 줌으로써 탐욕을 조장해 국민의 생명과 재산을 더 큰 위험에 빠트리게 된다면, 참으로 대책 없는 국가인 것입니다.

일찍이 고대 로마인들은 이 점을 잘 알고 있었습니다.

카르타고와의 2차 포에니 전쟁을 치루는 과정에서 로마는 수차 패배함으로 많은 포로들이 발생했던 것입니다. 그러나 자신의 포로들을 구해내기 위해 카르타고에 몸값을 지불하는 것은 단호히 거부했죠. 포로들을 돈으로 사서 구해낸다는 것을 국가의 수치로 보았기 때문입니다.

이 사실을 전하고 있는 그리스의 역사가 폴리비오스에게는 역경 속에서도 나라의 원칙을 꿋꿋이 지키고 있던 로마가 경이로울 뿐이었습니다.

모름지기 나라라는 것은 마땅히 그래야 하는 것이 아닐까요. 원칙과 품위를 지키지 않으면 구차한 나라가 됩니다.

물론 나라의 원칙은 자신의 국민들을 품위있게 지켜주는 데서 비롯되는 것입니다.

이 점에 있어 역시 로마는 탁월한 모습을 보였죠.

키케로에 의하면, "키비스 로마누스 숨civis Romanus sum"이라는 말, 즉 "내가 로마시민이다"라는 말에는 호소력이 배어 있어 아주 먼 지역에서 또 야만인들 사이에서도 도움과 안전을 보장했습니다. 바로 그랬기에 태생적으로 로마의 시민이었던 사도 바울도 태형 등 재판 없는 고문을 피할 수 있었던 것이죠.

우리 대한민국은 어떻습니까.

제국은 아니지만, "내가 대한민국 국민"이라고 했을 때 키케로의 말처럼 먼 곳과 야만인들 사이에서 도움과 안전을 보장받고 있습니까.

일단 국제시장사회에서는 대한민국인으로서 특권을 향유하고 있는 것이 사실이죠. 과거와 달리 지금은 동남아를 가든, 중동지역을 여행하든, 융숭한 대접을 받습니다. 카이로 공항에 내리면 "세 개 십 달라!"라고 어눌한 한국말로 외치는 이집트 상인들을 쉽게 만날 수 있고 또 "고맙습니다"라는 한국어도 심심치 않게 듣는 것입니다.

기분 좋고 또 보람 있는 일이 아닐 수 없지요. 세계 10위권 경제대국의 구성원으로서 합당한 대접을 받는 것이죠.

그렇다면 안전문제는 어떻습니까.

유감스럽지만 해적의 바다에서, 테러의 땅에서 우리는 안전하지 못했습니다.

심지어 우리의 바다와 섬에서도 안심할 수 없었습니다.

인질문제만 터지면 몸값을 주고 빼오는데 급급했던 정부도 문제였습니다. 이처럼 국민을 보호하는데 "느리고 약했으니" 대한민국은 가까운 북한은 물론, 멀리있는 소말리아 해적들로부터도 조롱의 대상이었던 것입니다.

존재는 있는데, 존재감은 없는 국가가 된 것이 아니겠습니까.

그렇기에 삼호주얼리호 구출은 국가가 무엇으로 존재하는가를 행동으로 보여준 멋진 성공사례라고 할 수 있습니다. 이것이야말로 한 특정 정부의 쾌거를 넘어 대한민국의 쾌거로 평가받아야 하는 이유입니다.

아무리 인명이 소중하다고 해도 인질이 되었을 때 납치한 집단을 응징하지 않고 거액의 돈을 주고 빼오는 것은 3류에나 해당되는 '겁쟁이 국가'가 아닐까요.

원칙을 저버린 국가는 젊음을 탐해 팔아서는 안 되는 영혼을 판 파우스트처럼 허망함과 수치스러움을 두고두고 느낄 수밖에 없습니다.

물론 주얼리호의 구출이 믿음직스러운 국가의 완결판은 아니며 국가다운 국가를 만들겠다는 모험과 결단의 시작일 뿐입니다.

영웅적 기지를 발휘하다 중상을 입고 사경을 헤맨 선장도 있는가 하면, 앞으로 한국인만 만나면 무조건 죽이겠다는 해적들의 보복선언도 있었습니다. 또 그칠 줄 모르는 북한의 호전성도 끊임없는 경계의 대상입니다.

그럼에도 아덴만 쾌거는 나라가 어떤 원칙으로 존재해야 하는지를 보여준 담대한 결단이었음이 분명합니다.

대한민국인으로 살아가는 한, 야만인의 바다에서든, 우리의 섬에서든 그 누구도 홀로 버려두지 않겠다는 결의를 단발성이나 이벤트성이 아니라 지속적으로 실천하는 국가의 모습을 보고 싶은 것도 바로 이 때문입니다.

■ '전쟁기념관'은 '호국기념관'으로 불러야

"아아 잊으랴, 어찌 우리 이 날을", 이렇게 시작하는 6·25의 비장한 노래를 기억하는 사람이 있나요.

물론 6·25노래를 모르거나 잊어버린 것이 대수로운 일은 아니죠. 노래방 메뉴에도 없고, 초등학교 음악시간에도 배우지 못했다면 어찌할 것입니까.

그러나 6·25 자체를 잊고 있다면, 우리가 누구인지, 우리가 어떻게 살아왔는지를 잊고 있는 것과 같은 정체성의 부조리가 아닐 수 없습니다.

6·25는 분명 민족적 비극이죠.

그런 비극의 상흔은 아직까지 치유되지 못한 채 남아있습니다. 북한에서 귀향하지 못해 고초를 겪고 있는 국군포로들을 보세요. 지하 탄광에서 일하다 노쇠해진 그들 중 일부가 하늘의 도움으로 천신만고 끝에 북한을 탈출했다고 하나, 나머지는 아직도 동토의 북녘땅 '눈물의 계곡'에서 눈물짓고 있습니다.

새벽의 이슬처럼 영롱하게 빛나다가 흔적도 없이 사라져버린 무명용사들은 또 어찌할 것입니까.

그들 가운데는 자원입대한 '학도병'들이 있습니다. 나라를 위해 펜을 놓고 총을 잡으며 적수공권으로 전쟁에 뛰어든 그들의 숫자는 약 5만 명 정도였는데, 그 가운데 7,000명이 전사하고 지금은 1,000명 정도가 살아 있습니다.

그들은 학도병이였던 만큼 정식 계급과 군번을 가진 정규군이 아니었죠. 과거 조선시대의 '의병義兵'처럼 민간인 신분으로 청춘을 불사르며 목숨을 걸고 싸웠습니다.

사실 미국을 비롯한 선진국을 막론하고 외국에는 이처럼 나라를 지키기 위해 학생들이 펜을 버리고 총을 든 사례가 없습니다. 또 우리는 6·25 때도 학생들의 학업을 보장하고자 전시대학은 물론 전시 중·고등학교를 부산이나 대구에 세워 학업에 전념하도록 했죠.

그럼에도 그들은 나라를 위해 학교를 떠나 젊음과 목숨까지 바쳤지요. 하지만 민간인 신분이라 제대로 된 보상조차 받지 못해 잊혀진 존재가 되었답니다.

그들을 생각할 때마다 일찍이 테르모필레전투에서 목숨을 바친 레오니다스와 300명의 전사를 기린 시모니티스의 2행시가 떠오르는군요.

"지나가는 길손이여, 가서 스파르타인들에게 전하라.
우리는 그들의 법에 순종해 여기에 누워 있노라고."

참전용사들이야말로 페르시아대군과 맞서다 장렬하게 전사한 스파르타인들을 꼭 빼닮지 않았나요.

그들은 오늘도 국립묘지에서, 북한의 동토에서, 또 그들이 지킨 땅에서 '국가유공자'라는 명예도 없이 고단한 삶을 살아가며 끊임없이 "우리는 조국의 법에 순종해 자유를 위해 싸우다 이렇게 되었노라"고 외치고 있습니다.

"친구를 위해 목숨을 바치면 그보다 더 큰 사랑이 없다"고 성경은 설파하고 있지요.

그렇다면 조국을 위해 목숨을 바친 사람들에 대해서 어떻게 말할 수 있을지는 분명하지 않습니까. 조국을 위해 목숨을 바친 그들보다 더 큰 조국애를 보여준 사람이 과연 있나요.

그럼에도 그들의 희생 덕분에 자유와 번영을 누리고 있는 우리가 그들의 헌신을 올바로 기억하고 있는지는 의문입니다.

서울 용산에 있는 6·25기념관을 '전쟁기념관'이라고 부르고 있는 현실을 한번 생각해보세요. 'war memorial'의 영어명을 우리말로 옮긴 것 같으나, 실은 잘못된 이름입니다. 호국을 기념해야지 어떻게 전쟁을 기념할 수 있습니까.

사실 영어권에서 나라를 위해 죽은 용사들을 기억하는 'memorial day'도 우리는 '현충일'로 부르고 있지 않나요.

또 'war'이라고 하면 어떤 전쟁이란 말인가요. 자유의 공동체를 지키기 위한 전쟁이 아니었나요.

나라를 위해 싸우다 300명의 스파르타 전사처럼 죽어간 그들의 조국애를 진정으로 기리고자 한다면, 중립적인 의미의 '전쟁기념관'을 버리고 나라사랑 의지를 추모하는 '호국기념관'으로 불러야 합니다.

우리 대한민국에 시모니데스와 같은 시인이 있었다면, 결단코 '호국기념관'으로 명명했을 것이라는 생각이 드는군요.

일찍이 홍길동은 첩의 아들이라 아버지를 아버지라고 부르지 못했다고 하지만, 우리는 무엇이 두려워 자유를 위해 피를 흘린 전쟁을 호국전쟁이라고 부르지 못한단 말인가요.

6·25를 호국전쟁으로 부르는 것은 원한을 기억하기 위함이 아닙니다. 모두가 잠든 일요일 새벽 남침해 동족의 가슴에 총부리를 들이댄 북한 공산주의자들의 만행을 용서할 수는 있습니다. 하지만 잊지 말아야 할 이유는 정작 다른 데 있죠.

6·25는 남과 북의 통치집단의 권력의지가 충돌했기 때문에 일어난 전쟁이 아닙니다. '야만의 공동체'가 '문명의 공동체'를 삼켜버리려 했기 때문에 이에 결연히 맞선 전쟁이 6·25인 것이죠.

우리가 목숨을 걸고 싸운 것은 북한 주민들을 오랑캐로 삼아 무찌르고자 했던 호전의식의 발로가 아니었죠. 같은 인간에 불과한 존재를 신神처럼 섬기며 노예처럼 살아가는 야만적 체제는 결코 받아들일 수 없다는 결연한 자유의지의 표현이었습니다.

이것은 북한의 사악한 "우리식 사회주의"에 대한 거부가 대한민국이 누리는 자유민주주의의 '등뼈backbone'로 작용해 왔음을 의미하는 것이죠.

이 점에 깊이 유의하는 한, 현행 '전쟁기념관'은 '호국기념관'으로 바꾸어 부르는 것이 마땅합니다.

또 바로 그것이 조국의 법에 순종해 국립묘지에 누워 있고 북한땅에 남아 고초를 겪고 있으며, 이 땅에서 명예도 없이 힘들게 살아가고 있는 연로한 학도병들에 대한 최소한의 예의라고 할 것입니다.

'망국의 날'에 무엇을 생각해야 하나

I'm a free man

■ '나라'는 지키든지, 빼앗기든지, 둘 중의 하나!

지금으로부터 약 100년 전인 1910년 8월 22일 오후 4시 참으로 슬픈 일이 일어났습니다. 제3대 조선통감 데라우치 마사다케와 대한제국 총리대신 이완용이 강제병합조약을 체결한 것이죠.

공식발표는 7일 후에 있었지만, 이 날을 계기로 대한제국은 일제의 식민지로 전락한 것입니다.

나라가 망한 것이지요.

나라의 주권을 빼앗겼을 뿐만 아니라 하늘과 땅도 빼앗겼고 봄과 가을도 빼앗겼죠.

하늘과 땅은 그대로였지만, 더 이상 '우리의 하늘과 땅'이 아니었고 봄과 가을도 예전처럼 오고 갔지만, 더 이상 '우리의 봄과 가을'은 아니었습니다. 이렇게 해서 8월 29일은 '국치일國恥日'이 된 것이지요.

우리 민족과 국가가 치욕을 당한 100여 년 전 망국의 서러움을 두고 우리는 무엇을 생각해야 할까요. 그동안 일본정부는 합법적으로 조약을 맺어 조선을 병합했다고 강변해왔고 한 번도 불법임을 인정한 적이 없지요. 하지만 한일병합은 강압적으로 이뤄진 조약이었기에 원천무효임이 불을 보듯 명확합니다.

경술국치 5년 전 외교권을 빼앗긴 '을사늑약'이 병합의 시작이었죠.

1905년 11월 17일 일본의 특명전권대사 이토 히로부미는 군대를 동원하여 고종 황제의 집무실인 덕수궁 중명전重明殿을 침범했습니다. 이토는 대한제국의 외교권을 강탈하는 내용의 문서를 내놓고 체결을 강요했습니다. 총리격이었던 참정대신 한규설韓圭卨이 거부하자 이토는 그를 가둬버렸죠. 다음날 새벽 1시 그를 제외한 다른 대신들이 문서에 서명했습니다.

그 후 일본은 2만 명 이상의 군대를 주둔시키며 위협을 가하다가 1910년 국권을 찬탈하기에 이른 것이지요.

정작 중요한 것은 아무리 병합이 강제적이고 원천무효라고 해도 나라를 빼앗겼다는 사실 자체는 변하지 않는다는 점입니다.

이름과 성을 빼앗기고 우리말을 쓰지 못했으며 신사참배를 해야 했던 민족의 아픔, 식민지 경험의 수치심과 모욕감은 결코 사라질 수 없다는 의미죠.

우리는 흔히 '을사오적乙巳五賊'이라고 하여 이완용을 비롯한 다섯 명의 대신을 '매국노'라고 부르며 나라를 망하게 한데 대한 책임을 물어 왔습니다.

그러나 "나라를 판다"는 뜻을 갖는 '매국賣國'이란 용어는 '매매춘賣買春'을 '매춘賣春'이라고 부르는 것처럼, 잘못된 이름임이 분명합니다. 이른바 '정치적 올바름political correctness'으로 바로잡아야 할 용어라는 뜻이죠.

그렇다면 '매매춘'처럼 '매매국賣買國'으로 바꾸어야 할까요. 나라를 어떻게 팔기만 하겠습니까. 사는 나라가 있어야 파는 나라가 있는 것이죠.

그러나 한번 생각해보세요. 어떻게 나라를 사고 팔 수 있겠습니까.

땅도 팔 수 있고 집도 팔 수 있지만, 나라라는 것은 팔 수 없습니다. 또 무기도 사고 심지어 교회도 살 수 있지만, 나라는 살 수 있는 대상이 아닙니다.

이 경술국치는 몇몇 사람이 나라를 팔아먹기로 작당해서 일어난 일이 결코 아닙니다. 나라라는 것은 '빼앗기는' 것이지 '팔아먹는' 것은 아니기 때문이죠. 러시아는 1867년 미국에 알래스카를 팔아넘겼습니다. 720만 불이라고 하던가요. 한반도의 7배나 되는 땅을 6,000평당 1센트 꼴로 판 것이지요. 그래도 극심한 재정난을 겪고 있던 러시아는 쓸모없는 얼음덩이 땅을 팔았다고 좋아했지요. 반대로 미국은 '아이스박스' 또는 앤드루 존슨Andrew Johnson 당시 대통령을 위한 '북극곰정원'에 너무 많은 돈을 썼다는 여론의 비난이 봇물을 이루었죠. 하지만 그 후 알래스카는 경제적으로 미국에 부富를 안겨주었을 뿐만 아니라 지정학적인 측면에서도 필수불가결한 요충지가 되었습니다.

중요한 것은 알래스카는 주권을 가진 나라가 아니었다는 점이죠.

우리의 경우, 매국노들에 의해 나라가 팔아넘겨진 것이 아니라 일본에 의해 나라를 빼앗긴 것입니다.

이 점을 잊어서는 안돼요.

물론 사고파는 것이 가능하다면 계약이 필요하고 가격에 대한 흥정도 필요합니다. 그러나 주권을 가진 나라는 사고파는 것이 아니기에 계약이 필요한 것이 아닙니다. 나라를 파는 문서가 있다고 하여 나라를 판 것입니까.

결코 그렇지 않지요.

그것은 마치 나라끼리 전쟁을 할 때 선전포고를 하면 정식전쟁이 되는 것이고 선전포고 없이 전쟁을 하면 전쟁이 아니라는 이상한 논리와 다를 것이 없지요.

나라라는 것은 지키든지, 빼앗기든지 둘 중의 하나입니다.

동서고금을 막론하고 어떤 식민지 국가를 보더라도 강제로 빼앗긴 것이지 일신의 부귀를 탐해 나라를 파는 극소수의 매국노가 있어 도장을 위조하고 왕을 겁박하여 자기나라를 다른 나라에 넘기는 일은 없답니다.

만일 나라가 부유하고 강성했다면, 설사 아무리 몇 사람의 매국노가 공모하여 나라를 파는 계약서에 가짜도장을 찍었다고 해도, 그 뜻을 이룰 수는 없는 것이지요. 수많은 애국시민들과 의병이 분연히 일어나 '매국노'들을 처단하고 나라를 되찾고자 하는 결연한 의지를 보이지 않을까요.

역사적으로 나라를 빼앗기는 경우를 보면, 거의 항상 전쟁이 벌어집니다.

전쟁을 통해 승자와 패자가 결정되고 패자는 망국이 되거나 식민지로 전락하게 마련이지요. 카르타고가 로마에 의해 패망할 때도 3차에 걸친 포에니 전쟁이 있었습니다. 그 전쟁은 참혹했고 특히 2차 포에니 전쟁 중에는 카르타고의 한니발이 로마를 거의 멸망시킬 지경까지 이르렀습니다.

그러나 로마는 스키피오의 지도력을 바탕으로 기사회생해서 자마 전투에서 한니발을 무찌르고 결국 카르타고를 멸망시키게 되지요.

그러나 우리가 일제에게 나라를 빼앗길 때는 전쟁조차 없었습니다. 오로지 청일전쟁과 노일전쟁이 있었을 뿐이지요. 다른 나라 사람들의 전쟁을 우리 땅에서 치른 것이지요. 우리가 힘이 없었기 때문입니다.

일본과 대적해 싸울 군대조차 변변치 못했던 상황에서 물론 의병활동은 활발했지요. 하지만 역부족이었습니다. 그리하여 우리는 청과 일본, 러시아와 일본이 서로 싸우는 전쟁터가 되어 혹독한 참화를 겪었을 뿐입니다.

이처럼 우리는 전쟁조차 없이 가짜도장을 찍어 나라를 일제에 넘겨주는 치욕을 겪었습니다.

왜 그랬을까요.

한마디로 나라의 혼이 없었기 때문입니다. 또 힘이 모자라면 지혜라도 있었어야 했는데, 세계를 바라보는 지혜조차 부족했던 것입니다.

일찍이 1881년 조사시찰단을 이끌고 메이지 유신이래 근대국가로 탈바꿈한 일본의 이모저모를 둘러본 어윤중은 『종정연표』에서 지적했죠.

"일본이 다른 뜻을 품느냐의 여부는 우리에게 달렸지 그들에게 달린 것이 아니다. 우리가 부강의 방도를 깨쳐 행할 수 있으면 그들이 감히 다른 뜻을 품지 못할 것이고 그러지 못해 그들은 강한데 우리가 약하면 다른 일이 없다고 보장하기 어렵다."

이때의 다른 일이란 무엇을 뜻하겠습니까. 바로 나라를 빼앗기는 참변이지요.

우리는 경술국치를 생각할 때마다 어윤중의 엄중한 경고를 두고두고 되새겨야 합니다.

예나 지금이나 부국강병富國强兵의 이치, 즉 나라의 힘을 길러야 하는 원칙은 똑같기 때문입니다. 바로 그것이 약 100년 전 나라를 빼앗긴 수모를 생생하고 엄숙하게 기억해야 하는 이유죠.

일찍이 로마는 나라를 세운지 367년만인 기원전 386년에 갈리아족에 의해 함락되는 수모를 겪었습니다. 그 후 다시는 나라의 중심을 외적에 내어주어서는 안 된다는 결의를 다졌죠. 사실 그 후로 로마는 자신의 중심도시를 이민족에게 내어주는 일이 없었습니다.

우리도 1592년 임진왜란이라는 큰 참화를 겪었죠.

그러나 그 당시 왜군이 물러간 다음 여성들의 정조가 유린되었는지 아니면 지켜졌는지 하는 문제를 가지고 당시 조선여성들의 삶과 행위를 평가하는 기준으로 삼기도 했습니다. 분명 매우 잘못된 '왜란청산'이었죠.

준비가 없고 국력이 약해 일본에 의해 나라가 침탈된 다음 그 치하에서 조선의 여성들이 절개를 지켰느냐 하는 문제를 따지기보다는 다시는 일본에 의해 나라가 침탈당하는 일이 있어서는 안 된다는 결의를 했어야 마땅했지요.

임란을 겪은 조선에서 그 결의가 굳게 지켜졌던들 그 후 약 300년이 지나 일본에 의해 강제로 나라가 빼앗기는 비극은 없었을 것입니다.

■ 100여 년 전 무능했던 우리의 위정자들

지금으로부터 약 100여년 전 우리는 영락없는 '루저'였습니다. 대한제국이 일제에 의해 병합돼 국권을 빼앗긴 것입니다. 식민통치시대에 우리 민족은 '동굴의 어두움' 속에 살았습니다.

그때 우리 선대의 모습은 어땠을까요.

이 문제와 관련 동굴의 어두움 속에 사는 박쥐를 생각해볼까요. 박쥐는 어두움 속에 살다보니 눈이 멀었습니다. 사실 동굴 안에서 살게 되면 눈이 멀 수밖에 없습니다. 눈이 멀지 않고서는 동굴의 어두움 속에서 살아갈 수 없기 때문이죠. 물론 동굴 밖이라면 햇빛이 환하게 비치는 대명천지大明天地일 터입니다. 눈이 부시는 그 환경에서 구태여 눈을 감고 살 사람이 과연 있을까요.

우리의 할아버지세대가 살았던 식민시대는 암흑의 동굴의 삶과 같아서 그 누구도 박쥐처럼 눈이 멀지 않고서는 살아갈 수 없었습니다.

어두운 동굴 안에서 박쥐의 눈 이상의 것을 갖지 않았다고 해서 그 박쥐를 비난할 수 있겠습니까.

그보다는 그 동굴 속의 박쥐처럼 살도록 만들거나 방치한 사람들의 책임이 큽니다. 그들이 누구던가요.

첫 번째로 일본제국주의의 야망과 탐욕이었고, 둘째로 우리의 조선 말 위정자들의 어리석음이었습니다.

우리 민족은 결단코 '망국의 루저'가 돼서 그 '어두움의 동굴' 속으로 끌려들어가지 말았어야 했죠.

허나 현실은 그렇지 못했습니다.

민족전체가 어두움의 동굴 속으로 끌려들어갔죠. 바로 그랬기에 지금 이 시점에서 동굴 안에서 눈을 완전히 감았느냐, 혹은 반쯤 감았느냐 하는 점을 가려내는데 공동체의 힘과 에너지를 소모해서는 안 됩니다. 그보다는 다시는 그런 동굴 속으로 끌려들어가지 않도록 힘과 지혜를 모으는 것이 망국의 교훈이 되어야죠.

그렇다면 광복 후 해마다 맞게 되는 망국에 대한 반성은 '항일抗日'보다는 '극일克日'의 관점에서 이루어져야 합니다.

이異민족에 의해 빼앗긴 나라에 살면서 잃어버린 정의를 복원해 보겠다는 관점보다는 아예 이민족에 의해 빼앗기지 않는 부강한 국가를 만들겠다는 관점에서 이루어져야 한다는 뜻이죠.

지금이야말로 나라를 빼앗긴 '루저'가 된 다음 '친일'을 했느냐를 가지고 갑론을박을 벌이기보다는 주권을 가진 '위너'로서의 국력을 키우기 위해 무엇을 해야 하는가를 고민할 때입니다.

다시는 나라를 빼앗기지 않도록 부국강병의 미래를 향해 나아가는 일이 그만큼 중요하기 때문이지요.

생각해보면, 나라가 패망한 책임은 당시의 무능했던 위정자들에게 있습니다. 그럼에도 그 책임을 무능하여 나라를 빼앗겼던 위정자에게 묻지 않고 그 시대를 어렵게 살아간 사람들에게 묻는 것은 결코 공정치 못한 처사죠.

당시 위정자들의 잘못으로 나라가 패망했고 백성들은 고통스러운 삶을 살았습니다. 나라가 망하는 것을 막지 못한 가장 무거운 책임을 져야 할 사람은 당시의 최고 위정자인 순종과 그 선대인 고종이 아니겠습니까.

조선시대의 왕과 '대한제국'으로 국호를 바꾼 뒤의 황제는 절대군주였습니다.

입헌군주국인 영국이나 일본처럼 형식적인 통치자가 아니었다는 뜻이죠. 측근에게 권력을 나눠주고, 총리와 대신을 임명하는 명실상부한 권한을 가진 군주였던 것입니다.

친일파가 정부 요직을 차지했다면, 그런 인물을 임명한 군주는 무능함에 대한 책임을 면할 길이 없는 거에요.

나라를 빼앗긴 데 대한 최종적인 책임도 군주에게 돌아갈 수밖에 없습니다. 또한 나라라는 것은 하루아침에 흥興하는 것이 아닌 것처럼, 하루아침에 망亡하는 것도 아닙니다.

오랜 기간 세도가들의 부정부패와 무능한 권력, 국제적 흐름을 내다보지 못한 어리석음이 누적된 결과였습니다.

특히 1894년의 청일전쟁과 1904년의 러일전쟁은 한반도의 지배권을 둘러싼 주변강국의 싸움이었습니다. 그 사이에서 조선의 위정자들은 나라를 지키는데 너무나 역량이 부족했죠.

바로 그랬기에 '친일청산'이란 "나라가 왜 일본에게 망했는지" 하는 문제를 역사적으로 규명하는 작업이 되는 데 초점이 맞추어져야 합니다.

일찍이 비잔틴제국의 마지막 황제의 이야기를 들어보았나요.

콘스탄티누스 11세는 동로마 제국의 마지막 황제였죠. 1453년 5월 당시 동로마는 로마제국의 영광을 뒤로 한 채 풍전등화의 상태였습니다. 콘스탄티누스 11세는 이미 오래전부터 많은 사람들이 안전한 제국령으로 탈출하여 기회를 노리자고 할 때에도 결단코 자신의 도시이며 시민들이 사는 곳을 포기하려 하지 않았습니다.

당시 콘스탄티노플 성벽 밖에는 6만 이상의 오스만군이 사석포와 대규모의 공성무기를 가지고 공격을 하고 있었고, 제국의 수비병은 7천명도 안 되었죠. 식량도 무기도 부족했고 가진 것은 로마 시민이라는 긍지와 집념뿐이었습니다.

그런 상황에서 황제 콘스탄티누스 11세는 직접 콘스탄티노플의 수비를 지휘했고 희망을 버리지 말라고 제국의 시민들에게 호소했습니다.

황제는 전투를 하며 이런 말을 하지요.

"화살을 쏘고 창을 던져라. 저들이 로마의 후예와 싸우고 있음을 깨닫게 하라!"

제국의 시민들과 외국 지원군들도 황제의 호소 앞에 오스만군과 맞서 싸운 지 50일이 가까이 됐습니다. 드디어 콘스탄티노플 함락 전날이 다가온 것이죠.

콘스탄티노플의 황제와 시민들은 종소리를 따라 모두 성 소피아 성당으로 향했습니다. 귀족부터 하층 서민까지 많은 사람들이 대성당의 광대한 공간을 메웠죠.

그 상황에서 콘스탄티누스 11세가 연설합니다.

"사람은 항상 자신의 신앙이나 조국, 아니면 자기 가족이나 주군을 위해 죽음도 달게 받을 각오를 해야 하는 법입니다. 우리는 이제 이 모든 것을 위해 싫든 좋든 죽음을 각오해야 하는 상황에 놓이게 되었습니다. 나도 시민들과 운명을 같이 할 것입니다.

신이시여, 우리의 사기를 드높이고 확고한 신념으로 용감하게 싸우게 해주소서. 부디 적의 엄포용 굉음에 우리가 물러서지 않게 해주소서. 여러분은 고대 그리스·로마영웅들의 자랑스러운 후손들입니다. 신의 도움으로 우리는 승리할 것입니다."

이어 황제는 자리에서 일어나 좌중 사람들의 앞을 돌면서 한사람 한사람에게 "행여 내가 그대에게 잘못한 것이 있다면 원망을 풀어주기 바라오" 하고 말했죠. 시민들은 누구랄 것도 없이 눈물을 흘렸고, 한참을 흐느끼면서 황제를 위해서라면 생명도 기꺼이 바치겠노라고 맹세했죠. 그 후 황제는 콘스탄티노플의 시민과 다른 그리스도교인들과 더불어 오스만군을 막기 위해 성벽으로 갑니다.

다음날 오스만군의 총공격이 시작됐고 비상문을 닫지 않은 실수와 육군 사령관 주스티가느 롱고의 부상으로 인해 제국은 마지막 운명에 다다르죠. 오스만의 메메드2세는 곧바로 최정예부대인 예니체리를 투입합니다. 로마의 황제는 자신의 성벽에 오스만의 국기가 달리는 것을 속절없이 바라볼 뿐이었습니다.

그리고 곧 황제는 나지막하게 말했죠. "정녕 내 심장에 창을 박아줄 그리스도교인은 없단 말인가!"

그 말을 마지막으로 황제는 로마황제의 표식이 되는 망토나 기장을 다 떼어 버린 후 자신의 아라비아산 종마를 타고 오스만군의 최정예 부대이자 당시 유일한 상비군이었던 예니체리 부대속으로 과감히 돌진합니다. 그렇게 마지막 황제는 자신의 조국과 신앙, 종교 그리고 제국의 시민인 로마인들을 지키기 위해 몸바쳐 싸웠고 드디어 전장의 이슬로 사라졌죠. 그의 시신은 지금까지도 찾을 수 없습니다.

그렇다면 우리도 한번 생각해 볼까요. 나라를 빼앗기는 절체절명의 상황에서는 최고의 통치자인 왕부터 목숨을 버릴 만큼 비장해야 하는 것이 아닌가요. 그냥 자기자리에 편하게 앉아서 나라를 빼앗기다니요. 정말로 이해하기 어려운 일입니다.

물론 그렇다고 지금 망국에 대한 책임론을 들먹이며 새삼 조선의 왕족들을 민족의 이름으로 고발하자는 이야기는 아닙니다.

다만 망국의 교훈은 망국의 원인을 마음 속 깊이 뼈저리게 성찰함으로써 다시는 나라를 빼앗기는 비극을 되풀이해서는 안 된다는 결의를 하는데 있음을 강조하고 싶었을 뿐이죠.

■ '식민지 근대화'란 없다!

 나라를 빼앗겼던 식민지 시절 우리의 삶은 어땠나요. 그 엄혹스러운 시대를 살았던 할머니·할아버지 세대는 참으로 커다란 고통을 겪었지요. 그래서 어서 빨리 그 암울한 암흑의 시대가 끝나기를 학수고대하지 않았나요. 수많은 민족의 시인들이 민족의 아픔을 노래했지요.

 그 가운데서도 "빼앗긴 들에도 봄은 오는가" 하는 제목의 이육사의 시가 가슴을 저리게 하는군요.

> 지금은 남의 땅 — 빼앗긴 들에도 봄은 오는가.
> 나는 온몸에 햇살을 받고,
> 푸른 하늘 푸른 들이 맞붙은 곳으로,
> 가르마 같은 논길을 따라 꿈 속을 가듯 걸어만 간다.
>
> 입술을 다문 하늘아, 들아,
> 내 맘에는 나 혼자 온 것 같지를 않구나!
> 네가 끌었느냐, 누가 부르더냐. 답답워라. 말을 해 다오.
>
> 바람은 내 귀에 속삭이며,
> 한 자국도 섰지 마라, 옷자락을 흔들고.
> 종다리는 울타리 너머 아씨같이 구름 뒤에서 반갑다 웃네.
>
> 고맙게 잘 자란 보리밭아,
> 간밤 자정이 넘어 내리던 고은 비로
> 너는 삼단 같은 머리를 감았구나. 내 머리조차 가뿐하다.
>
> 혼자라도 가쁘게나 가자.

마른 논을 안고 도는 착한 도랑이
젖먹이 달래는 노래를 하고, 제 혼자 어깨춤만 추고 가네.

나비, 제비야, 깝치지 마라.
맨드라미, 들마꽃에도 인사를 해야지.
아주까리기름을 바른 이가 지심 매던 그 들이라 다 보고 싶다.

내 손에 호미를 쥐어 다오.
살진 젖가슴과 같은 부드러운 이 흙을
발목이 시도록 밟아도 보고, 좋은 땀조차 흘리고 싶다.

강가에 나온 아이와 같이,
짬도 모르고 끝도 없이 닫는 내 혼아,
무엇을 찾느냐, 어디로 가느냐, 웃어웁다, 답을 하려무나.

나는 온몸에 풋내를 띠고,
푸른 웃음, 푸른 설움이 어우러진 사이로,
다리를 절며 하루를 걷는다. 아마도 봄 신령이 지폈나 보다.

그러나 지금은 — 들을 빼앗겨 봄조차 빼앗기겠네.

빼앗긴 조국을 애달파 하던 시절의 시가 아니던가요. 일제 식민지시대는 우리 할머니·할아버지 세대에게 그토록 고통스러웠고 힘들었던 나날이었죠. 그 때 무슨 기쁨이 있었으며, 안식처가 있었나요.

그럼에도 이렇게 암울했던 일제 식민지 시대를 두고 '식민지 근대화론'을 내세우는 시각이 있습니다.

참으로 이해할 수 없는 주장이지요.

과연 식민지 시대에 우리나라가 발전한 게 맞나요. 수풍발전소도 있었고 흥남비료 공장도 있었지요. 철도도 부설되었죠. 그래서 경부선, 경의선, 호남선, 경원선, 함경선 등이 한반도를 종단하기도 했죠. 또 서울에는 전차가 다녔지요.

공중보건과 의료개선으로 유아사망률이 낮아지고 도시인구가 증가한 것도 사실이죠. 또 상공업도 조선시대보다 발달하지 않았나요. 각종 지표나 통계수치로 볼 때 조선시대와는 다른 모습, 보다 향상된 면모를 보였다고 말할 수 있을 거에요. 또 근대문물이 도입된 측면도 있을 거에요.

그러나 그렇다고 해서 '근대화'라고 말할 수 있는 것은 아닙니다.

'근대화', 즉 영어로 '모더니티modenity'라고 할 때 거기엔 무엇보다 자유나 평등, 인권과 같은 정신적 가치가 반드시 있어야 하는 거에요. 그게 문명사의 전통이 아닌가요. 그런데 자유 대신 억압과 착취의 구조 속에 살았다면, 상투를 자르고 양복을 입었다고 해서, 또 도시화가 진전되고 근대문물이 들어왔다고 해서 근대화라고 말할 수 있는 것은 아니죠.

뿐만 아니라 일제가 철도를 놓고 발전소를 지은 것은 누구를 위해, 무엇을 위해 한 것이었나요. 우리나라가 아닌 일본 제국주의의 번영과 융성을 위한 것이었어요. 특히 침략전쟁을 원활하게 수행하기 위한 것이었죠. 또한 식민지 조선의 수탈을 위한 것이었습니다.

그러니 이런 물질적인 요소들만을 가지고 어떻게 '식민지 근대화'라고 주장할 수 있겠습니까.

사실 식민지시대는 우리 민족만 경험한 게 아니죠. 아시아의 많은 나라들도 경험했지요. 서구의 열강들이 아시아의 나라들을 무력으로 침공해 식민지로 삼았습니다.

그런데 유독 일제에 의한 조선의 식민통치는 너무나 가혹했습니다. 우리말을 쓰지 못하게 했고 또 성도 바꾸고 이름도 일본말로 바꾸게 했지요. 또 그들의 국교인 신사참배를 강요했지요. 그래서 많은 종교인들조차 신사참배를 할 수밖에 없었습니다.

이런 일제의 강압적인 통치방식이야말로 단순히 우리 민족을 물리적으로 지배했을 뿐 아니라 영혼까지 빼앗으려 했던 것이지요. 그렇기에 세계적으로 유례가 없을 정도로 악의적인 식민통치라고 할 수밖에 없습니다. 그들은 우리를 '내선일체內鮮一體'라고 하여 영원히 병합하려고 했던 것이지요. 그러면서도 우리 민족은 자신들보다 열등한 민족으로 남아있기를 바랬죠.

같은 식민지라고 하더라도 인도나 인도네시아나 베트남과 같은 나라는 아시아 대륙에서 멀리 떨어진 서구의 강대국들이 와서 식민지로 삼은 것이니, 그들이 느끼는 한은 우리보다 덜 할 수도 있습니다. 그러나 일본은 우리의 이웃나라가 아니었던가요. 이웃나라에 대해서 선린관계를 맺지 못할망정 국력이 약하다고 해서 자유를 빼앗고 노예처럼 취급하다니요.

우리나라의 국화인 무궁화와 같은 꽃들조차 중고등학교에서 학교 화장실 주변에 심어 우리 민족의 품격을 아예 잃어버리도록 한 것이지요.

그뿐만이 아닙니다. 식민지 조선의 죄없는 처녀들을 징발해서 강제로 성노예로 끌고 갔지요. 그래서 위안부 할머니들의 한은 지금도 처절하게 남아있어 끝없이 절규하고 있는 거에요. 꽃같은 나이에 일본군에 끌려가 갖은 고초를 겪고 치욕을 당했지요.

그들이 그토록 비인간적인 삶을 강요받아 지금도 하염없이 눈물만 흘리고 있는데, 어떻게 '식민지 근대화'라고 할 수 있나요.

또 학도병이라고 해서 총알받이로 내몰지 않았습니까.

망국의 노예로 살았건 이런 비인간적인 식민통치 아래서 그 목적이 불순하고 타민족에 관한 존중과 배려가 전혀 없었다면, '식민지 근대화'라는 말을 쓸 수 없는 거에요.

역사에는 가정假定이 없다고 하지만, 우리가 주권을 가진 국가로 남아있었더라면 일제시대와는 비교할 수 없을 만큼 풍부하고 내실있는 풍요와 근대화를 이룰 수 있었을 거에요. 광복 후 우리가 이루어낸 '한강의 기적'이 이 사실을 말해주고 있잖아요.

독도문제도 마찬가지죠. 지금 독도를 두고 일본은 자기네들 땅이라고 주장하며 자기들 교과서에도 실었지요. 그러나 생각해보면 독도는 영토문제가 아닙니다. 그것은 과거 일제침략의 문제일 뿐이지요. 그래서 우리는 독도를 생각할 때마다 일제의 잔인했던 침략을 기억할 수밖에 없는 것입니다. 1905년 노일전쟁에 대비하기 위해 독도를 일본 시마네 현에 편입시켰죠. 그리고 나서 지금은 시침을 뚝 떼고 자신들과 한국 사이에 영토분쟁이 있는 것처럼 하니, 반성이 없는 나라지요.

특히 그들은 무엇 때문에 토지조사사업을 벌였나요. 일제의 토지조사는 우리 농민들의 땅을 빼앗고 수탈하기 위한 것이었는데, 어떻게 근대화를 위한 토지조사라고 얘기할 수 있나요. 또한 일제의 법은 자신들에게는 서구의 법을 본딴 선진화된 법이었을지 몰라도, 식민통치 아래 살았던 우리 할머니·할아버지 세대에게는 노예를 다스리기 위한 법에 불과했지요.

사실이 이러하니, '식민지 근대화'라고 하는 말을 더 이상 해서는 안 됩니다. 의도가 불순하고 목적이 딴 데 있는데, 어떻게 삶의 질을 개선하기 위한 '근대화'라고 할 수 있을까요. 눈에 보이는 통계수치보다 눈에 보이지 않는 정신적 가치의 황폐화문제를 생각해야 합니다.

우리의 진정한 근대화는 주권을 도로 찾고 '자유의 공화국'을 이룩한 대한민국 건국 이후부터 시작되었다고 비로소 말할 수 있을 뿐입니다.

'친일청산', 하려면 제대로 해야!

I'm a free man

■ 직위형 친일, 생계형 친일

한 민족이 다른 민족으로부터 식민지배를 받았을 때 감수할 수밖에 없는 쓰라린 경험은 그 민족의 넋에 치유하기 힘든 상처를 남기게 마련입니다.

그 상처 가운데 쉽게 아물지 않는 부분이 있다면, 식민통치아래서 삶을 살아간 사람들을 어떻게 평가할 것인가 하는 점이죠.

더구나 식민지배기간이 길면 길수록 또 가혹하면 가혹할수록, 그 상처는 아물기보다는 덧나기 쉽습니다.

대한민국의 경우, 광복 60년이 지난 지도 한참 됐건만, 아직까지도 그 문제가 깔끔하게 정리되지 않고 미완未完의 숙제로 남아있어 친일부역자와 친일행위에 대한 평가나 단죄문제가 나올 때마다 우리 모두 민족적 가슴앓이를 하게 되는 것입니다.

2009년 11월 민족문제연구소와 친일인명사전 편찬위원회가 친일청산을 하겠다고 발표한 친일인사가 4,389명이나 됐습니다. 그 인원수가 대규모라는 것은 정부 수립 직후인 1949년 반민특위가 친일 혐의 조사 대상자로 가려낸 688명이나, 2002년 항일독립운동원로들의 모임인 광복회가 발표한 692명보다 6배나 많은 숫자라는 것만 보아도 알 수 있죠.

『친일인명사전』에서 '친일파'로 확정한 인사들이 많이 늘어난 원인은 무엇일까요.

당시에 숨겨졌거나 은폐되었던 반민족적이며 적극적인 친일협력사실을 민간연구기관인 민족문제연구소가 그만큼 많이 찾아낸 결과일까요.

그것이 아니죠. 다만 친일행위와 친일인사의 범위를 고무줄처럼 '자의적으로' 확대했기 때문입니다.

친일인사명단 발표를 보면 민족문제연구소는 단번에 '고르돈의 매듭'을 풀어보겠다는 '외곬의 청산주의자'와 같은 모습을 보인 것이 확실합니다. 친일행적을 판정하는 일은 지극히 간단명료하기 때문에 친일기득권세력의 저항만 없고 단호한 친일청산의지만 있으면 언제든지 가능한 일이라는 것이 이들의 생각이었죠.

하지만 일제시대의 삶을 "정의 아니면 불의", "항일 아니면 친일"이라는 도식적이고 이분법적 시각에서 접근하는 한, 식민잔재 청산은 실패할 수밖에 없습니다.

오스카 와일드Oscar Wilde의 말대로 진실은 결코 단순한 것이 아니니까요. 제대로 된 일제청산을 위해서는 정의의 개념을 앞세우며 그동안 "잘 먹고 잘 살았던" 친일파에 대한 포퓰리즘식 단죄론을 내세우기보다는, 일제 식민지시대의 성격을 있는 그대로 인식하고 그 엄혹한 시대를 살았던 사람들의 삶을 제대로 이해하는 것이 중요합니다.

그들의 고민과 고통을 저울질할 줄 아는 균형감과 공감의식이 요구되는 이유가 여기에 있습니다.

『친일인명사전』은 두 가지 가정 위에 이루어졌습니다. 친일행위는 명백히 정의될 수 있고, 또 친일행위를 한 인물들은 객관적으로 검증할 수 있다는 것이죠. "소극적 친일"과 구분되는 "적극적 친일" 개념을 내세운 것이 그렇고, 직위만으로 친일부역자를 규정한 것도 바로 이 때문입니다.

이것이야말로 '실증주의'의 저급한 전형을 떠올리는 발상이라고 말하고 싶군요. 왜냐하면 사실은 눈에 보이고 잴 수 있으며, 따라서 사실은 검증할 수 있다는 입장이기 때문이죠.

의문이 있습니다. 과연 이 잣대는 공정성과 형평성 및 객관성을 담보할 정도로 견고한가요.

물론 수록인사 가운데 이의를 제기할 수 없을 정도로 명백한 반민족적 친일인사가 있는 것은 사실입니다. 그럼에도 연구소와 편찬위가 붙인 '친일딱지'에서 임의성이나 자의성을 읽게 되는 경우가 있다면, 무엇 때문일까요.

또 그 자의성이 단순한 의미의 자의성이 아니라 편협한 민족주의, 편파적인 이념성이 짙게 배어있는 자의성이라면, 어떻게 되는 건가요.

여기서 한 주정뱅이의 우화를 생각해볼까요.

어느 날 밤늦게 귀가하던 행인에게 어떤 술취한 사람이 가로등이 켜진 길가 환한 곳에서 무엇인가를 열심히 찾고 있는 모습이 눈에 띄었습니다. 행인은 문득 동정하는 마음이 들어 그에게 다가가 도와주겠다고 자청했죠. 당연히 취객은 쾌재를 부르며 고맙다고 했습니다.

행인과 취객은 열심히 열쇠를 찾았으나, 오랜 시간이 지나도록 열쇠는 발견되지 않았답니다. 그러자 행인은 일말의 의심이 들어 취객에게 물었죠. "당신은 어디서 열쇠를 잃어버렸소. 우리가 찾고 있는 이곳이 맞소." 그러자 취객은 "실은 저쪽에서 잃어 버렸다오"라고 실토했습니다.

이를 의아스럽게 생각한 행인이 다시 물었죠. "그런데 당신은 왜 이쪽에서 찾고 있는 거요." 취객은 조금도 망설이지 않고 대답했답니다. "저쪽은 어둡고 이곳이 환하기 때문이지요."

이 우화의 의미가 짐작되나요.

친일인명사전 편찬자들이 했던 행동과 문제의 취객이 한 행동은 본질적으로 조금도 다를 바 없다는 생각입니다.

일단 그들은 자신들의 명단발표가 객관적인 '팩트'에 근거하고 있어 『친일인명사전』을 무리없이 만들었다고 강변하지만, 친일에 대한 '사실적 판단'의 근거는 생각보다 훨씬 취약합니다.

친일인사를 찾는 길이 환한 곳이 아니라 어두운 곳에서 이루어져야 하는 이유가 여기에 있죠.

무엇보다 기록의 신빙성이 문제가 되는 경우가 적지 않습니다. 연구소가 조사한 것은 거의 대부분 공개적이고 명시적인 자료에 기초하고 있습니다. 그러나 공개적이고 명시적인 자료에 근거한 조사가 갖는 한계라면, 깊숙이 몸을 숨기고 있는, 진짜 사악한 반민족 친일인사를 가려내기 어렵다는 점입니다.

사악한 친일부역자는 그리스신화에 나오는, 이른바 '기게스의 반지'를 낀 경우처럼, 익명匿名의 너울을 쓰고 소리 소문 없이 동족에게 해악을 가한 경우가 허다하기 때문이죠.

이런 은밀한 범주의 친일행위를 사실적 차원에서 엄정하게 가려내려면 신문·잡지 등의 공개된 자료보다는 조선총독부의 자료를 샅샅이 뒤져 조사할 때 비로소 신빙성이 있다고 할 수 있지 않을까요.

또 일제말기 조선인들에게 전쟁참여를 독려한 내용으로 신문에 실린 글들 중에는 외부로 나타난 이름과는 달리 다른 사람이 대필한 경우도 꽤 있습니다.

뿐만 아니라 주변에서 같이 살았던 사람들의 생생한 말도 들어봐야 합니다.

이런 점들을 무시하고 공개된 자료에 의해 친일인명사전을 편찬한 것은 정작 친일인사를 찾아야 할 어두운 곳을 버리고 환한 곳에서, 있지도 않은 친일인사를 찾는 엉뚱한 행위와 다를 게 없지요.

■ '친일규명위', 왜 문제가 되나

오늘날 우리 사회어서 '친일파'로 낙인찍히면 갈 곳이 없습니다.

그야말로 세세대다로 '주홍글씨'가 새겨진 옷을 입고 살아야 하죠. 연례행사처럼 이루어지는 대통령의 사면대상도 될 수 없을뿐더러, 그렇다고 일본이 "자신들보다도 더 일본을 사랑했던 조선인"이라고 하여 받아 주는 것도 아닙니다.

더욱이 '친일'의 굴레를 쓴 사람들은 더 이상 우리 곁에 있지 못해 자기변호조차 할 수 없으니 영락없이 부관참시를 당하는 판국이 아닙니까.

그러기에 민간기구도 아닌 국가기관이 친일여부를 가늠할 때는 그야말로 역사와 민족 앞에 무한 책임을 지겠다는 결연한 태도로 임해야 합니다.

또 단 한 사람의 억울한 친일인사를 만들지 않겠다는 비장한 마음을 갖는 것도 필요하죠.

그렇지 않으면 당사자 본인에게도 용서받지 못할 죄를 짓는 일인 동시에 민족공동체가 이미 받은 깊은 상처를 물어뜯어 동티를 내는 자기학대적 행위가 될 수콰에 없기 때문입니다.

2009년 11월 국가기관인 친일반민족행위 진상규명위원회는 『친일반민족행위 진상규명브고서』를 통해 1,005명의 친일행위자명단을 발표

했는데, 특징이라면 과거 반민특위가 작성한 명단에 교육계, 문화·종교계, 군 원로인사들을 대거 추가했다는 점입니다.

그 명단을 보면서 드는 의구심이 있습니다. 그것은 한마디로 재판에 임하는 재판관이 반드시 지켜야 할 규범인 "다른 편의 말을 들어라audi alteram partem"라고 하는 철칙을 왜 그토록 무시했을까 하는 점이죠.

규명위의 위원들이 편향된 역사의식과 특정이념에 사로잡혔기 때문이었을까요.

규명위의 친일명단발표처럼 친일매체나 총독부 관보라는 부정확하고 제한된 자료에 의존하면서도 유족들의 이의제기나 관련인사들의 증언 대부분을 묵살하고 한걸음 더 나아가 이해당사자는 아니지만 뜻있는 적지 않은 사람들의 이의제기조차 무시한다면, '고발자'와 '심문관'만 있고 자기변호를 할 수 없었던 중세기의 마녀재판과 무엇이 다른가요.

실제로 친일규명위의 결정에 대해 유족과 기념사업회 등이 제기한 이의는 거의 수용되지 않았습니다.

친일반민족행위자 선정 결정에 반발해 2006년부터 2009년까지 접수된 총 74건의 이의 가운데 수용된 것은 단 1건, 즉 미술 분야의 정현웅씨가 유일했죠.

규명위 관계자는 "대부분의 이의신청이 친일행적을 뒤집는 증거는 못 대고 '독립운동 경력도 있다', '인생 전체를 판단해 달라'는 내용이 많아서 수용률이 높지 않았던 것"이라고 변명하기도 했죠.

이런 태도야말로 다른 편의 말을 귀담아 들으려 하지 않았던 전형적인 경우가 아니겠습니까. "내가 다 알고 있으니, 긴말 말고 내 판정을 기다려라" 하는 오만한 태도와 무엇이 다른가요.

이것은 판정자 자신들이 살지 않았던 식민지시대의 진실에 좀 더 가까이 다가가겠다는 진정성이 없었다는 반증이 아닌가요.

생각해보면 식민통치 35년이란 긴 세월이었습니다. 국권을 상실한 1910년에 태어난 어린아이라면 8·15광복이 되던 해에는 36세의 장년이 돼 있을 수밖에 없는 기간이었습니다.

그 세월 동안 일제는 '내선일체內鮮一體'라며 온갖 사탕발림을 했습니다. 조선과 일본은 하나라는 것이었죠.

하지만 우리 민족은 일제의 갖은 강압과 회유에도 불구하고 이민족에 동화되기를 한사코 거부했습니다. 몸은 묶여 있었으나, 마음은 자유와 해방을 끊임없이 갈구하고 있었던 것이죠.

일본말을 쓰고 창씨개명을 하며 신사참배를 하고 학도병이나 정신대에 끌려 나갈 수밖에 없었지만 일제가 패망하자 한결같이 약속이나 한 듯 "만세"를 부르며 거리로 뛰쳐나왔습니다.

신사참배를 했건 창씨개명을 했건 "천황만세"를 외치며 할복자살한 한국인은 없었습니다.

이것이 뜻하는 것은 무엇일까요.

엄혹한 식민지치하에서도 민족혼이 살아 숨쉬고 있었음을 의미하는 것이 아닌가요.

그렇다면 어디선가 그 민족혼을 끊임없이 불어넣은 사람들이 있었다는 말이 되는 것이지요.

과연 그들이 누구일까요.

그들이야말로 대부분 일제식민지하에서 언론인과 교육자 및 종교인과 문인으로 활동한 사람들입니다. 그럼에도 규명위는 그들을 느닷없이 반역자명단에 올려놓은 것이죠.

그들은 조선의 지도급인사이었기에 일제는 더욱더 삼엄한 감시를 했고 특정행위를 강요했습니다. 그 결과 문제가 될 수 있는 작은 행적을 남겼을는지 모르나, 친일 부역자는 결코 아니었습니다.

드러내 놓고 저항은 하지 않았으나, 내부적으로는 민족혼을 고취했던 사람들이며, 일제에 무력으로 맞선 전사는 아니었으나 수모를 당하면서도 민족혼이 잠들지 않도록 노심초사한 사람들입니다.

그래서 해방이 되자 해외에서 활동한 독립운동가들과 더불어 대한민국을 세우고 지키는 데 크게 헌신할 수 있었던 것입니다.

옛날에 형제들이 싸우면서 서로 "병신"이라고 욕하면 어른들이 타이르던 말이 있죠. "형이 병신이면 동생은 뭐지"하는 되물음이었습니다.

할아버지세대를 친일파로 낙인찍으면 후손들은 항일세대가 될 수 있나요.

가혹한 일제통치 아래 신음하던 식민지세대는 형언할 수 없는 상처를 받은 피해자인데 "일제가 얼마나 악랄했으면 그렇게 했겠느냐" 하는 말을 하기보다 마치 가해자처럼 "너 때문에 우리 민족이 얼마나 고통받았는지 아느냐"라는 식으로 몰아붙인다면 포퓰리즘식 '아버지 죽이기'나 다름 없습니다.

고대 로마인들은 나라의 중요한 결정을 내릴 때마다 "누구에게 이익이 되는가" 라는 뜻의 '퀴 보노 cui bono'라는 질문을 했습니다.

한창 민족의 역량을 모아 앞으로 나아가야 할 시점에서 식민시대를 살았다고 하여 낙인을 찍어 우리 공동체를 마구 찢어놓으면 누구에게 이익이 되는지 묻고자 하는 이유가 여기에 있습니다.

■ 친일의 '사실'과 민족애의 '진실'

일제식민지하에서 직위와 명망을 가진 사람으로 살았다는 것, 해외로 망명하지 않고 국내에서 죽지 않고 살았다는 사실 자체를 민족적 죄악으로 치부한다면, 그로부터 자유로운 사람들은 별로 없습니다.

그 시대에 살지 않았던 사람들만이 면책될 수 있기 때문입니다.

독일의 철학자 하이데거 M. Heidegger 의 실존주의적 통찰에 유의해본다면, 우리는 "이 세상에 던져진 존재"로서 삶을 살아가는 것이지, 자유의지에 의해서 삶의 시기를 선택할 수 있는 것은 아닙니다.

35년이라는 장기간에 걸친 유례없이 엄혹했던 일제의 식민통치 시절은 우리 모두에게 시대의 아픔과 민족적 아픔을 강요했습니다.

그 시대의 조선인들은 "조센징"이라는 차별적 이름으로 불렸고 또 우리나라의 국화인 무궁화는 그 비천함을 극대화하기 위하여 학교의 화장실주변에 심어졌습니다.

또 아련한 사춘기 시절 추억의 대상이 된 초·중·고등학교의 소중한 은사와 스승들을 모두 일본인으로 마음속에 기려야 했던 상황이었죠.

오죽하면 김대중 전 대통령조차 자신의 옛 일본인 은사에게 "도요다"라는 일본식 이름을 대면서 기억을 환기시켜야 했을까요. 우상숭배를 금지하는 기독교인들까지 국민의례라는 명분으로 신사참배를 해야 했던 상황, 또 "일제의 하늘이 우리의 하늘"이라고 착각할 수밖에 없었던 암울한 시절, 그것은 글자그대로 민족 암흑기였습니다.

노동자들은 노동으로, 문필가들은 글로, 예술가들은 그림으로, 여성들은 정신대나 위안부로 강제 동원되는 등, 일제를 살아간 사람들은 누구나 예외없이 자기자신의 몫을 부당하게 조선총독부에 공출당해야 했던 것이죠.

그것을 거부하면, 적어도 이 땅에서는 살아남을 수 없었으니까요.

그러나 그 시절, 이 땅에서도 우리의 민족혼이 한 가닥 남아있어 8·15 해방이 되자마자 한민족 3천만이 남녀노소를 가릴 것 없이 모두 거리로 뛰쳐나와 만세를 불렀죠.

그것은 마치 베르디의 오페라 '나부코'에 나오는 유명한 합창곡 '히브리 노예들의 합창'을 소리 높혀 부르는 것 같았습니다.

가사는 이렇지요.

"날아라 생각이여! 금빛 날개를 달고…비탈과 언덕에서 날개를 접어라. 그곳은 부드럽고 온화한 공기, 조국의 공기가 향긋한 곳. 맞이하라. 요르단 강둑과 무너진 탑.

오, 내 조국, 빼앗긴 내 조국…"

기원전 6세기 구약성경 다니엘서를 배경으로 한 오페라 '나부코'는 성경에 나오는 인물인 바빌론의 왕 느부갓네살을 지칭하는 것으로 베르디의 대표작 중 하나죠. 이 오페라가 밀라노의 스칼라극장에서 초연된 1842년 당시 오스트리아의 압제하에 있던 이탈리아 국민들은 이 오페라에서, 특히 '히브리 노예들의 합창'을 듣고 열광했습니다.

우리도 일제로부터 해방되었다는 말을 듣고 '한국판 히브리 노예들의 합창'을 부른 것이죠. 히브리 노예들이 바빌론의 귀양살이에 미련이나 애착을 갖고 그리워하지 않았던 것처럼, 한국인들 가운데 누구도 종살이하던 일제시대를 그리워하지 않고 '대한독립만세'를 부른 것입니다.

어찌된 영문일까요. 혹시 기적이 일어난 것일까요. 어떻게 일제에 의해 세뇌당하지 않고 분연히 일어나 만세를 부른 것일까요.

자연에 비약이 없다면, 항차 인간의 역사에서 기적이나 비약이 있을 수는 없는 일이죠.

생각해보면, 깡패의 바짓가랑이를 기어간 한신처럼, 일제의 바짓가랑이를 기면서도 민족혼民族魂을 살아 꿈틀거리게 했던 민족주의자들이 있었기 때문이라는 느낌을 지울 수 없군요.

실제로 오른손이 하는 일을 왼손이 모르게 하는 것처럼, 일제의 번뜩이는 눈을 피하여 숨죽이면서도 은근과 끈기로 민족의 넋을 불어넣은 헌신적인 애족주의자들이 있었기 때문이죠. 물론 이들은 드러내놓고 반일이나 항일을 외칠 수 없었고 또 그런 행동을 모든 사람들이 보는 앞에서 당당하게 할 수는 없었습니다.

하지만 신문 만드는 사람들은 신문기사의 행간을 통해, 또 학생들을 가르치는 선생님들은 교실에서 학생들과 눈빛을 맞추어가며 이심전심以心傳心으로 민족혼을 전했던 것입니다.

그들의 행동이 눈에 띄지 않은 것은 당연합니다. 허나, 민족주의자가 눈에 띄지 않는다고 해서 민족주의자가 없었다고 단정하는 것은 곤란하지 않을까요.

구름위에 태양이 빛나고 있지만, 구름이 많을 때 태양을 볼 수 없다고 해서 태양이 없다고 말할 수는 없는 노릇이지요.

우리는 여기서 '사실'과 '진실'을 구분하고 싶은 열망에 사로잡히게 됩니다.

물론 '사실'의 힘은 크지요.

무슨 일이 일어나면 사람들은 "그것이 사실이냐 아니냐" 하는 물음부터 던집니다. 또 사실을 설명해도 그 사실을 믿으려 하지 않는 사람에게 "속고만 살았나"라는 핀잔도 쏟아지죠.

'사실의 세계'에서는 무엇이나 검증하고 확인해보려고 하지요.

눈으로 보고 손으로 만지며 찔러보고 사실과 사실이 아닌 것을 구분하는 데 이골이 나있습니다.

하지만 '사실'만 따지는 삶이란 메마르고 목마른 삶이 될 가능성이 크지 않나요. 이처럼, 사실적 증거주의에 입각한 친일청산도 메마르고 빈곤할 수밖에 없습니다. 그런 친일청산은 자나 깨나 "언제, 어디서, 누가" 하는 식의 육하(六何)원칙을 요구하게 마련이죠.

그러나 육하원칙으로 샅샅이 친일의 사실을 확인해도 여운이 남는 이유는 무엇일까요.

입양된 아이는 자신의 출생비밀을 알게 되었을 때 자신을 길러준 부모가 친부모가 아니었다는 사실을 말해주지 않았다고 원망하기 일쑤입니다. 이러한 원망에 대해 궁지에 몰린 양부모는 무엇이라고 답변할 수 있겠습니까.

혹시 이런 식이 아닐까요.

"우리가 네게 비밀을 털어놓지 못한 것은 숨기거나 거짓말을 하기 위함이 아니었어. 사실을 말하지 않은 것은 사실보다 큰 진실이 있어서야. 너를 입양했다는 사실보다 너를 친자식만큼 사랑했다는 진실이 더 중요했기 때문이지."

마찬가지로 우리의 민족주의도 진정한 것이 되려면 친일의 '사실'을 찾고 그 '사실'을 확인하는 것만으로 만족해서는 안 됩니다.

엄혹스러운 식민지시대에서도 민족애의 '진실'을 추구하며 민족적 삶을 살아가려고 최선을 다하던 사람들에게 그들의 몫을 인정해 주는 것이 필요하기 때문이죠. '사실의 세계'를 넘어서서 '진실의 세계'를 갈구할 때 우리의 민족주의는 보다 온전해지고 훨씬 더 풍요해지지 않을까요.

삶에 있어 소중한 것은 눈에 보이지 않고 귀에 들리지 않는 법입니다. 데카르트가 말했던가요. "산은 손으로 만질 수는 있지만 껴안을 수는 없다"고…. 그것이야말로 손으로 만질 수 있는 '사실'과 손으로 껴안을 수 없는 '진실'의 차이를 말해줍니다.

민족에 대한 사랑, 국가에 대한 사랑도 이와 마찬가지가 아닐까요.

그렇다면, 한두 건의 자료에 의한 사실규명을 넘어서서 민족사랑의 '진실'이 존재할 수 있다는 점을 받아들여야 할 것입니다.

일제시대를 살았던 명망가들 가운데 일부가 자신의 안일과 부를 위해 영혼을 판 파우스트처럼 행동했다는 비난을 받는 것이 '사실'이죠. 그들은 분명 친일부역자입니다.

하지만 더 많은 명망가들이 친일의 '사실'보다 더 큰 민족애에 대한 '진실'을 말할 수 있는 여지가 있다는 생각이 드는군요.

국가의 영웅은 '태어나는 것'이 아니라
'만들어지는 것'인데…

I'm a free man

우리 사회는 '영웅만들기'에 인색한 사회인가

누가 뭐래도 지금은 '이성의 시대'입니다.

'이성의 시대'이기에 기적과 놀라운 것, 초인적인 것은 멀리하게 마련입니다.

이성의 눈으로 사물을 바라보면 우리로서는 신기해 할 것도, 감동받을 만한 일도 별로 없습니다. 또 특별히 마음속으로 기릴만한 위대한 인물도 흔치 않죠.

모든 것에는 원인과 결과가 질서정연하게 연결되는 것이니, 원인 없는 결과가 어디 있으며 또 기상천외의 놀라운 일이 어떻게 갑자기 일어날 수 있겠습니까. 바로 그렇기 때문에 참으로 놀라운 일이 일어난다면 우리로서는 비트겐슈타인L. Wittgenstein이 절규한대로 "말할 수 없는 것에 대해서는 침묵해야 한다"고 외칠 수밖에 없습니다.

그럼에도 불구하고 이상한 것은 모든 사회나 공동체가 나름대로의 신화神話와 영웅英雄을 갖고 있다는 점입니다.

그리스 사회만 해도 그렇죠. 과연 트로이전쟁에 나오는 아킬레우스와 헥토르가 그토록 영웅적인 행동을 했을까요. 혹은 파트로클로스가 전투에 참여하기를 거부한 자신의 친구 아킬레우스를 대신해 헥토르와 맞서 싸우다 장렬한 죽음을 맞이했을까요.

이에 대한 사실여부는 알 수 없죠. 그러기에 그들은 신화나 설화의 영역일 수밖에 없습니다.

그러나 그리스의 눈먼 시인인 호메로스는 그리스 전역을 돌아다니며 그들의 이야기를 한편의 시로 읊었고, 그 서사시는 어느덧 모든 사람들이 동경해 마지않는 그리스의 정신이 되었습니다. 그 결과 아킬레우스와 헥토르의 행위는 용사의 덕으로 투영되었고 그리스사회에서 시민이나 전사가 본받을만한 영웅의 행위로 규정되기에 이른 것이죠.

이쯤 되면 영웅은 태어나는 것이 아니라 만들어진다는 말이 맞는 것 같군요.

또 영웅이 만들어지는 것이라면, 영웅을 만드는 것은 그 사회의 능력이고 역량일 터입니다.

영웅을 만드는 데 있어 가장 놀라운 능력을 보인 민족은 로마민족입니다. 로마는 수많은 영웅들을 자랑하고 있지요.

로마를 만든 로물루스Romulus만 해도 그렇습니다. 그는 로마건국의 신성함을 보여주기 위해 자신의 동생 레무스Remus를 죽인 인물로 묘사되지요. 두 형제는 같이 늑대의 젖을 먹고 자랐는데, 형이 동생을 죽인 죄목은 자신의 경고를 어기고 자신이 세운 울타리를 무단으로 넘었다는 것이었습니다.

여기서 법의 엄숙함이 돋보이지 않습니까.

누마Numa도 마찬가지입니다. 로마의 법을 만든 위대한 입법자로 칭송받는 그도 실제의 인물이라기보다는 신화적 인물입니다. 삶의 마지막 순간에 숲속에서 요정들과 더불어 사라져 버리니까요.

그러나 뭐니 뭐니해도 로마의 영웅이야기 가운데 가장 인상적이면서도 또 작위적인 것이 바로 레굴루스Regulus의 이야기지요.

로마의 집정관이었던 그는 카르타고와의 전쟁 때 사령관으로 활약하다가 전투에 패해 포로가 됩니다. 이때 로다와 평화조약을 원한 카르타고는 이 일을 추진할 인물로 포로였던 레굴루스를 골라 로마로 보내게 되죠. 카르타고는 레굴루스를 로마에 보내면서 조약의 결과가 어떻게 되든 반드시 카르타고로 돌아오겠다는 맹세를 하게끔 했죠. 로마에 도착한 레굴루스는 막상 카르타고와의 평화조약에 솔깃해 있던 원로원에서 결사적으로 그 조약을 맺지 말 것을 설득합니다. 이에 원로원은 레굴루스의 간곡한 충고를 받아들여 카르타고와의 평화조약을 거부합니다. 그 후 레굴루스는 자신이 맹세한대로 원로원과 친지의 만류를 뿌리치고 카르타고로 향하지요.

카르타고로 돌아간 그는 분노한 카르타고인들에 의해 코끼리에 의한 참혹한 죽음을 맞습니다.

레굴루스가 실존인물이었던 것은 분명합니다. 그럼에도 영웅적인 행위를 한 것은 아니었죠.

이 레굴루스의 이야기를 비교적 소상하게 전해준 사람은 그리스의 역사가 폴리비오스입니다. 하지만 레굴루스의 영웅적인 행동이나 자기 희생에 대해선 전혀 언급하고 있진 않군요. 오히려 폴리비오스는 레굴루스가 포로로 잡혀 있다가 자연사했을 것이라고 추측하고 있지요.

그럼에도 로마인들은 그를 일약 영웅으로 만들었죠.

특히 키케로는 죽음을 무릅쓰고 약속을 지킨 위대한 로마인으로 칭송했답니다. 이런 연유로 레굴루스는 두고두고 로마인들 사이에 인구에 회자되는 이야기의 주인공이 된 것이죠.

지금 한국사회는 어떤가요. 영웅이 없군요. 왜 그런가요. 이 정치인은 이래서 문제고 또 다른 정치인은 저래서 문제가 되는 것입니다.

우리 공동체는 민주공화국이 된 지 60년이 넘었는데도, 때 아닌 인물난을 겪고 있습니다. 걸출한 인물들이 차고 넘치는 조선시대와 비교하면 기묘한 대조가 아닐 수 없지요.

누가 뭐래도 우리가 자유와 번영을 구가하고 있는 것은 분명한데, 이 자유와 번영을 가져오는데 크게 기여한 사람을 '당신'이라고 지목하고 있지 못한 것이 우리의 현실 아닙니까. 그 결과 거리의 동상이나 지폐 도안을 만들 때면 온통 조선시대의 인물들 차지입니다. 또 거리 이름을 지을 때도 마찬가지입니다. 퇴계로, 율곡로, 충무로 하는 식이지요.

조선시대로 부족하다고 생각하면, 대한민국으로 내려오는 것이 아니라 그 이전의 시대로 거슬러 올라가죠. 그래서 배의 이름도 '최영함', '강감찬함', '문무대왕함' 하는 식입니다.

그러나 여기서 짚고 가야 할 점이 있습니다. 우리가 세종대왕을 기리는 것은 단순히 그가 한글을 만든 위대한 군주이기 때문만은 아닙니다. 한민족이 한글을 만들 수 있는 위대한 기량을 가지고 있음이 그를 통해 나타났기 때문이죠.

이순신 장군도 마찬가지가 아닌가요. 그가 명량해전에서 12척의 배로 왜적 130척을 물리친 것을 통쾌하게 여기는 것은 최악의 역경 속에서도 굴복하지 않은 모습에서 우리의 또 다른 모습을 보기 때문입니다.

영웅을 만드는 것은 정작 영웅의 대상이 되는 본인을 기리기 위함이 아닙니다. 오히려 그를 통해 우리 모두가 영웅적인 행위를 할 수 있는 능력을 지니고 있음을 후대에 보여주기 위함이죠.

조선시대의 영웅은 많은데, 막상 21세기 번영의 공화국인 대한민국에서 이렇다 할 영웅이 없다는 것은 무엇을 달하고 있는 것일까요.

영웅이 정말로 없는 것일까요. 아니면 영웅을 만들 수 있는 우리 사회의 능력부재를 말하고 있는 것일까요.

하다못해 로마조차 영웅이 아닌 사람을 영웅으로 만들었는데, 정작 지금 우리가 향유하고 있는 대한민국의 자유와 번영을 상징할 수 있는 인물들을 영웅으로 만들지 못하고 있다면, 그것은 '우리의 탓 nostra culpa'이 아닐까요.

■ '대한민국의 영웅'이라면

우리 대한민국에 영웅이 있나요. 아니면 영웅의 반열에 들만한 사람들이 있나요.

분명히 있습니다. 이렇게 번영하는 자유의 공동체인데 왜 영웅과 같은 인물이 없겠어요. 영웅이란 말이 부담스럽다면 '국가인statesman'이라는 말을 써도 무방하지요.

'국가인'은 생뚱맞은 개념인 것 같지만, 실은 옛날부터 생겨났던 이름입니다. 플라톤이 말했지요. 그는 단순히 '정치인'만 얘기한 것이 아니라 '국가인'을 말했답니다. '국가인'이라면 어떤 존재인가요.

'정치인들' 가운데 최고등급이라고 할 수 있는 최고의 정치인을 '국가인'이라고 할 수 있습니다. 그는 한마디로 모든 기회를 도전의 장으로 전환시키는 능력과 내적 신념을 성공적으로 조화시키는 존재죠.

그런 국가인을 세 사람 꼽을 수 있군요.

한 사람은 이승만이고 또 한 사람은 김구죠. 또 마지막으로 박정희입니다.

이승만은 누구입니까. 이승만은 우리 사회에서 가장 저평가된 국가인이죠. 너무나 오랫동안 잊혀진 존재였습니다. 얼마 전에 출판된 초등학교 학생들을 위한 만화책에도 나온 이승만의 모습을 보면 그 비아냥의 정도를 헤아리게 됩니다. 그의 호가 '우남雩南'이죠. 그런데 만화가는 우남을 한문으로 조롱하면서 "어리석은 남자"라는 뜻의 '우남愚男'이라고 했더군요. 물론 만화가는 한문을 잘 몰라 무심코 인터넷에 나오는 대로 썼을지도 모르죠.

정말로 이승만은 어리석었을까요. 어리석었다면, 자유의 대한민국을 세웠을까요. 물론 그는 독재를 했지요. 하지만 그와 같은 잘못에도 불구하고 나라의 틀을 만든 위대한 정치가였습니다.

그는 열렬한 독립운동가였죠. 이미 미국에서 독립운동을 할 때 일본이 미국을 침략할 것이라는 것을 예견했죠. 많은 미국사람들은 믿지 않았습니다. 그러나 막상 진주만 기습이 일어나자 그는 미국에서 일약 주목을 받는 정치인이 되었습니다.

또 그는 해방 후 3년 동안에 혼란했던 해방정국의 어려운 상황에서도 요지부동의 소신을 갖고 자유의 공동체를 세우겠다는 건국 구상을 했죠. 통일국가를 염원한 많은 사람들의 반대에도 불구하고 그 구상을 실천에 옮겼습니다. 만약 그가 소신대로 한반도의 남쪽 지역에서, 즉 자유로운 총선거가 가능한 지역에서 민주선거를 통해 대한민국을 세우지 않았던들, 오늘날 우리는 어떻게 되었을까요.

그 과정에서 미국과도 수없이 충돌했죠. 한국에 있는 미군정과 충돌하면 미국 본토에까지 가서 미국여론을 환기시키며 대한민국 건국의 필요성을 역설했습니다. 또 북한이 6·25 남침을 했을 때 그 풍전등화와 같은 국가적 위기 상황에서 미국과 UN의 도움을 이끌어내면서 나라를 지켜냈죠.

그 와중에서 미국과 갈등을 빚자 반공포로를 석방하는 결단을 내렸고 또 전쟁 후에는 한미상호방위조약을 맺어 대한민국의 국방을 튼튼히 했습니다. 그는 결코 단순한 '친미親美주의자'가 아니었고 국익을 위해 미국과의 다툼도 불사한 '용미用美주의자'였습니다.

또 그는 지주세력의 반대를 무릅쓰고 토지개혁을 단행해서 농민들에게 땅을 주었고 의무교육실시 등 과감한 교육투자를 해서 문맹을 획기적으로 없앰으로써 60년대 도약의 발판을 놓았죠.

물론 그에겐 공만 있는 것은 아닙니다. 잘못도 크죠. 가장 큰 잘못이라면 독재를 한 것이죠. 사사오입개헌 등 무리한 개헌을 하는 과정에서 야당을 탄압했고 나중에는 종신 대통령이 되려고 했지요. 이를 위해 부정선거도 했지요. 그 결과 4·19혁명이 일어났죠. 그 후 그는 하와이에서 외롭고 쓸쓸하게 숨을 거두었고 '잊혀진 정치인'이 되었지요.

그렇다면 그의 공과를 어떻게 평가해야 할까요. 그는 '공功:7, 과過:3'의 '국가인'입니다. 독재를 하고 야당을 탄압한 것이 결코 작은 허물은 아니지만, 독립운동을 하고 특히 건국을 이루어낸 것은 큰 공이죠.

김구는 어땠나요.

김구도 우리 대한민국이 자랑할 수 있는 위대한 영웅이고 정치가죠. 그는 일제 식민지 시절 상해 임시정부를 이끌면서 중국과 만방에 우리 한민족이 독립을 열망하는 민족임을 알렸습니다. 그는 상해 임시정부 수반으로서 항일운동을 주도함으로써 대한민국의 기초를 놓았던 정치인이죠.

이승만이 미국땅에서 독립운동을 하면서 한민족의 열화와 같은 독립의지를 만방에 알렸다면, 김구는 중국땅에서 한민족의 뜨거운 독립의지를 만방에 알렸던 것입니다.

그런 점에서 김구와 이승만은 프랑스가 전쟁에서 지자 영국 런던에 망명하여 "우리는 전투에서 진 것이지 전쟁에서 진 것은 아니다"라고 갈파하며 프랑스 망명 정부를 세우고 레지스탕스 운동을 벌인 드골과 비슷한 존재입니다.

특히 김구는 끊임없이 독립투사들을 보내 일제와 대결케 함으로써 우리 민족의 웅지를 보여주고 일제의 간담을 서늘케 한 독립운동가였죠.

그러나 김구는 해방 후에 이승만과 다른 노선을 취했습니다. 이승만이 "남쪽에서나마 자유민주국가를 설립해야 된다"라는 주장을 했다면, 김구는 좌우가 합작하는 통일국가를 염원했던 것이지요. 그래서 그는 노구를 이끌고 평양까지 가서 김일성을 만나보았던 것입니다.

그러나 소련의 지시하에 한반도 적화만 꿈꾸었던 김일성은 통일국가에 대한 김구의 원대한 비전을 이용할 생각만 했지요. 그 결과 통일국가에 대한 꿈은 무산되었습니다. 그 후 그는 불의의 흉탄에 맞아 위대한 애국자로서의 삶을 마감했지요.

하지만 그가 꿈꾸었던 통일국가는 우리의 가음 속에 소중한 꿈으로 남아 있는 것입니다. 그래서 지금도 그의 정신을 본받자는 숭배자들이 많지요. 백범기념관이야말로 그의 정신을 기리는 인상적인 상징물이 아닌가요.

김구는 1948년 제헌국회를 구성하는 5·10선거에 참여하지는 않았죠. 참으로 애석한 일입니다. 그의 불참은 건국세력의 분열을 상징했으니까요. 지금 생각해보면, 그 당시 자유의 공화국을 남쪽에서나마 세움으로써 우리가 이토록 발전할 수 있었던 것인데, 그 점을 내다보지 못한 것은 아쉬운 일이죠.

그런 의미에서 김구도 '공功:7, 과過:3'의 국가인입니다.

그렇다면 이승만과 김구의 관계는 어떻게 보아야 할까요. 혹시 트로이전쟁에서 활약한 아킬레우스와 헥토르의 관계로 볼 수는 없을까요. 입장은 달랐죠. 그러나 둘 다 어김없는 영웅이었습니다. 그리스의 영웅 아킬레우스가 있었기에 트로이의 영웅 헥토르가 빛났고 또 헥토르가 있었기 때문에 아킬레우스가 빛났던 것 아닌가요.

이승만과 김구 가운데 누가 아킬레우스고 헥토르인지는 굳이 말할 필요가 없지요. 하지만 둘 다 영웅이었던 것은 틀림없는 일이지요. 이승만과 김구를 생각할 때마다 역사가 영웅을 만들고 영웅이 역사를 만든다는 말이 정말로 실감이 나네요.

같은 영웅이었지만, 아마도 이승만은 현실주의자였고 김구는 이상주의자였는지 모릅니다. 그랬기에 좌우합작의 통일국가에 대한 염원은 김구가 가지고 있었던 꿈이었지만, 당시의 복잡한 내외정세 속에서는 이룰 수 없는 꿈과 같았습니다. 그러나 이룰 수 없는 꿈을 꾸는 것은 늘 위대한 정치가의 몫이 아닌가요. 또 그 꿈은 언젠가 실현되게 마련이지요.

그렇기 때문에 비록 대한민국 건국에 참여하지는 않았지만, 언젠가는 이루게 될 통일국가의 꿈을 꾼 김구는 위대한 정치인으로 자리매김하기에 부족함이 없습니다.

박정희는 어떤가요.

두말할 것 없이 박정희도 '국가인'이죠. 그는 한 마디로 "되는 일이 없다"고 했던 절망의 대한민국을 "불가능이란 없다"는 자신감의 대한민국으로 바꾼 정치인입니다. 그가 부르짖은 "우리도 할 수 있다"라는 화두는 어느덧 한국인의 정체성과 같은 것이 되었습니다. 또 "우리도 한번 잘살아보자"는 구호는 속물적 냄새가 나는 물질적 욕구의 표현이 아니라 독수리처럼 하늘을 향해 힘차게 비상하고 싶어하는 웅지의 표현이었죠.

그는 독립운동가는 아니었지만 일제식민지시대를 살면서 그 아픔과 고민을 고스란히 마음속에 감싸 안았지요. 다시 말해 식민시대를 별 생각 없이 일제가 시키는 대로 산 사람이 아닙니다. 민족의 역량을 어떻게 키울 수 있는지를 노심초사한 의지의 한국인이지요.

그러니 그가 일본군 하급 장교로 있었다고 하여 어떻게 그를 보고

'친일파'라고 하겠어요.

그는 대한민국에서 쿠데타를 통해 지도자가 되었지만, 권력에 취하지 않고 또 부패를 거부하며 자신의 비전과 꿈을 키울 수 있는 기회를 갖게 됩니다. 그 과정에서 수많은 반대에 부딪쳤죠. 그 가운데 하나가 한일수교 반대였습니다. 야당과 학생, 지식인 등의 반대야말로 이유있는 격렬한 반대였죠. 그런 반대를 설득하면서 한일수교를 이뤄냈지요.

또 그가 추진해서 성공시킨 수많은 산업화 프로젝트도 많은 비판을 무릅쓰고 이룩한 것입니다. 경부고속도로, 포항제철, 중화학 산업단지가 바로 그런 게 아닌가요. 외국으로부터 빚을 얻어 쓰면서 "부채망국론자"라는 비판까지 받았습니다. 그래도 그는 굴하지 않고 과감하게 돌파하여 번영의 대한민국을 만들었지요.

그는 진정성과 꿋꿋한 소신으로 국민들과 소통하며 국민들을 설득할 수 있었던 국가인입니다. 그가 쿠데타를 일으켜 권력을 차지한 것으로 만족하고 일신의 영달만 꾀했더라면 어떻게 되었을까요. 그는 이집트의 무바라크처럼 평범한 권력의지를 가진 정치인, 쿠데타를 통해 민주주의를 후퇴시킨 정치인 정도로 평가를 받았을 것입니다.

그러나 박정희는 권력을 위한 권력의지를 단호히 거부했지요. 그런 점에서 "비르투 빈체 포르투나 virtu vince fortuna", 즉 "덕이 운명을 이긴다"라고 말했던 마키아벨리의 예언을 적중시킨 정치인이죠. 자신의 소신과 비전을 굳게 믿고 운명처럼 다가온 수많은 장애물과 맞서며 대한민국의 번영을 일으켰던 정치인입니다. 당연히 그도 '국가인'으로 평가를 받아야지요.

물론 그에게도 결함이 있습니다. 민주주의를 정지시키고 또한 자유를 부르짖는 지식인들과 정치인들을 탄압했죠. 또 감옥에 보내기도 했습니다.

그러나 그의 잘잘못을 총체적으로 평가한다면 역시 '공功:7, 과過:3'이 아닌가요

■ 모든 영웅은 '공7: 과3'의 존재

영웅이라고 하더라도 흠결이 없는 영웅은 없습니다. 영웅이란 존재가 신도 아니고 또 고대 그리스사람들이 신화를 통해 즐겨 상정했던 반신반인半神半人의 존재가 아닌데, 어떻게 흠결이 없겠어요.

이것은 다른 나라의 경우에도 마찬가지에요. 고대 그리스의 테미스토클레스Themistocles의 이야기를 들어 볼까요.

테미스토클레스는 고대 아테네의 정치가이자, 장군이었죠. 아테네의 해군력을 그리스 제일로 성장시켜, 페르시아 전쟁의 승리를 이끌었던 영웅입니다. 아테네의 명문가에서 태어나 기원전 493년 '아르콘'이라고 불리는 정치인 최고위직에 뽑혔죠. 페르시아의 위협에 대비하여 피레우스 군항건설과 해군증강에 착수합니다. 정적政敵이며 육군을 증강시켜야 한다고 주장했던 밀티아데스가 죽자 세력을 강화하게

됩니다.

그는 라우레이온 은광산銀鑛山에서 나오는 수익을 군함건조에 충당하도록 민회를 설득하죠. 그리고 이에 반대하는 아리스테이데스를 도편추방하고, 200척의 3단노선三段櫓船을 보유하게 함으로써 아테네를 그리스 제일의 해군국으로 만들었습니다.

기원전 480년에는 '스토라테고스', 즉 장군으로서 아테네 함대를 지휘하고, 페르시아군이 육로로 아티카를 공격하자, 노인과 부녀자를 살라미스 등으로 피난시키고 나머지 전 아테네 시민을 군함에 태웠습니다.

살라미스에 집결한 그리스 연합함대는 페르시아 해군과의 결전에서 그의 작전으로 대승을 거두었죠. 이로써 그는 일약 영웅이 됩니다.

그 후, 스파르타와의 갈등이 불거지면서 아테네의 성벽을 재건하여 방비를 더욱 튼튼히 하죠. 하지만 그는 결국 기원전 472년 도편추방을 당하는 운명이 됩니다.

나라를 구한 영웅이 도편투표로 추방을 당하다니요. 기구하기 짝이 없죠.

배신감에 사로잡힌 그는 추방 중 페르시아 왕과 내통을 합니다. 그래서 아테네에서 사형선고를 받게 되죠. 그는 소아시아로 탈출했고 페르시아의 아르타크서르크세스 1세 밑에서 마그네시아 총독으로 재임하다가 자살합니다.

아테네의 영웅이 반역자가 되다니요.

그러니 그도 공功:7, 과過:3의 영웅이었습니다.

그런가 하면 로마의 스키피오 아프리카누스Scipio Africanus는 어떤가요.

로마의 집정관이자 명장名將인 푸블리우스 코르넬리우스 스키피오 아프리카누스Publius Cornelius Scipio Africanus의 약칭은 대大 스키피오죠. 제2차 포에니 전쟁에서 카르타고의 한니발을 상대로 활약했는데, 한니발의 군대를 아프리카의 자마 전투에서 격파함으로써 '아프리카누스'라는 칭호를 얻은 영웅이 된 것이죠.

기원전 216년, 군사 호민관으로서, 칸나이 전투에 참전했지만 한니발에게 패배하여 겨우 목숨만 부지합니다. 하지만 로마군 생존자들을 재편성하여 기회를 엿보려 했죠. 기원전 213년, '쿠룰레 아이딜리스curule aedilis'로 불리는 조영관의 자리에 오르게 됩니다. 당시 입후보할 수 있는 법정연령의 30세 미만의 나이여서 호민관이 입후보하는 것을 반대했죠. 그러나 스키피오의 인기가 너무 높아 이를 철회했다고 하는군요.

기원전 209년, 노바 카르타고를 공략하지요. 당시 스키피오는 자신이 바다의 신인 넵투누스Neptunus가 지원을 약속하였다며 군사들의 사기를 북돋았죠. 그리고는 썰물 때면 바다를 걸어서 건널 수 있다는 정보를 입수해 기습공격을 감행하는 전략적 조치를 통해 성공을 거둘 수 있었습니다.

기원전 208년, 바이쿨라에서 한니발의 아우 하스드루발 바르카가 이끄는 군대를 격파합니다. 그런데 스키피오는 하스드루발이 패전 후 이탈리아 방면으로 도망치자 이를 쫓지 않았는데, 이런 스키피오의 태도에 파비우스는 매우 화를 냈습니다.

집정관에 오른 스키피오는 원로원에게 자신의 임지를 북아프리카로 해달라고 했죠. 그러나 파비우스는 북아프리카 원정에 실패한 레굴루스의 예를 들며 스키피오의 북아프리카 파견에 반대합니다. 그리고는 대신 이탈리아에서 한니발을 상대로 싸울 것을 요구했죠.

그러나 파비우스의 말에 불복해 원로원을 설득하여 그는 북아프리카로 갑니다. 군대는 스스로 알아서 편성해야 한다는 조건이었죠. 하지만 당시 스키피오의 군사적 명성은 대단했기에 로마 시민과 동맹시가 각종 지원을 해주어 손쉽게 군대를 편성할 수 있었습니다.

기원전 204년 3만 8천의 군대를 거느리고 아프리카로 진군했고 그 후 카르타고·누미디아 연합군을 격파합니다.

그리고 기원전 202년, 자마 전투에서 빛나는 승리를 거두면서 카르타고로부터 항복 조약을 이끌어냅니다.

이 승리로 '아프리카누스'라는 칭호를 얻게 되지요.

그 후 그는 승승장구했죠. 기원전 199년, '켄소르censor'로 불리는 감찰관으로 선출되어 기원전 195년까지 업무를 수행합니다. 그리고 또 집정관이 되지요.

그러나 대★카토에게 탄핵을 당하는 운명이 됩니다.

기원전 190년 동생과 함께 군을 지휘, 소아시아에서 시리아의 안티오코스 3세와 대접전을 벌였으나, 귀국 후 보수파인 대★카토 일파의 반격을 받게 되지요. 대★카토가 그에게 포에니전쟁 중 500탤런트를 횡령한 혐의가 있다고 고발했기 때문에 그는 스스로를 방어해야 했죠. 다행히 한 원로원 의원의 반대 연설로 겨우 지위는 유지하게 되었습니다.

그러나 그는 조국을 위해 헌신한 영웅을 이처럼 취급하는 데 원한을 품고 은퇴합니다.

스키피오는 죽을 당시 자신을 로마영토 안에 있는 가족묘소에 묻지 말아달라고 이야기하며 다음과 같은 유언을 남깁니다.

"배은망덕한 조국이여, 그대는 내 뼈를 갖지 못하리라."

영웅치고는 너무나도 초라하고 쓸쓸한 죽음이었습니다. 향년 52세였습니다.

이렇게 해서 로마를 살린 아프리카의 영웅도 결국 '공(功):7, 과(過):3'의 영웅이 된 것입니다.

그러니 우리 대한민국의 영웅을 말하는 데 있어 공(功):7, 과(過):3을 말하는 것은 너무나도 자연스럽고 당연한 일 아닐까요.

만일 공만 있고 과오는 전혀없는 이른바 '공:10, 과:0'의 존재를 말할 수 있다면, 로마의 법체계를 세운 누마나 스파르타의 법을 만든 리코르고스, 혹은 이스라엘 민족을 이집트 땅에서 해방시켜 준 모세와 같은 위대한 입법자 정도일거에요.

그러니 대한민국의 영웅들에는 통용될 수 없습니다.

이승만, 김구, 박정희, 이 세 사람은 모두 잘못이 있고 흠결이 적지 않죠. 그럼에도 국가 공동체를 위해 경이로운 결단과 모험을 했죠. 또 그 결단들이 결실을 맺어 각각 국민들의 마음 속에 깊이 새겨지게 되었고 영웅으로서 '불결성不滅性, immortality'을 획득한 '국가인'이 되었습니다.

그들을 생각할 때마다 프로메테우스가 떠오릅니다. 프로메테우스란 이름은 그리스어로 '먼저 아는자' 또는 '선각자先覺者'라는 뜻이죠. 티탄족의 신神인 그는 진흙을 빚어 처음 인간을 만들었고 제우스를 속이고 불을 훔쳐내 인간에게 전해주었죠. 그는 이처럼 인간에게는 놀라운 일을 했으나, 불을 훔친 죄로 제우스의 벌을 받습니다. 코카서스산에 쇠사슬로 묶여 독수리에게 간을 파 먹히는 형벌을 받습니다. 간은 밤마다 자라나 아침이면 다시 쪼임을 당했죠.

이승만, 김구, 박정희 이 세 정치인도 자유의 공동체를 위해 큰일은 했으나, 흠결도 적지 않아 지금도 그들의 흠결을 들어 욕하는 사람들이 많죠. 이렇게 매일매일 간을 파 먹히는 프로메테우스와 같은 존재가 된 것입니다.

하지만 한번 생각해보세요. 그들이야말로 뮤지컬『라만차의 사내』

에 등장하는 주인공처럼, 주어진 자신의 소명을 운명처럼 받아들이며 당당하게 걸어갔던 위인들이 아닐까요.

> *이룰 수 없는 꿈을 꾸고*
> *사랑할 수 없는 사람을 사랑하며*
> *이길 수 없는 적과 맞서고*
> *견딜 수 없는 고통을 감내하며*
> *딸 수 없는 밤하늘의 별을 따기 위해*
> *혼신의 힘을 다했노라*

그래서 국민들은 그들을 잊지 못합니다.

어느 영웅인들 공과가 없겠습니까. 그 점에서 이승만, 김구, 박정희도 예외가 아닙니다. 그러나 그들을 좋아하든 싫어하든, 비전을 가지고 있었던 그들로 인해 우리의 공동체가 자유와 번영의 공동체가 된 것이지요.

보잘 것 없었던 작은 대한민국이 어느새 그들의 리더십을 통해 누구도 넘볼 수 없는 큰 대한민국으로 태어난 것입니다.

그렇다면 우리 한국사회에서 위대함을 꿈꾸는 사람이라면, 모름지기 난쟁이들의 어깨 위에 앉아 있는 거인과 같은 이 세 사람의 '국가인'을 벤치마킹해야 되지 않을까요.

■ 영웅을 기리는 조각상을 세우려면

나라라는 것은 현재만을 가지고 즐기며 살아가는 즉흥 무도회와 같은 '하루살이 공동체'가 아닙니다.

눈이 쌓여 눈썰매장이 되고 스키장이 되듯, 과거가 쌓여 현재를 이루는 연속성의 공동처가 나라이기 때문이죠. 그렇기에 과거에 흘린 피와 땀이 진하면 진할수록 현재가 풍요해지고 더 큰 결실을 누리는 법입니다.

할아버지·아버지 세대가 흘린 피와 땀이 실개천을 이루고 그들이 모여 도도한 강물이 되어 흘러가는 것, 바로 그것이 국가의 영혼이요, 민족의 혼이 되는 것이지요.

고대 로마인들도 항상 "로마는 하루아침에 이루어진 것은 아니다 Roma non uno die aedificata est"라고 되뇄죠. 우리 대한민국도 마찬가지입니다. 어떻게 대한민국이라는 '자유인의 공동체'가 하루아침에 이루어졌겠습니까.

현재를 살아가며 과거에 대해 엄숙하고도 감사하는 마음을 가져야 할 이유가 여기에 있습니다.

그 가운데서도 공동체를 위한 죽음은 특별히 기억해야 할 어떤 것입니다.

공동체를 위해 흘린 눈물과 땀도 소중하지만, 목숨은 그와는 비교할 수 없을 정도로 값진 것이기 때문이죠. 그렇기에 공동체를 위한 용기있는 죽음에 대해 흘러간 물처럼 잊고 삶의 새로움만 반기는 '송구영신送舊迎新'의 태도는 곤란합니다.

그보다는 아름다운 옛 죽음을 기억하며 그 위에 미래를 설계하는 '온고지신溫故知新'이 살아있는 자의 도리일 것입니다.

비교적 최근만 해도 나라를 위해, 이웃을 위해 목숨을 바치고 우리 곁을 떠나간 사람들이 있습니다.

천안함의 용사, 연평도의 용사, 한주호 준위, 이태석 신부 등이 그들이 아닐까요.

일찍이 미국의 시인 아치볼드 매클리시Archbald Macleish는 이렇게 읊조렸습니다.

> *우리는 모르네.*
> *우리의 삶과 죽음이 평화와 새로운 희망을 위한 것이었는지,*
> *아니면 헛된 것이었는지.*
> *우리의 죽음을 남기니, 부디 의미를 부여해 주오.*
> *우리는 젊었지만 죽었답니다. 우리를 기억해 주오.*

그렇습니다.

이들을 기억하고 이들의 죽음에 의미를 부여하는 것은 산 자의 몫입니다. 이들의 죽음으로 대한민국은 지킬만한 가치가 있는 공동체임이 더욱더 분명해졌고 한층 더 성스러워졌으며 더욱더 튼튼해졌고 또 더욱더 따뜻해졌습니다.

이들을 위한 동상을 세우는 것은 그래서 당연한 일이죠.

천안함과 연평도의 용사들, 한 준위와 이 신부야말로 영웅이 아닐까요.

그들은 우리와 똑같이 죽음 앞에서 전율했고 사랑하는 이들의 곁을 떠나는 것을 못내 한스러워했던 보통사람들입니다.

그럼에도 죽음을 결단했고 공동체와 이웃을 위해 떠나갔습니다.

그리고 보니 오귀스트 로댕August Rodin의 동상 '칼레의 시민'이 생각납니다.

'칼레의 시민'은 지금부터 650년 전 백년전쟁 당시 칼레를 위해 희생을 자원한 6인의 시민들을 기린 조각상입니다.

로댕은 이 동상을 만들면서 기존의 영웅과는 전혀 다른 모습을 새겨 넣었습니다.

그들의 얼굴은 환희가 아니라 고뇌로 가득 차 있죠. 공동체를 위한 죽음이라고 해서 자랑스럽게 미소를 머금고 죽어가는 환한 모습이 아니라 죽음의 공포와 영원한 이별 앞에 망연자실 떨고 있는 애잔한 모습이 고스란히 동상 안에 담겨 있었던 것입니다.

로댕은 또 이들의 모습을 새긴 동상을 높은데 두지 않고 일반 사람이 걸어 다니는 평지에 두었답니다.

우리에게 친숙한 여느 동상처럼 높은데 있어 많은 사람들이 우러러 보게 되어 있는 조각상과 비교하면 얼마나 큰 차이입니까.

광화문에 있는 세종대왕과 이순신 장군의 동상이 바로 그렇지 않습니까. 또 낙성대에 있는 강감찬 장군의 동상은 높이 세워져 있죠.

하기야 이들은 왕정시대의 영웅들이니, 사람들이 바라볼 수 있게끔 높은데 놓여 있는 것이 당연할지 모릅니다.

그러나 민주시대의 영웅은 이와 같을 수 없지요. 우리와 조금도 다를 게 없는 보통시민들로서, 낮은 데로 임할 수밖에 없는 초인들이 아닙니까.

우리가 2010년에 목격한 영웅들의 죽음이 바로 그런 죽음이었습니다. 천안함이든, 연평도든, 바닷속이든, 아프리카오지에서든, 그들은 죽기 전 특별히 이름을 날린 존재도 아니었고 묵묵히 자신의 직책에만 충실했던 '무명의 시민', '무명의 전사', '무명의 성직자'에 불과했죠.

사람들의 발길이 닿지 않은 심심 산골짜기에 피어있는 이름 모를 꽃과 같은 존재였던 것입니다.

그러나 그들은 숨을 거두자마자 공동체의 영웅으로 활짝 피어났고 아버지의 눈을 뜨게 하고자 목숨을 버렸다가 환생한 심청이처럼 연꽃 속에 부활했습니다. 바로 이것이 이들을 위한 동상을 만들어야 할 이유인 것이죠. 이들이 있기에 우리의 삶이 따뜻하고 든든하며 살아갈 만한 가치가 있는 삶은을 깨닫게 되었으니까요.

허나, 이들의 동상을 만들 때 유념해야 할 사항이 있습니다.

죽음을 맞이하면서 느꼈을 전율과 고통스러운 얼굴이 그대로 그려져야 하고 또 우리와 꼭 같은 크기의 모습으로 높은 데가 아닌 평지에 두어야 한다는 점입니다.

이것이야말로 영웅들을 기억하고 그들의 죽음에 의미를 부여하는 우리 시대의 독특한 방식이 아닐까요.

'야누스'의 얼굴을 가진 북한,
원칙있는 대처가 약!

I'm a free man

▪ 북한의 호전성엔 결연히 맞서야!

가끔 북한정권의 본질은 무엇인가 하고 생각이 들 때가 있습니다.

이념은 다르지만 그래도 피를 나눈 같은 민족인데, 잊을 만하면 무력도발을 하며 불량배처럼 동족을 핍박할 때마다 드는 생각이죠.

하기야 북한은 '불량 정권'으로 낙인찍혀 있습니다. 북한의 무력도발은 "나는 못사는데 왜 너희만 잘살고 있느냐"는 질투심이 너무나 커서 그런가요. 아니면 "핵도 없으면서 왜 내가 하라는 대로 하지 않느냐"며 심술을 부리는 것인가요.

아직도 기억이 생생합니다. 2010년 11월 23일 오후 북한은 작정한 듯 포탄을 퍼부어 순식간에 연평도를 전쟁터로 만들었던 것입니다. 민가가 불타올랐고 야산이 불바다가 됐죠. 국군이 전사했고 주민들 피해도 상당합니다. 전시도 아닌데 이 무슨 마른하늘에 날벼락이란 말입니까.

그러나 생각해보면 우리가 평화를 즐기고 있을 때 느닷없이 가슴에 총부리를 들이댄 것은 한두 번이 아니라 그들의 일관된 가학적 속성이었죠.

지금으로부터 60여년 전 남침을 해 대한민국을 초토화할 때도 모두가 잠든 일요일 새벽이었지요. 또 2002년 월드컵을 치르고 있을 무렵 갑자기 북방한계선을 넘어와 포탄을 발사해 해군 용사들을 죽음으로 내몰았습니다.

그런가 하면 2010년 3월에는 장병들이 잠옷까지 갈아입고 잠자던 시각에 어뢰를 터뜨려 천안함을 침몰시키고는 지금까지도 잡아떼고 있습니다.

그러던 것이 연평도에서는 휴전 후 처음으로 우리 영토 안에 직접적인 포격을 해대기까지 했습니다. 우리 여자축구팀이 북한팀과 더불어 살을 맞대고 경기를 한 며칠후에 말이죠.

등 뒤에 비수를 꽂는 행위가 아니고 무엇이란 말입니까.

문득 삼국지에 나오는 시 한 수가 떠오르는군요.

조조의 뒤를 이어 왕이 된 조비가 아우인 조식을 죽이려고 일곱 걸음을 걸을 동안 시를 지을 것을 명령했습니다. 이때 조식이 지은 시가 이른바 '자두연두기煮豆燃豆萁'입니다.

> 콩을 삶누나.
> 콩깍지로 불을 때니 콩이 솥 안에서 우는구나.
> 본래 같은 뿌리에서 나왔거늘,
> 어찌 이리도 급히 볶아댄단 말이냐.

우리야말로 솥 안에서 울고 있는 콩의 심정입니다. 왜 같은 민족인데 평화롭게 사는 대한민국을 끊임없이 핍박하는 것입니까. 쌀도 주고 비료도 주고 심지어 현금조차 주었는데, 무엇이 부족해 민간인들이 사는 땅에 포격까지 해대는 것입니까.

같은 뿌리에서 나온 민족의 정으로 주지 않은 것이 없기에, 너무나 한스럽죠.

왜 쌀을 주고 포탄을 받아야 하나요.

금강산 관광을 갔다가 억울하게 숨진 박왕자 씨의 죽음이 그렇고 연평해전 때 전사한 용사들이 그렇습니다. 천안함과 연평도의 전사자들을 생각하면 콩깍지로 콩을 태우는 상황이라는 생각이 드는군요.

이들의 죽음이 억울하고 안타까운 것은 결코 죽어서는 안 될 목숨인데, 동족의 호전성 앞에 스러져 갔기 때문입니다.

남북은 6·25전쟁 후 휴전협정을 맺어 서로간에 총을 쏘지 않기로 했지요.

완전한 평화는 아니어도 평화상태를 유지하기로 약속했던 것입니다. 허나 전쟁 상황이 아닌데도 이처럼 평화 시에 죽어야 하는 사람들이 계속해서 생긴다는 것은 부조리의 극치가 아닐 수 없지요.

북한정권은 잊을 만하면 어뢰도 쏘고 대포도 쏨으로써 끊임없이 한반도가 전쟁 중에 있음을 상기시키려는 것일까요.

자신의 주민들을 '선군정치'라 하여 총칼로 위협하며 종살이를 시키는 것도 부족해 자유와 번영을 누리고 있는 대한민국 국민들을 대포와 핵으로 위협해 불안에 떨게 할 작정인가요.

우리는 결코 그들의 의도대로 자유의 땅을 내줄 수 없습니다. 서해 5

도는 명백히 우리의 짱이지요. 자유인은 두려움의 볼모가 될 수 없으며, 더더욱 그들의 사악한 뜻에 무릎을 꿇을 수는 없는 일입니다.

북한의 위협 앞에 굴복해 비굴한 평화를 챙기려 할 때 종의 신세가 된다는 것을 알아야 합니다. 아버지 세대가 6·25때 그들의 위협 앞에 굴복하지 않고 자유의 땅을 지켜냈듯이, 우리도 북방한계선을 지켜내며 그들의 호전성에 맞서야 합니다.

평화는 구걸해서 얻어지는 것이 아니죠.

평화란 용사들과 더불어 쟁취하는 것일 뿐, 악의를 가진 상대방이 무서워 겁쟁이처럼 무릎을 꿇음으로써 이루어지는 것은 아니기 때문입니다.

도발이 집요할수록 도발에 대처하는 우리의 의지 또한 결연해야 할 이유죠.

우리는 자유의 땅과 자유의 바다를 지켜내겠다는 결의로 하나가 되어 수단 방법을 가리지 않고 무릎 꿇기를 강요하는 그들의 사악한 시도가 실패했음을 깨닫게 만들어야 합니다.

■ '나그네 · 햇볕' 그리고 '늑대 · 양'

김대중·노무현 정부시절 추구해 왔던 대북포용정책의 기조는 이른바 '햇볕철학'이었습니다.

햇볕철학은 이솝 우화에서 나오는 '해님과 바람'의 내기로 시작됩니다.

해와 바람이 누가 강한지를 가리기 위해 때마침 지나가던 나그네의 외투를 벗기는 시합을 벌이기로 한 것이죠. 이 우화의 교훈은 원하는 행동을 하도록 변화시키는 데는 차가운 '힘'으로 밀어붙이기보다는 따뜻한 '햇볕'이 더 효과적이라는 것입니다.

우리는 햇볕으로 나그네의 외투를 벗겼다는 이 우화를 실제의 세계인 양 믿고 한동안 전쟁과 긴장을 잊고 살았습니다.

그러다 보니 안보조차 '잊혀진 언어'가 된 것이죠. 이처럼 안보조차 잊고 산 데는 햇볕정책이 평화를 담보하는 유일한 대북정책인 것처럼 강변한 사람들의 잘못이 큽니다. 심지어 그들은 연평도 포격사건이 일어나자 햇볕정책이 시행되던 시기가 평화시기였다고 주장하기도 했죠. 조건없이 대북지원을 한 결과 평화가 정착됐다는 것이죠.

그러나 생각해보면 이것은 사실에 맞지 않은 잘못된 주장입니다. 제1차 · 제2차 연평해전이 일어난 것은 바로 그 햇볕정책 시기였기 때문이지요.

그러고 보니 에리히 레마르크Erich Maria Remarque의 소설 『서부전선 이상없다』가 생각납니다.

제1차 세계대전이 일어나자, 독일의 작은 도시에 있는 고등학교에 재학중이던 19세의 파울은 급우들과 함께 지원하여 군에 입대합니다. 10주간의 혹독한 훈련을 마치고 서부전선에 배치되죠. 격렬한 피아공방이 계속되던 어느 날 전투는 소강상태가 됐고 날씨도 쾌청했습니다. 파울은 전쟁 중이라는 것도 잊고 누군가 부는 하모니카 소리에 귀를 기울이며 눈으로는 나비를 쫓고 있었습니다.

나비가 평화처럼 생각된 것이죠. 참호에서 몸을 일으켜 나비에 손을 내미는 순간 저격병의 총탄이 파울의 머리를 관통합니다.

하지만 그날 전선은 조용했습니다. 독일의 전선사령부는 본국에 '서부전선 이상없다'는 전문을 보냅니다.

햇볕정책 시기 중 전사자들이 발생한 것이 분명한데도 평화상태인 것처럼 국민들에게 선전했다면, 말만 평화였던 셈이죠. 그러니 "서해바다 이상없다"고 강변한 것에 불과하다고 할 수 있죠.

햇볕만이 유일한 대안이라고 주장해왔던 사람들이 간과해왔던 것은 남북관계는 '나그네와 햇볕의 관계'가 아니라 '늑대와 양의 관계'라는 점이 아닐까요.

우리에게 친숙한 늑대와 양의 우화는 이렇습니다.

어느 날 늑대는 물가에서 어린양을 만나게 됩니다. 목이 말라 물을 마시러온 늑대는 역시 목이 말라 물을 마시러온 어린양을 물가에서 본 것이죠. 그 어린양을 잡아먹을 생각이 난 늑대는 트집을 잡는군요.

"너, 작년 초에 나를 만났을 때 욕을 하고 도망갔지." 더럭 겁이 난 양은 엉겁결에 대답했습니다. "아니에요. 저는 그때 태어나지도 않았어요. 저는 금년에 태어났거든요."

그러자 머쓱해진 늑대는 또다시 트집을 잡습니다.

"네가 물을 마시느라고 난리를 치니깐 물이 더러워지고 있어. 그러니까 나는 물을 마실 수 없잖아." 그러자 양이 울먹이며 대답합니다. "늑대님은 강물 위쪽에서 물을 마시고 있고 저는 아래쪽에서 물을 마시고 있는데, 제가 어떻게 물을 흐리게 할 수 있나요."

낭패를 본 늑대는 드디어 본심을 털어놓습니다. "말이 많구나. 나는 배가 고픈데 마침 네가 있으니 잡아먹어야겠다."

결국 이렇게 어린양은 그동안의 해명도 무용지물이 된 채 잡아 먹히고 말았습니다.

남북관계는 전형적인 늑대와 양의 관계였습니다. 북한은 늑대고 한국은 양이었던 것이죠.

북한을 자극한다고 하여 인권문제도 침묵하고 '납북자'나 '미송환된 국군포로'라는 용어도 쓰지 않으며 '주적' 개념도 뺐는데 북한은 더욱더 호전적이 되었습니다. 인권문제를 제기하지 않은 결과 북한 주민의 인권을 억압하는 것만으로도 부족해 우리 땅에 포탄을 쏘아 연평도 주민의 인권까지 무참히 침해하는 결과를 가져온 것입니다.

물론 북한은 때때로 '양의 탈'을 쓴 늑대였습니다.

우리가 쌀과 비료, 돈을 갖다 주면 '양의 탈'을 쓰기도 했으나, 늑대의 본성은 어쩌지 못해 금강산 관광객을 쏘아 죽이기도 했죠.

북한이 때때로 '양의 탈'을 쓴 늑대였다면, 한국은 '늑대의 탈'을 쓰지 못하고 항상 '양의 탈'만 쓴 순진한 양이었습니다.

햇볕정책을 유일한 대북정책으로 생각한 사람들의 잘못은 늑대가 '양의 탈'을 쓸 수 있다는 점을 조금도 경계하지 않았을 뿐 아니라 "양만은 절대로 '늑대의 탈'을 써서는 안 된다"고 고집한 것이죠.

북한이 핵실험을 하고 미사일을 쏘아도 우리는 당근만을 고집하고 채찍을 들어야 한다는 생각을 하지 못했습니다. 상호주의라도 하자는 주장이 나오면 "전쟁을 하자는 거냐"면서 윽박질렀죠. 그들은 '평화론자'라고 하면서도 정작 평화를 깨는 북한에 대해서는 평화를 외치지 못하고 온갖 수모를 겪으면서도 평화를 지키려는 대한민국에 대해서만 평화를 외쳤을 뿐입니다.

왜 양은 '늑대의 탈'을 써서는 안 되나요.

시도 때도 없이 위협하는 북의 도발에 대해 비굴한 평화를 외치는 것은 자유의 소중함을 생각하는 자유인의 태도가 아니죠.

필요하면 양도 '늑대의 탈'을 써야 합니다.

이런저런 핑계를 대면서 양을 괴롭히고 온갖 위협을 가하는 늑대의 만행에 대해 맞서려면 우리도 '양의 탈'이 아니라 결연히 '늑대의 탈'을 써야죠.

■ 북한을 잘못 알고 있는 사람들

북한은 이상한 나라임에 틀림없습니다.

'조선민주주의 인민공화국'이라고 하면서도 김일성 일가는 3대째 세습을 하고 있고 '우리식 사회주의'라면서도 군대를 앞세우는 '선군정치'를 하고 있습니다. 또 '주체의 나라'라고 하면서도 외부의 도움으로 하루하루를 연명해 나가고 있습니다.

이처럼 앨리스도 울고 갈 '이상한 나라'다 보니 북한을 이해하려고 할 때마다 어려움을 겪게 되고, 그런 문제를 해소하기 위해 갖가지 비유를 동원하게 됩니다.

하지만 문제가 있습니다.

비유적 접근을 하다 보면 자칫 북한체제의 사악한 실체를 놓칠 가능성이 크기 때문이죠.

예를 들면, 북한에 있는 만수대의사당은 우리 국회의사당에 해당되고 조선노동당은 한국의 집권여당과 같은 것이라고 설명하는 식이 그것입니다.

심지어 김정은의 3대 세습을 영국의 엘리자베스 가문에 태어나면 왕자가 되는 것과 같고, 미국 부시 가문의 부자父子가 대통령직을 맡았던 이치와 유사하다는 식의 강변도 나오는 판이지요.

그러나 생각해보면 이것은 맥락이 전혀 다른, 그야말로 생뚱맞은 비교입니다. 모르고 말했다면 순진한 발상이고, 알고도 말했다면 비열한 짓이 아닐 수 없지요. 알만한 사람들이 진실을 오도하고 다른 사람들을 잘못 믿게 만든다면, 소경이 소경을 인도하는 것과 무엇이 다를까요.

황당한 비유적 표현을 진정한 실체로 받아들일 때 종북주의자가 되는 것입니다. 종북주의자라고 해서 따로 있는 게 아니지요.

북한은 한마디로 전제정專制政의 나라죠. 그들의 만수대의사당이 우리의 국회의사당과 같을 수 없고, 그들의 3대 세습은 영국왕가의 세습과 같은 것이 아닌 이유입니다. 또 그들의 만수대의사당에서 인민의 행복이 나올 수 없고 그들의 3대 세습이 절대왕가의 세습과 닮은 꼴이 되는 이유죠.

흔히 북한을 두고 '불량 국가' 혹은 '실패한 국가'라고 말하기도 하지요. 허나, 본질은 어디까지나 전체주의 전제국가입니다. 1980년대 말 동유럽과 소련에서 공산주의가 망하면서 1인 절대지배, 일당독재, 관제 이데올로기, 혹독한 감시체제도 붕괴했고, 그 자리에는 억압의 흔적들로 얼룩진 전제정권의 지도 한 장을 달랑 남겨놓았을 뿐입니다.

그러나 북한은 다르죠. 전체주의의 망령과 같은 형태가 아직도 강력한 힘으로 존재하는 곳이 북한입니다.

인간은 신神 앞에서만 무릎을 꿇을 수 있지 같은 인간 앞에서는 무릎을 꿇어서는 안 된다는 것이 민주국가의 혹고한 규범이지요.

인간이 인간에게 무릎을 꿇고 절을 할 때 노예가 되는 거에요. 북한은 평등한 존재들끼리 삶을 영위하는 '공동체'가 아니라 노예들과 그 노예들을 감독하는 관리자들이 공존하는 '수용소'와 같은 곳이에요. '공동체'라고 할 때는 나가고 들어오는 것이 자유로운데, 수용소에서는 출입이 결코 자유로울 수 없지요. 그러니 목숨을 걸고 두만강을 건너 중국땅까지 피신한 탈북자들을 기어코 찾아내 다시 북한으로 데려와 처형을 하는 거에요. 이게 바로 전제정의 본산이지요.

전제정의 특징은 공적·사적 영역 할 것 없이 절대권력을 휘둘러 죽이고 싶으면 죽이고 감옥에 가두고 싶으면 가둘 수 있는 무소불위無所不爲의 지배욕에 있죠.

북한의 세습은 바로 이런 전제정의 본질적 특성에서 나온 것일 뿐, 미국에서 아버지와 아들이 유권자들의 뜻에 따라 각각 대통령이 되는 것과는 전혀 다릅니다.

호박에 줄 긋는다고 수박이 되는 것은 아니라고 했던가요.

김정은 후계체제를 공식화하기 위해 대거 외신기자들을 초청해 사상 처음으로 '은둔의 왕국'에서 생중계를 했다고 하여 민주사회에서 귀빈들의 축복 속에 열리는 대통령 취임식과 같은 의미의 정당성을 갖는 것은 아니죠.

북한이 자신을 표현하는 용어 가운데 가장 해괴한 것이 '공화국'이라는 단어입니다.

북한은 과연 공화국인가요. 공화국은 일찍이 로마의 키케로가 지적한 대로 '레즈 푸블리카res publica'입니다. 나라는 한 개인의 것이 아니라 공적인 것으로 국민 전체의 소유라는 의미죠. 지금 북한은 누가 뭐래도 김일성 일가의 것인데도 '공화국'이라고 하니, 이처럼 지독한 언어의 타락을 어디서 찾아볼 수 있을까요.

이해할 수 없는 것은 북한을 바라보는 우리 정치인들과 지식인들의 태도입니다.

일부 정치인들과 지식인들을 보노라면, 과연 우리공동체에서 지성과 상식이 살아 숨쉬고 있나 하는 의문이 들 정도죠. 북한의 3대 세습에 대해서도 문제가 없다는 식의 반응을 보이며 북한을 두둔하는 이상한 모습을 보이고 있지요. 『걸리버 여행기』에 나오는 '소인국小人國'같은 데서나 일어날만한 일을 보며 "정상"이라고 한다면, 지성의 지체현상이 아닐까요.

문제는 과잉 민족주의에 빠져 한국과 북한, 혹은 공화정과 전제정

사이에 같지도 않은 것을 같다고 말하는 데 있습니다.

통치자가 있는 것은 똑같지만, 제한된 임기와 권력의 대통령이 국정을 책임지는 것과 죽을 때까지 절대권력을 휘두르는 국방위원장이 군림하는 것은 다릅니다.

지금은 북한을 보면서 민주국가와 다른 것이 무엇인가를 물을 때지, 같은 것이 있다고 강변할 때가 아닙니다.

고故 황장엽 선생은 김정일이 파티 때 자신은 물을 마시면서 다른 사람들에게는 억지로 술을 마시게 했다고 술회한 적이 있지요.

바로 그런 것이 전제정의 맨얼굴이 아니겠습니까.

대한민국의 정치인들과 지식인들이라면 종북적 성향과는 분명한 선을 그어야 합니다. 북한주민들을 생각하는 것과 북한의 체제에 정당성을 부여하는 것은 전혀 다른 문제지요.

대한민국의 어엿한 자유인들이라면, 모름지기 문명사회의 원칙과 규범을 엄숙히 되새길지언정 야만을 문명이라고 두둔해서는 안 됩니다.

■ 돈으로 평화를 산다?

언제부터인가 북한에 대해 햇볕정책을 주장해온 사람들은 "돈으로 평화를 살 수 있다"는 말에 고무되어 왔습니다.

물론 16세기의 서구 사상가인 에라스무스는 "필요하다면, 돈으로 평화를 사라if necessary, buy peace!"고 말한 적이 있지요.

그러나 그의 말은 자유를 희생하며 평화를 지향한다거나 비굴한 태도로 평화를 구걸한다는 의미와는 전혀 다른 것입니다. 그는 자유를 사랑한 위대한 휴머니스트였기 때문이죠.

피와 땀을 흘려 자유와 번영을 이룩한 우리는 북한을 도울 여력이 있었기에 때로는 동족의 정으로, 때로는 휴머니즘으로 도와왔습니다. 쌀과 비료는 말할 것도 없고 막대한 양의 현금까지 준 것이죠.

그럼에도 대한민국을 겁주면서 끊임없이 더 달라고 했고, 더 주지 않으면 '불벼락'을 내릴 것이라는 협박도 서슴치 않았습니다.

이런 상황이라면 "돈으로 평화를 사라"는 에라스무스의 말을 아전인수식으로 우리 상황에 원용하기보다는 "평화를 원한다면 전쟁을 준비하라si vis pacem, para bellum"고 외친 고대로마의 베게티우스Flavius Vegetius Renatus의 말에 귀를 기울여야 합니다.

또 "전쟁을 도발해서도 안 되지만 전쟁을 두려워하지도 말라non times bella nec provocas"고 설파한 역시 고대로마의 소小플리니우스Gaius Plinius

Secundus의 충고도 경청해야지요.

남북간의 교역과 교류가 많아질수록 상호이해도가 높아져 자연스럽게 통일이나 평화에 이르게 된다는 햇볕론자들의 주장은 현실역사에서 검증된 적이 없는 전형적인 탁상논리에 불과합니다.

남북간 소통과 대화는 결코 나쁜 것이 아닙니다. 그러나 대화와 교류만으로 체제가 다른 상황에서, 더구나 호전적 성격을 체제의 본질로 삼고 있는 북한정권과 평화의 상태를 만들 수 있을지는 의문이 앞설 뿐입니다.

햇볕론자들은 한때 "평화를 위한 경제, 경제를 위한 평화"라는 신조어를 만들었습니다. 이른바 '평화경제론'입니다. 평화는 남북경제공동체 형성을 통해 성취될 수 있다는 내용이죠.

이런 주장은 과거 미트라니D. Mitrany와 같은 학자들이 '기능론적 접근'이라고 불렀던 것이에요. 기능론의 핵심은 '경제적 통합'이 '정치적 통합'을 가져온다는 것입니다. 물론 그러한 기능론의 결실이 없는 것은 아닙니다. 바로 유럽통합을 상징하는 유럽연합EU이 대표적 결실이지요.

그러나 EU의 특징은 체제와 이념이 민주주의와 시장경제를 지향하고 있는, 같은 성격의 국가들 사이에서 성취된 통합이라는 점에 있죠.

그에 비하면, 평화경제론은 입증된 적이 없는 탁상이론입니다.

체제가 다른 국가들끼리 경제적 통합을 통해 정치적 통합을 이룰 수 있다는 것이 평화경제론인데, 이것은 경험적으로 검증된 주장이 아닙니다.

우리는 '평화경제론'이라는, 검증되지 않은 햇볕론자들의 위험천만한 조어造語를 버리고 "민주주의국가끼리는 싸우지 않는다"는 역사적으로 검증된 명제를 선호할 필요가 있습니다.

이른바 '민주평화론'이죠.

그런 차원에서 본격적인 평화론은 '일방주의'보다는 '상호주의'에서 찾아야 합니다.

햇볕론자들이 강조해온 경제협력은 아무리 '호혜'라는 수사를 동원한다고 해도, 경제원조나 다름없습니다. 일방주의란 의미죠. 햇볕론자들의 경협이 '퍼주기'란 비판을 들어온 것도 최소한의 상호주의조차 결여되어 있기 때문입니다.

북한이 핵실험을 해도 금강산 관광을 가고, 혹은 서해교전을 해도 금강산 관광을 하면서 우리 스스로 대견한 듯 "산은 산이요 물은 물이로다" 하는 성철스님의 화두를 저급한 수준으로 세속화시키며 햇볕정책 10년 동안 평화를 누려왔다고 강변한다면, 우리 스스로 속고 있는 것이 아닐까요.

현실이 아닌 허상에 기초하고 있는 '평화경제론'은 실패할 수밖에 없습니다. 이것이 심각한 이유는 실패라도 '병가지상사'처럼 단순한 실패가 아니라 대한민국의 안위를 위험에 빠트리게 되는 치명적인 실패가 되기 때문이죠.

품위있는 평화를 위해선 전쟁도 결심할 수 있다는 굳건한 안보의지가 전제된 상호주의가 정착될 때 비로소 진정한 평화를 말할 수 있다는 생각입니다.

■ '재스민 꽃', 북한에도 피어날 수 있을까

2010년 말부터 시작된 민주화의 열기가 중동지역 전체를 감싸고 있습니다. 튀니지에서 촉발된 민주혁명은 알제리, 요르단, 예멘, 이집트, 수단, 팔레스타인, 이라크, 바레인, 이란, 리비아 등, '들불'처럼 중동지역 전체로 급속히 번져 나가고 있죠.

국민적 저항에 불과 수 주일도 못 버티는 약체정권들이 어떻게 지난 수십 년 동안 무소불위의 권력으로 군림해왔는지 불가사의한 일이 아닐 수 없습니다.

중동에서 불기 시작한 민주혁명의 바람은 튀니지에서 가장 흔한 꽃으로 일반사람들이 늘 접하며 집을 장식하는 꽃의 이름을 따라 "재스민 혁명Jasmine Revolution"이라 불리고 있습니다. 재스민은 보통의 평범한 사람들을 상징하는 꽃인데, 아닌 게 아니라 대학을 나온 한 가난한 노점상의 분신자살로 야기된 것이 재스민 혁명이죠.

물론 현재진행중인 혁명과정의 추이를 자신있게 예측할 수는 없습니다. 민주주의가 이 지역에서 연착륙할지의 여부조차 불투명한 것이죠. 그럼에도 '철옹성' 같던 독재정권들이 하루아침에 무너지는 '모래성'의 모습을 보이고 있는 게 신기하다면 신기한 일이 아닐까요.

이번 재스민 혁명의 성격을 이해하는 데는 최근에 일어나고 있는 몇몇 사태에 주목하는 것만으로는 충분치 않습니다. '나무'만 보아서 무엇 하나요. '숲'을 보아야 하지 않겠습니까. 몇몇 나라에서 민주화의 불길이 솟아올랐느냐 하는 점보다 역사에 대한 큰 흐름을 생각해 보는 것이 필요한 이유가 여기에 있습니다.

역사란 무엇인가요. 역사는 과연 어떤 힘으로 움직이는 것인가요.

역사를 살펴보면 끊임없는 갈등과 투쟁이 있습니다. 하다못해 헤라클레이토스조차 "전쟁이 모든 것의 아버지"라고 갈파했을 정도죠. 이처럼 국가와 국가, 혹은 한 지역 내에서도 쉴새없이 힘의 충돌이 일어나고 있는 현실이라면, 역사는 끝없는 힘의 각축장인 셈이지요.

그러나 역사를 그렇게만 볼 수는 없죠. 역사에는 '방향성'이 있다고 생각할 수 있지 않을까요. 역사에 방향성이 있다고 하는 것은 그리스도교의 오랜 전통이죠. 그리스도교적 역사관은 구원의 역사로서 종말終末에 이르러 구원이 완성됩니다. 바로 이것이 '종말론'이죠. 이런 주장을 세속화시킨 사람이 헤겔입니다. 그는 역사의 방향을 절대정신의 자기구현 과정이라고 보았죠.

마르크스주의자들은 헤겔의 통찰을 빌리면서도 역사의 방향성을 자본주의 쇠퇴와 공산주의 도래로 틀었습니다. 공산주의가 도래하면 역사는 완성된다는 것이 마르크스 역사관이죠. 이런 그들의 예측은 볼세비키혁명으로 힘을 얻었습니다. 하지만 1980년대 말 소련과 동구의 대변혁으로 말미암아 마르크스적 '역사의 종언론'은 종언을 고하게 됩니다.

그렇다면 자유주의자들이라고 해서 목적적 역사관을 말할 수 없을까요. 자유주의자들에게도 '역사의 종언론'은 있습니다.

특히 공산주의의 도래가 아닌 자유민주주의의 도래를 역사의 종언으로 꼽게 된 것은 최근 들어와 프랜시스 후크야마Francis Fukuyama의 통찰 덕분이죠. 역사진화의 종착역이 자유민주주의라는 그의 주장은 한동안 지성계를 풍미했습니다.

자유민주주의란 어떤 것인가요.

자유민주주의 사상의 기초는 홉스와 로크로 대변되는 사회계약론자들이 제공했죠. 홉스는 국가의 존재이유와 권력의 출발을 시민 개개인의 생명보존에서 찾았습니다. 여기에 로크는 자유와 재산 보호를 추가시켰죠. 이처럼 자유민주주의 국가의 존재이유를 왕권신수설과 같은 '신의 영역'에서 '인간의 영역'으로 낮추고, 인간의 다양한 기능 가운데 '이성'에 주목하게 된 것은 사회계약론자들입니다.

하지만 자유민주주의를 왜 이성의 문제로만 접근해야 하겠습니까.

이성이란 고대 그리스의 철학자인 플라톤에 의하면, 인간을 구성하는 세 가지 요소 중 하나에 불과하죠. 그는 그 밖에도 '패기'와 '욕망'을 꼽았습니다.

사실 홉스의 경우 자연상태의 인간이 자기보존을 위해 '리바이어던 Leviathan'을 만들고, 로크의 경우 자연법 집행권을 행사할 주체를 정부를 통해 찾으려고 하는 것도 이성의 시도일 터입니다.

그러나 후쿠야마는 플라톤과 헤겔을 재해석하면서 '이성'이 아닌 '패기'의 문제에서 자유민주주의의 특징을 풀어나갑니다. 인간은 다른 사람의 인정을 받고 싶어하는 존재가 아닐까요. 영어로 표현한다면, '노바디nobody'보다 '섬바디somebody'가 되고 싶어하죠. 바로 이것이 '인정'의 욕구라는 것입니다.

후쿠야마는 '인정'에 관한 인간의 욕망, 즉 '튀모스thymos'를 두 가지로 구분합니다.

하나는 남들보다 우월한 위치에 서고 싶다는 '우월욕망'인 '메갈로튀미아megalothymia'이고, 다른 하나는 최소한 남들과 동등한 입장에서 평가받고 싶어하는 '대등욕망'인 '이소튀미아isothymia'죠.

자유민주주의 체제야말로 이 인정의 욕망을 합리적으로 관리할 수 있다는 것이 그의 생각입니다. 이 욕망이 합리적으로 제어되지 못했던 때가 귀족들에 의해 전쟁이 끊이지 않았던 근대 이전의 사회죠. 또 전체주의 체제가 실패했던 이유도 이 자연스러운 인간의 욕망을 강제로 억눌렀기 때문입니다.

이에 반해 폭력성을 띠고 있는 이 인정욕망의 투쟁, 그 가운데서도 남보다 나은 평가를 받고자 하는 우월욕망을 다양하고도 평화적인 방식으로 통제하는 게 자유민주주의 사회죠. 이를테면 스포츠나 비즈니스, 혹은 직업정치의 영역을 통해 각자 인정욕구를 추구하며 명예로운 삶을 살고 있지 않은가요.

물론 후쿠야마의 인정욕구에 대한 개념이 민주주의의 매력을 설명하는 데 유일하고도 배타적인 개념으로 군림할 이유는 없습니다. 최근 이 주제와 관련, 일부 학자들은 민주사회에서 가능한 자기표현적 가치 self-expressive value에 주목합니다. 그것은 자신이 속해 있는 국가나 집단의 영향에서 벗어나 개인들이 자율성, 다양성을 바탕으로 자신의 가치와 선호를 추구하는 것을 일컫는 개념이죠. 권위주의 국가에서는 아무리 경제가 발달해도 금기사항과 억압의 요소가 존재하고 있기 때문에 인간의 자기표현적 가치는 좌절을 겪을 수밖에 없습니다.

그렇다면 이성의 요구, 인정받고 싶은 욕구 및 자기표현욕구 등이 어우러져 중동의 재스민 혁명을 합작해 내지 않았을까요.

"미국은 매 4년마다 새로운 지도자를 뽑는데 우리는 왜 그렇지 못한가를 묻게 됩니다"라고 절규한 이라크의 한 청년의 말이 유난히 심금을 울리는군요.

바로 이것이 대등욕구 겸 자기표현욕구이며 이성적 요구의 실체일 것입니다.

그러나 그렇다고 해서 민주화의 열풍은 항상 일직선으로 오는 것은 아닙니다. 과거를 보더라도 전진과 후퇴가 있는가 하면, 융성기와 쇠퇴기가 있었죠.

그런 의미에서 민주화는 사무엘 헌팅턴Samuel Huntington의 표현을 빌린다면, '세 가지 물결'의 형태로 나타납니다.

첫 번째는 미국독립과 프랑스대혁명을 거치며 서구식 공화정과 의회정치의 제도화를 진전시켰던 물결이죠.

두 번째는 1945년 제2차 세계대전에서 패전한 독일, 이탈리아, 일본 등 전체주의 국가들의 민주화와 제국주의의 몰락으로 인도를 비롯한 서구 식민지국가들이 민주국가로 독립하게 된 민주화의 제2물결입니다.

마지막으로 민주화의 제3의 물결은 1975년 스페인에서 시작해 포르투칼과 그리스로 이어진 권위주의 체제로부터의 혁명적 전환의 물결인데, 한국의 1987년 민주화도 그 물결을 탄 셈입니다.

중동의 재스민 혁명은 '제4의 물결'이 될 수 있을까요. 그렇지 않으면 적어도 동아시아 지역까지 넘실거릴 수 있을까요.

중국은 자신들 체제의 정체성과 관련, "우리는 중국식 민주주의로 간다"며 줄기차게 서구식 민주화와 차별화를 시도해왔죠. 물론 그렇다고 막무가내식은 아니며 논리적 엄정성도 있습니다. 자신들의 것은 '수직적 민주주의'라는 것이죠. 여기에 미국의 미래학자 존 나이스비트도 중국은 수직적 민주주의를 30여 년간 성공적으로 해온 나라라며 맞장구를 치기도 합니다.

그러나 '중국식 민주주의'에 만족하는 중극인들이 얼마나 될까요. 재스민은 중국어로는 '모리화茉莉花'죠. 중국을 보면 모리화에서 민주화의 상징을 찾는 사람들이 생기기 시작했습니다. 중국인이면 누구나 다 안다는 "모리화"라는 민요를 부르며 민주화의 열기를 불러일으키려고 하는 것입니다.

물론 우리의 관심은 북한 민주화에 대한 전망이죠. 과연 북한에 '역사의 종언'이 도래할까요. 이 '역사의 종언'은 후쿠야마가 말했다시피 자유민주주의의 도래를 뜻합니다. 지금 북한의 실정을 보면 '역사의 종언'은커녕 '역사의 시작'도 되지 못한 상태 아닐까요.

북한은 "우리식 민주주의"라고 말하기 전에 "우리식 사회주의"라고 강변합니다. 그러나 북한이 말하는 "우리식 사회주의"는 3대 세습이라고 하는 기괴스러운 전제정의 요소와 더불어 빈곤과 억압으로 점철되어 있습니다. 사회주의다운 사회주의조차 해보지 못한 북한에 대해 자유민주주의에 대한 열기를 말하는 것은 시기상조일는지 모릅니다.

그렇다고 해서 북한은 재스민 혁명의 무풍지대로 남을까요.

지금으로서는 그 전체주의적인 억압과 테러의 힘이 재스민의 향기는커녕 씨앗부터 질식시킬 기세죠.

'동토의 왕국'에서 재스민이 꽃피는 것은 '열사의 땅'에서 피는 것보다 더 어려울 수 있습니다. 그러나 역사라고 하는 것이 끝없는 작용과 반작용의 충돌이 아니라 일정한 방향성이 있다는 점에 주목해 보면, 북한도 '역사의 종언'을 향해 아주 완만하지만 한 두 걸음씩 다가간다고 생각할 수 있지 않을까요.

그와 같은 흐름을 추동하는 어떠한 힘들이 미세하나마 약동하는 조짐을 보이고 있는 것도 사실입니다. 초봄에 얼음장 밑으로 흐르는 물처럼 말이죠. 동토의 왕국이라고 해서 언제까지나 삭풍만 불라는 법은 없습니다. 훈풍, 즉 봄바람도 불 수 있지 않을까요.

동토의 나라, 북한-에서 봄바람이 불어 재스민 혁명이 일어난다면, 새벽에 들이닥치는 도둑처럼 갑작스러운 사태가 될 공산이 큽니다. 그런 점에서 우리가 북한의 민주화를 말할 수 있다면 경험적 사실이나 과학적 분석에 근거한 것은 아닙니다.

다만 자유와 민주가 헤겔의 절대정신처럼 역사의 마지막 순간에 군림한다는 '역사의 종언'을 믿기 때문이죠.

진보와 보수는 '당동벌이 黨同伐異' 아닌
'구동존이 求同存異'를 지향해야

I'm a free man

■ 진보와 보수, '독불장군' 아니다

다원주의 민주공동체를 살아 꿈틀거리게 만드는 정치·사회적 역동성의 본질은 무엇일까요.

개인이나 집단이 시시각각 공론의 장에서 쟁점으로 부상하고 있는 각종 정치·사회적 현안들에 대해 자기 자신의 입장과 견해를 자유롭게 밝히는 것이 아닐까요.

공동체의 모든 행위주체들이 동일한 세계관이나 가치관을 가지고 있는 것은 아니죠.

세계관이나 가치관들 중에는 오히려 다양하거나 심지어 모순관계를 이루는 경우가 많습니다. 그러니 이들 사이에 갈등과 경쟁이 벌어지는 것은 당연하지요.

바로 이런 정치·사회적 경합상황이야말로 길버트W. S. Gilbert가 『이올란테』를 썼을 때, 염두에 두고 있었던 내용으로 생각되는군요.

> *항상 생각건대*
> *이 얼마나 재미있는 일인가.*
> *자연은 고안해놓기를,*
> *이 세상에 태어난*
> *모든 소년소녀들,*
> *일부는 자유주의로*
> *아니면 보수주의로*

물론 길버트는 19세기 영국의 상황에 대해 언급하고 있었죠.

만일 20세기 한국이었더라면, 분명 그 명칭과 강조점들은 달랐을 것입니다. 해방 후 한국이었다면, 좌익과 우익의 갈등이라고 했겠죠. 또 21세기 한국이라면, 진보와 보수, 혹은 좌파와 우파의 대립상황이라고 규정했을 것입니다.

혹시 지금 치열하게 다투고 있는 새누리당과 민주통합당의 대립도 생각했을까요.

아마도 그러기는 어려웠을 것입니다. 여야로 나뉘어 대립각을 보이는 한국 정당들의 경우, 좌파진보와 우파보수처럼 확연히 구분되는 두 개의 독립적인 이념과 가치관을 갖고 대립하고 있는지는 의문이 들기 때문이지요.

그럼에도 다원주의 공동체에서 좌파진보와 우파보수라는 두 성향이 기본적인 것이며, 많은 정치·사회적 쟁점이 비교적 이 두 가지로 간추려질 수 있다고 한 길버트의 생각은 한국적 상황에 비추어볼 때 크게 틀렸다고는 할 수 없을 것입니다.

이처럼 정치적 이념과 가치관 및 세계관이 단 하나의 범주로 환원될 수 없다는 사실은 대우 중요합니다.

고대 그리스 사람들은 '인간은 이성적 존재'이며 '정치적인 동물'이라고 생각했죠. 또 이 사실을 근거로 해서 민주정치를 운영해 왔습니다.

이런 전통에 유의해볼 때, 이성적 존재들의 상호작용이라고 할 수 있는 정치의 본질은 다양한 공론의 주제를 중심으로 이루어지는 '토론'과 '설득'에 있습니다.

'토론'과 '설득'에 의한 정치가 가능하려면, 전제군주처럼 자신의 권력의지에 의해 홀로 전횡하기보다는 더불어 토론하고 설득할 대상이 있어야 하겠지요.

바로 이것이 좌파와 우파, 진보와 보수가 각기 "잘났다"며 '독불장군'처럼 홀로 있기보다는 집을 떠받치는 두 개의 기둥처럼 선의의 경쟁 상대로 있어야 할 이유입니다.

■ 강남좌파!

한국사회에서 우파보수와 좌파진보를 이해할 때 고정관념과 같은 것이 있습니다.

보수주의자들은 '변화'를 싫어하고 진보주의자들은 '변화'를 좋아한다는 것이지요. 보수는 '보존'을 좋아하지만, 진보는 '보존'을 싫어한다는 것도 같은 말이죠.

이런 생각이 맞다면, 진보와 보수는 '생물학적 토대'를 갖는다고 말할 수 있을 것입니다. 젊은이들은 변화를 바라고 진취적 태도를 보이지만, 나이가 들어가면서 점점 보수적이 되고 변화를 싫어하기 때문이지요. 이처럼 생물학적 관점에서 보면 개개인은 진보와 보수의 성향을 나이에 따라 다 같이 갖는 존재라고 할 수 있지 않겠습니까.

그렇다면 개인의 차원과는 구분되는 집단의 행위라 할 수 있는 정치나 정당의 경우는 어떨까요.

정치나 정당이라면 '생물학적 토대'보다는 '가치체계'에 토대를 갖고 있어 그 함의하는 내용이 다르지요.

그렇다면 '가진 사람'들이 우파보수적 성향을 노정하는 데 비해 '가지지 못한 사람'들은 좌파적이거나 사회주의 성향을 보인다고 말할 수 있을까요.

두말할 나위없이 이런 유형의 등식은 마르크스주의자들이 주장해 왔지요. 자본주의사회는 암암리에 이루어지는 부르주아지와 프롤레타리아간의 계급투쟁의 장場에 불과하다는 것이 그들의 생각이었습니다.

허나, 진보와 보수의 문제가 단지 빈부 갈등이나 계급 갈등만을 반영한다는 주장에는 든 약점이 있는 것 같군요.

많은 가난한 노동자들이 예측과는 달리 보수성향을 가지고 있지 않나요. 반면 중산층이나 부유층 가운데 적지 않은 사람들이 평등이라는 기치 아래 좌파진보를 표방하고 있는 것도 현실이지요.

최근 우리 사회에서 유행하고 있는 말 가운데 '강남좌파'라는 말이 있습니다. 혹은 "오렌지 좌파"라는 말도 같은 의미가 아닌가요.

'강남좌파'는 우파보수진영에서 운동권출신 486세대40대, 80년대 학번, 60년대생 좌파진보인사들을 꼬집어 쓰던 용어죠. 정치적 이념적으론 좌파지만, 행동은 "강남주민스럽다"는 일견 부정적인 뉘앙스를 풍기는 말이었지요.

출신 성분으로는 좌파와는 어울리지 않는 사람들이 좌파가 되었을 때, 즉 생활은 부유하지만 생각은 좌파적인 사람들을 일컬어 비아냥의 의미로 쓰고 있었죠.

사실 한국사회에서 부유한 좌파진보주의자는 서로 섞일 수 없는 일종의 부조화의 정체성을 갖는 고유명사처럼 여겨졌죠. 하지만 이제 '강남좌파'라는 말은 어느덧 보통명사화되었다는 생각이 듭니다.

강남좌파는 서울이라는 특정지역에 한정된 부류가 아니라는 것은 우리 사회곳곳에서 쉽게 볼 수 있는 친숙한 현상이 되었기 때문이지요. 최근에는 언론에서도 크게 관심을 갖고 분석하거나 보도하고 있지요.

결국 한국사회에서 '강남좌파'는 어느 정도의 부를 가지고도 좌파적 사고를 하는 사람들을 일컫는 말로 자리잡게 되었음을 알 수 있죠. 그렇다면 "좌파진보=없는 사람", "우파보수=있는 사람"이라는 등식이 더 이상 성립할 수 없음을 보여주고 있다고 해야 할 것입니다.

하지만 '강남좌파'에겐 만만치 않은 도전이 있다고 할 수 있죠. 그것은 좌우 양쪽에서 오는 질문과 의구심에 대답하는 문제지요. 아마도 골수성향의 좌파진영으로부터 직면하는 물음은 이런 것이 아닐까요. "너희들은 진보라고 하는데, 아무리 복지를 주장하고 분배를 강조해도 출신성분은 어디까지나 부르주아 아니냐. 그러니 어떻게 기층민중의 고통을 알겠느냐. 바로 그게 너희들의 한계다." 이런 질문에 어떻게 대답할 것인가요. "출신성분은 부르주아지만, 그 계급에 반하는 생각과 말을 일관되게 할 수 있다"라고 할 것인가요.

또 보수로부터는 이런 질문을 받게 되겠죠. "분배를 외치면서 좋은 곳에 살고 고급차를 타고… 그것은 나 자신의 부는 말고 남의 부만 분배하자는 것 아니냐" 또 "겉과 속, 혹은 공과 사가 다른 걸 어떻게 해명할 수 있냐" 여기에 대해 "이념적 가치와 실존적 삶은 다른 것이다"라고 할 건가요.

'강남좌파'로 정체성을 표방하는 사람들은 기대의 대상 못지않게 의구심의 대상도 되고 있음을 알아야 합니다.

'강남좌파'가 한국사회에서 성공하기를 진심으로 빕니다. 그러나 성공하려면 계급적 이익이니 반反계급적 이익이니 하는 계급적 담론과 프레임에 갇혀서는 안 돼요. 그보다는 양심적 지성을 일관되게 표방하는 것을 말과 행동으로 보여주는 좌파여야 합니다. 그래야 상식과 순리에 입각한 보편성을 가질 수 있지 않겠어요.

보수와 무조건 다르다는 것만 외치지 말고 다른 것은 다르더라도 같은 것은 무엇인가 하는 고민을 할 수 있을 때, 비로소 강남좌파의 위선성에 관한 논란도 잦아들 수 있을 것입니다.

■ 진보와 보수, '연날리기' 시합을 할 수는 없을까

우리 사회에서 '좋은 삶', '좋은 정부', '좋은 정책'의 문제를 가지고 다투는 두 개의 대표적 이념세력이 있다면, 진보와 보수입니다.

특히 진보와 보수는 80년대 민주화 이후 우리 사회가 보다 자유화되고 보다 민주화된 형태로 나아가면서, 그 본격적인 모양새를 갖추게 되었습니다.

한동안 좌파진보는 억압을 받고 박해를 받는 소수 변방 세력이었죠.

그러나 87년의 민주화를 기점으로 해서 소수파의 서러움을 떨쳐 버리고 대한민국 국정을 책임지는 세력이 될 정도로 크게 성장해 우파보수와 쌍벽을 이루게 됐습니다. 김대중정부와 노무현정부는 명실공히 좌파진보세력이 국정을 담당했던 시기가 아닌가요.

우리 사회는 이제 진보와 보수가 번갈아가면서 정권도 잡았다가 내놓는 등, 정권교체도 경험하게 되었고, 의회의 다수당과 소수당도 교대로 바뀌게 되었습니다.

진보와 보수는 누가 뭐라고 해도 우리나라를 움직이는 두 개의 대들보와 같은 존재가 된 것이죠.

그런데 문제가 있습니다.

진보와 보수는 상호간에 선의를 갖고 선린善隣의 경쟁을 하는 관계라기보다는 상대방에 대해 백안시하며, 때로는 적대하는 관계죠. 진보와 보수 간에 이와 같은 적대적인 관계는 대한민국의 지속가능한 미래를 위해 반드시 종식되어야 합니다.

한동안 진보와 보수 사이에 공존과 공생의 필요성을 설명하기 위해 '하늘을 나는 새'의 비유가 자주 사용되었습니다. 새가 좌우의 날개로 나는 것처럼, 대한민국이라는 새도 날기 위해서는 좌파와 우파 모두 다 필요하다는 것이죠.

실제로 "새가 좌우의 날개로 난다"는 비유적 표현은 진보와 보수의 공생관계를 설명하는 데 매우 적절하다고 보여집니다.

다만 대한민국의 미래를 내다볼 때 좌우의 날개로 나는 새보다는 조금 더 큰 비전을 가져야 하지 않나 하는 생각이 드는군요.

새는 단순히 날아감으로써 자기실현을 하는 것이 아닙니다. 새는 높게도 날 수 있는가 하면, 낮게도 날 수 있죠. 하지만 창공을 향해 높게 솟구칠 때, 비로소 그 위용을 자랑할 수 있는 것입니다.

만일 새가 낮게 난다면, 지상에서 네 발로 느릿느릿 걸어다니는 동물들과 무엇이 다르겠습니까.

새는 좌우로만 나는 것이 아니라 높게 날아야 한다는 점을 특별히 강조하고 싶군요.

대한민국의 진보와 보수라면 같이 경쟁도 하고, 정권도 교체하며, 상호간 정책에 대해 다투기도 해야 하지만, 궁극적으로는 높게 날아야 합니다.

진보와 보수가 다투더라도 그 다툼에는 품격이 있어야 하고, 또 다툴만한 정책을 가지고 경쟁해야 하는 이유가 여기에 있죠.

진보와 보수가 진흙탕에서 다툰다면, 그 다툼은 "너도 죽고 나도 죽자"는 식의 비열한 다툼이 될 수밖에 없습니다.

우리 사회에서 진보와 보수의 문제는 소통을 잘못해 극렬한 모습을 보이며 싸운다는 것도 문제지만, 높이 날지 못하고 낮은데서 진흙탕 싸움을 벌이고 있다는 것은 더 큰 문제입니다.

대한민국이 한 단계 높게 발전하기 위해서는 진보와 보수가 지금보다 한 수준 높게 날아야 합니다.

마치 보수와 진보가 '연날리기 시합'을 하듯이 말입니다. 연날리기 시합은 "누가 누가 연을 하늘높이 날게 하느냐"에 따라 그 승자가 결정되는 것이 아니겠습니까.

그런데 요즈음은 진보와 보수가 '연날리기 시합'을 하는 것이 아니라 '팽이돌리기 싸움'을 하는 것 같군요. 서로 팽이를 부딪쳐서 "누구의 팽이가 먼저 쓰러지느냐" 하는 싸움인 것이죠.

좌우가 이처럼 낮은 땅바닥에서 드잡이를 하는 한, 정책대결을 하든, 대권경쟁을 하든 역지사지의 원리를 공유할 수도, 신사답게 운동 경기를 하는 선수의 모습을 보일 수도 없습니다.

그런 점에서 진보와 보수는 서로 간에 상생의 관계를 맺겠다는 점을 넘어, 보다 높은 곳을 향하여 경쟁적으로 날아가는 다툼을 하겠다는 결의를 해야 하지 않을까요.

■ 진보의 '이상', 보수의 '현실'

개혁과 보존이 진보와 보수의 차이가 아니라면, 무엇이 차이점일까요.

보수와 진보가 '보존과 개혁'의 어젠다를 더불어 갖고 있다는 점에서 공통점이 있다고 해도, '보존'과 '개혁'에 임하는 준거와 기준이 다르다는 점이죠.

한국 보수의 특징과 철학은 비교적 명확합니다.

현실에 문제가 있다고 생각해도 정의나 평등구현이라는 막연한 미래의 설계도에 따라 사회를 개조하려고 시도하는 '대규모의 사회공학적 방식'을 경계해왔기 때문이죠. 그러나 그렇다고 해서 어떤 대가를 지불하더라도 기득권 때문에 개혁을 일체 거부하는 경직된 '현상 고집자'와는 다릅니다.

건국 이후 국정주도세력이 된 몇몇 유력한 보수주의자들이 지금까지도 많은 국민들로부터 지지를 받고 시대정신을 구현했다고 평가를 받는 것은 변화를 거부한 '교조적인 보수'가 아니라 '개혁적 보수'였기 때문이죠.

건국을 한 이승만과 산업화를 이룬 박정희야말로 이에 대한 대표적 사례죠. 그들은 명실공히 좌파공산주의를 거부한 우파보수였습니다.

하지만 동시에 "위대한 개혁의 법칙에 따르지 않으면 안된다"라고 생각한 '유연한 보수'였죠. 또 "무언가의 개혁의 수단을 갖지 않은 국가는 자기보존의 수단을 갖지 못한다"고 소리높이 외쳤던 '개혁적 보수'였습니다.

다만 개혁문제에서 우파보수가 시현한 철학이 있다면, 개혁의 기준이 현재에서 멀리 떨어져 있는 '완벽한 사회'나 '한 점의 불의도 발붙이지 못하는 사회' 혹은 '모든이가 평등하게 사는 사회'와 같은 '미래'의 막연한 추상적 개념이 아니라 '현실'의 처지와 조건이라는 실사구시적이며 실존적 상황에서 출발한다는 점입니다.

이에 비해 좌파진보의 경우는 어떤가요.

그들이 지향하는 목표나 세계관이 미래형이어서 현상타파와 급진적 개혁을 외친다는 점에 특징이 있죠.

현실타파를 갈구하는 집념이 매우 두드러지기 때문에 '영원한 혁명'을 외치는 혁명주의자와 마찬가지로 '영원한 현실타파주의자'와 같다는 느낌을 떨칠 수 없죠. 그러나 그들의 개혁에는 우파보수가 선호하는 개혁과는 다른 특징이 있습니다. '이상'에 초점을 맞추는 나머지 '현실'을 등한시한다는 점이죠.

한때 노무현정부에서 볼 수 있었던 것처럼, 한국의 집권좌파가 과도할 정도로 '과거' 청산에 강하게 매달리고 있었던 것도 따지고 보면 '완벽한 공동체'라는 이상에 강한 지향을 두고 있기 때문이었습니다. '과거'가 잘못되었기 때문에 '미래'를 올바로 지향할 수 없다는 논리가 기저에 깔려있었던 셈이죠. '미래'를 올바로 설계 내지 건설하려면 '과거'부터 바로 세워야 한다는 철학에 집착했던 것입니다.

요즈음은 다른가요. 다르지 않다는 생각이 드는군요.

복지를 외쳐도 좌파진보는 '복지이상理想 국가'를 만들자는 식이죠. "요람에서 무덤까지" 혹은 "수태에서 무덤까지"로 상징되는 복지국가를 염두에 두고 있다는 말입니다. 그러다 보니 '무상급식', '무상의료' 등 무상시리즈가 가능하다고 주장하죠. 그래서 화끈하고 그 말을 듣는 사람들의 눈도 번쩍 뜨이지요.

이에 비하면, 보수의 복지는 밋밋합니다. 또 밋밋할 수밖에 없어요. 보수는 복지를 외치면서도 "그 재원이 어디서 나오냐" 또 "모든 복지가 세금으로 하는 것인데, 공짜 복지가 어떻게 있을 수 있냐" 하면서 시시콜콜 문제를 제기하기 때문이지요. 일종의 '김빼기'식으로 느껴지기도 하죠.

복지에 대해 이처럼 보수가 김빼기식 접근을 하는 것은 현실의 문제를 생각하지 않으면 서구 복지국가와 남미 포퓰리즘의 실패의 전철을 답습하게 된다고 생각하기 때문입니다. 당연히 '복지 이상理想 국가'를 만들기란 불가능하기 때문에 차근차근 '복지 현실現實 국가'를 만들어야 한다는 것이죠.

이처럼 우파보수가 지향하는 정치나 개혁은 '현실 중시형 프로젝트'입니다. 이에 비해 좌파진보가 추구하는 정치나 개혁은 '이상 중시형 프로젝트'의 일종이라고 할 수 있을 거에요.

■ 보수, 무엇이 문제인가

보혁갈등이 극심한 한국의 현실에서 이 열악한 갈등 상황을 바꾸려면, 진보와 보수는 각기 치열한 자기성찰이 요구됩니다. 왜 이렇게 상호간에 열악한 관계를 맺게 되었는지 각자의 입장을 거울에 비추어 볼 필요가 있다는 말이죠.

한국의 보수에게 필요한 자기성찰거리는 무엇일까요. 그것은 무엇보다 항상 새로워지려고 노력했는가 하는 점입니다.

자연에 신비스러움이 있다면, 자연 현상은 반복을 그 본질로 하면서도 항상 새로움을 준다는 점이 아닐까요. 아침마다 뜨는 해는 같은 해이면서도 지겹지 않고 항상 새롭습니다.

저녁에 지는 노을도 항상 같지만 노을을 볼 때마다 감동을 주는 이유가 무엇일까요.

계절도 마찬가지지요. 춘하추동은 영원한 순환이지만, 우리가 맞이하는 봄은 언제나 서롭습니다. 벚꽃은 매년 봄에 피지만, 그때마다 사람들의 마음을 두근거리게 만드는 것은 항상 새로운 벚꽃이기 때문이 아닌가요.

보수도 자연의 이런 모습을 닮아야 하지 않을까요.

백년해로를 약속하며 살던 부부가 황혼이혼을 하는 것도 같은 얼굴을 자주 보면서도 변화하지 않은 모습을 보아야 하는 식상함에서 비롯된 것입니다. 황혼이혼을 막으려면 부부가 항상 새로워져야 합니다. 마찬가지로 보수도 '보존'을 기본으로 하지만, 항상 새로움을 유지해야 합니다.

그렇다면 그 새로움을 유지하는 방식을 고민해야 하지 않겠습니까.

변화에 적응하면 살아남고, 번영하더라도 변화에 적응하지 못하면 도태될 수 있다는 점을 알아야 합니다. 보다 새로운 눈으로 세상을 바라보고 좌파진보의 존재가치를 인정해야 하는 이유가 여기에 있지요.

이런 점에서 보수가 직면한 가장 큰 도전과 숙제는, 이른바 '억압자'의 이미지를 벗는 일입니다.

이명박정부 들어와 진보진영에서는 표현의 자유가 위축되고 있다고 문제를 제기하기도 하고 정부의 법치강조를 권위주의로 비판하며 "민주주의가 후퇴했다"고 하는 식의 주장을 계속 내어놓고 있지요.

물론 이런 주장이 전부 타당한 것은 아니죠. 하지만, 이런 주장이 나오는 배경은 과거 '억압자'로서 쌓아온 보수의 이미지와 무관하지 않습니다.

그 이미지가 완전히 지워지지 않았다는 반증이 되기 때문이죠.

보수는 진보에 대해 보수를 닮거나 보수처럼 되라고 말해서는 안 됩니다.

그것은 항상 '포용부족'으로 읽히고 또 '억압'으로 판독되기 때문입니다. 진보는 보수가 될 수 없을뿐더러 또한 그렇게 말해도 안 됩니다. 진보가 그동안 보수를 '억압자'로 치부해 온 이유는 보수처럼 생각하고 행동하라고 요구했기 때문이죠.

대한민국의 역사는 전체적으로 보면 가난과 절망을 풍요와 희망으로 대치한 경이적 성공시대로서 건국에 이어 호국, 60-70년대의 산업화를 기초로 해서 87년의 민주화가 마무리되었다는 것이 보수의 인식입니다. 보수에게는 바로 이것이 한국의 정치공동체에 대한 '정론正論'이고 자신의 정체성으로 삼고 있는 부분입니다.

'정론'이란 공동체의 기본질서의 정당성을 인정하는 것으로서 이를 규정한 최고규범이라고 할 수 있는 헌법 정신과 가치를 사랑하고 가꾸며 지키겠다는 공동체의식이 아니겠습니까.

그럼에도 '정론'을 중시하는 보수가 경청해야 할 대목이 있다면, 바로 『자유론』에서 사상과 표현의 자유를 옹호하는 밀J. S. Mill의 통찰이죠.

그의 사상에서 가장 흥미로운 부분은 기존의 사상과 믿음들 가운데 진리로 생각되는 점은 물론이고, 허위로 평가되는 의견들까지 허용해야 한다는 주장입니다. 밀은 진리가 아무리 확실하다고 해도 이에 도전할 수 있는 허위에 의해 훨씬 더 빛날 수 있다고 강조하죠.

여기서 '악마의 대변자advocatus diaboli, devil's advocate'라는 개념이 인상적입니다.

'악마의 대변자'는 가톨릭에서 성덕이 출중한 사람이 죽은 다음 성인품에 올리고자 할 때 취하는 절차 가운데 하나죠. '악마의 대변자'역을 맡은 심사자는 고위성직자로서 성인聖人으로 추앙받을 사람의 행위 가운데 확실하다고 판단되어 온 성덕에 관한 사항에 대하여도 공연히 흠집을 내고 문제를 삼으려고 합니다. 이른바 '생트집'이죠. '생트집'이기 때문에 '악마의 대변자'의 문제제기는 대부분 근거가 없는 것입니다.

그럼에도 문제제기의 과정을 겪은 다음 성인의 성덕은 더욱 찬란하게 빛난다고 할 수 있습니다.

보수는 국가의 정당성에 관한 한 '정론'개념을 선호해왔습니다. 나라의 근본이 무엇인가에 관한 유별난 관심은 공동체에 '원칙있는 통합의 원리'를 상기시키고 자유민주국가의 정당성보존과 제고에 중요한 역할을 해왔다는 점에서 소중한 자산이기도 하지요.

그러나 지나친 정론주장은 그 진정성만큼이나 흠결을 산출할 수 있다는 점을 명심해야 합니다. 실제로 보수가 그와는 다른 의견을 가진 좌파진보주의자들로부터 '억압자'로 투영된 이유가 어디에 있었는지 반성해 볼 일이 아닐까요.

이미 오래 전에 노자는 갈파했죠. "굳고 강한 것은 죽음의 세계에 속하는 것이고 부드럽고 약한 것은 삶의 세계에 속하는 것"이라고요.

모든 생물은 살아 있을 때는 부드럽지만 죽으면 굳어지게 마련 아닙니까.

보수도 마찬가지입니다. 부드러우면 살고 굳으면 죽습니다. 그리고 보면 자신의 입장과 다르다고 해서 이단으로 단죄하려 했다면 '죽어있는 보수'인 셈이지요.

보수가 새롭게 태어나려면 '죽어있는 보수'에서 '살아있는 보수'로 달라져야 합니다.

그러기 위해서는 보다 부드러워져야 하고 보다 열려 있어야 합니다. 또 통이 커야 합니다. 요즈음 시장에선 '통 큰 치킨', '통 큰 두부', '통 큰 피자' 등, '통 큰' 시리즈가 한창이죠. 그렇다면 왜 보수라고 해서 '통 큰 보수'가 될 수 없을까요.

이 부드러움과 열림 및 통 큰 것을 가지고 약동해야지요. 유연성과 개방성 및 포용성을 향한 변신을 거부한다면 매력적인 보수는 되기 어렵지요.

■ 진보, 무엇이 문제인가

한국공동체가 이만큼 품위를 가진 공동체가 된 데는 진보의 공적이 큽니다.

진보의 대표적 공적이라면 80년대 민주화에 대한 기여를 빼놓을 수 없지요. 한국의 민주주의가 되돌릴 수 없는 '불가역성不可逆性'의 성격을 띠게 된 것도 그들의 기여와 희생덕분이라고 할 수 있죠. 보수가 하지 못했던 역할과 몫을 충분히 수행했던 것이죠.

그러면서도 진보에 대한 아쉬움이 있다면, 국가정체성 문제제기와 관련된 것입니다.

국가건설의 주역으로 나섰던 보수에게 문제를 제기할 수 있고 또 문제제기가 나름대로 정당성도 없는 것은 아니죠. 하지만, 비판의 예의를 갖추어 보수의 도덕성과 공적도 아울러 인정하는 기반 위에서 문제제기를 했더라면, 보다 많은 사람들이 귀를 기울였을 것이라는 생각이 드는군요.

특히 노무현정부가 출범했을 때 "보수의 잘못을 파볼 때까지 파보자!" 하는 식의 징벌적 의미를 갖는 과거사규명에 나서기보다 "오죽하면 보수가 그랬겠냐!" 하는 식으로 보수를 포용하는 화해와 용서의 과거사청산을 했더라면 하는 아쉬움이 적지 않습니다.

80년대 이후 좌파진보운동이 활성화되면서 진보는 청산되지 않은 친일잔재와 단독정부 수립 등, 미완결의 '국가적 어젠다'가 남아있다는 생각을 하기 시작했죠.

보수세대의 건국과 호국, 산업화에 관한 기여는 물론, 그 인식과 평가까지 문제삼고 있었던 것이죠. 대한민국 정통성과 국가정체성에 대하여 집요하게 문제제기를 한 그들이야말로 반공주의나 권위주의는 물론, 한미동맹에 대해서까지도 '포괄적'이며 '조직적'으로 도전한 세력이라고 평가할 수 있을 것입니다.

진보는 산업불모지에서 맨손으로 '한강의 기적'을 일구어내는 데 주도적 역할을 했다는 자부심을 가지고 있는 부모세대에 대해 냉소적이었죠.

안보의 보장자로서 미국과의 동맹관계에 대해서도 불신을 표시했습니다. 한반도 적화를 포기하지 않아 지속될 수밖에 없었던 북한과의 적대적 관계에서 불가피했던 반공주의도 혐오했습니다. 뿐만 아니라 군부권위주의 정치나 권위주의 질서에 대한 보수의 묵인이나 침묵을 비겁한 것으로 단정했죠.

이처럼 진보는 한국이 그동안 이룩해 놓은 근대화의 가치가 사실은 친일·반공·반북·친미, 왜곡된 산업화를 교묘하게 결합해 놓은 것에 불과하다고 주장하고, 그 가치를 평가절하했던 것입니다.

또 권력을 잡은 후에는 공동체의 통합과 화해보다 기존의 친미·반북 보수주의 패러다임의 변혁을 요구하는 대안세력으로 자처하였습니다. 민족주의와 민주주의를 내세우면서요. 친미주의, 보수주의로 특징지어지는 기존의 질서 체제를 반미·통일민족주의로 대체하겠다는 것이 그들의 목표였죠.

여기서 특기할 만한 것이 있습니다. 한국의 진보에는 뿌리 깊은 '한恨'과 같은 것이 있다는 점이죠.

이런 경향은 노무현 전대통령과 더불어 권력을 공유했던 당시 386운동권의 언행에서 잘 드러나는데, 단순하지만 아주 강력하고 사납기 짝이 없는 '회한과 격분의 감정'과 같은 것입니다. 이러한 회한과 격분의 감정이야말로 프리드리히 니체의 표현을 빌린다면 '르쌍티망ressentiment'으로 규정할 수 있을 거에요.

한국진보의 경우, 그 '르쌍티망'은 건국 이후부터 민주화 이전까지 박해와 박탈, 추방, 억압의 대상으로 낙인찍혀 정치와 사회의 '메인스트림'과 '이스테빌리시먼트'에서 소외된 채 정치와 사회의 주변부를 배회하면서 소외를 곱씹고 학대를 받고 있었기 때문에 억울하다는 감정에서 비롯된 것입니다.

물론 이러한 좌파진보의 한에는 근거가 있으며, 특히 반공권위주의 아래서 박해를 받고 희생자가 되었다는 대목은 집권했던 보수들이 깊이 반성하고 경청해야 할 대목이죠.

하지만 진보가 명실공히 국가의 권력을 잡은 상황에서조차 스스로를 피해자와 약자로 자처하고 보수에 대해 회한의 언어를 쏟아낸 것은 공동체 통합을 위해 힘을 쏟아야 할 통치세력의 책무를 등한시 한 것이 아닐까요.

보수가 주역이 된 건국이나 호국 및 60~70년대 산업화에 대해 문제제기를 할 수는 있어도 비판에는 상대방에 대한 예의와 배려가 있어야 한다고 생각합니다.

보수비판을 하더라도 인정할 것은 인정하고 공과(功過)를 비교하면서 균형감각을 가지고 했다면 설득력을 가지지 않았을까요.

하지만 건국과 호국 및 산업화의 노력을 일방적으로 매도하고 폄훼했기 때문에 진보의 공동체의식은 보수에게 의구심의 대상이 된 것입니다. 건국이나 호국, 6070 산업화세대를 단순히 기회주의적 속성의 친일파나 친미파 정도로 낙인찍은 것은 사실왜곡이라고 할 정도로 모욕적이었죠.

아무리 분단국가라고 해도 대한민국을 세운 아버지세대는 현대판 노예국가라고 할 수 있는 북한에 비해 자유와 자율을 비교적 풍요롭게 향유할 수 있는 공동체의 기초를 다지고 일구어 내는 데 큰 공적이 있습니다. 건국과 호국 및 6070산업화를 통해 북한과의 치열한 체제경쟁에서 우위를 점했을 뿐 아니라 북녘 땅에 도움을 줄 수 있는 수준까지 이르게 했기 때문이지요.

특히 북한을 그토록 도와주고자 하던 좌파진보의 입장에서는 북한을 도울 수 있을 만큼 경제력을 키운 보수에 대해 고마워해야 할 일이 아닌가요.

또 아버지세대가 목표로 한 '부강富强한 국가'를 통한 자유의 증대는 권위주의가 있었다고 해도 통치자 개인숭배만이 존재하는 공산전제정과 극명한 대비를 이룬다는 점에서 자랑스러운 성취로 보아야 합니다.

그럼에도 진보가 집권했을 때 보수의 존재가치를 인정하고 그 노고를 평가하기보다 건국독재와 개발독재 등, '부끄러운 역사'를 파헤치고 고발하는 데만 정력을 쏟은 것은 보수와 화해할 수 있었던 기회를 놓쳤다는 점에서 매우 아쉽군요.

진보는 한국의 민주주의를 살린 것이 자신들의 공적이라고 자부해왔습니다. 그러나 80년대 민주화의 중요성만 강조하고 건국이나 호국, 60~70년대 산업화의 의미를 폄훼하는 한, 그 공적을 인정받기가 쉽지 않을 것입니다. 80년대 민주화라는 것은 '외톨이' 현상이 아니라 건국과 호국, 산업화의 '열매'로 보아야 하지 않을까요.

건국과 호국, 6070 산업화세대가 비록 권위주의와 억압 등, 불완전한 부분이 있기는 하지만, 북한과 비교할 수 없을 정도로 자유로운 나라, 보편적 인권과 문명사적 기준에 부합하는 나라를 만들고 지키기 위해 노력했고 산업화를 통해 87민주화의 기틀을 마련하고 자유와 번영의 공동체를 이루는데 발판을 가련했음을 인정할 수 있을까요.

■ 진보와 보수, '구동존이'를 길잡이삼아야

'좋은 삶'이나 '좋은 정부' 및 '좋은 정책'의 의미를 서로 다르게 이해하는 진보와 보수가 존재한다는 것은 오늘날 한국사회의 현실이지요.

"한국에서 좋은 정부가 무엇인가", "한국에서 좋은 정책이 무엇인가"라는 질문에 한 점의 의혹이 없을 정도로 자신 있게 답변할 수 있는 보수나 진보는 없습니다.

한마디로 이런 질문은 논쟁적이죠. 설사 '좋은 정부'나 '좋은 정책'에 대한 질문에 소신을 갖고 답변할 수 있다고 해도, 진보와 보수 가운데 누구도 자신과 상이한 입장을 갖고 있는 상대방에게 그의 기본적 입장이 잘못되었다고 수긍하게 만들 만큼 '설득력'을 발휘할 수는 없지요.

이처럼 진보와 보수가 치열하게 경쟁하며 다투고 있는 상황에서 정치나 정부, 정책에 대한 기대가 너무나 달라 어느 쪽이 더 우월한지 결론을 내릴 수 없는 경우, 가능한 해법은 무엇일까요.

이 경우 아군과 적군으로 나누어 상대방을 파멸시키려 하지 말고 평화가 유지되도록 하는 방안이 필요하지 않을까요. 이런 '상생의 관계'를 사자성어로 표현한다면, '구동존이'의 관계라고 할 수 있을 것입니다.

'구동존이求同存異'란 같은 것은 추구하되, 다른 점이 있다면 차이를 남겨둔다는 것이죠.

그런 점에서 '화이부동和而不同'과 같은 뜻입니다.

그런데 한국사회에서 보혁관계는 그와는 달리 '당동벌이黨同伐異' 관계입니다. 즉 패거리를 지어 상대방을 아예 없애려고 시도하는 것이죠.

물론 이념적 입장이 서로 다른 진보와 보수가 뜻이 같은 '동지同志'로 지낼 수는 없을 것입니다. 뜻이 다른데 어떻게 '관포지교管鮑之交'처럼 '통 큰 우정'을 과시할 수 있겠어요. 그럼에도 최소한 운동경기장에서 더불어 얼굴을 보며 상대해야 할 선수와 같은 존재라는 인식조차 갖지 않았다는 것은 정말로 아쉬운 일이지요.

상대방의 파멸을 보기 위해 자신의 삶의 의지와 권력의지를 불사르는 악의적 행위에 전념했다는 의미가 되니까요.

왜 이렇게 되었을까요.

진보와 보수는 '정책의 문제'를 가지고 경쟁한 것이 아니라 '나라의 문제', 즉 '국가정체성constitution의 문제'를 가지고 충돌했기 때문이죠.

한국사회에서 진행된 보혁갈등을 보면 일반적으로 서구사회에서나

볼 수 있는 일상적인 정책적 갈등과는 질적으로 달랐습니다. 우리가 살고 있는 정치공동체가 도덕적 정당성이나 절차적 정당성을 가지고 있느냐 하는 문제를 가지고 격렬하게 다투었기 때문이죠.

대한민국이 정당성을 가지고 있다고 생각하고 그 자유민주국가의 정체성을 지켜야 한다고 주장하는 정치·사회세력과 대한민국이 처음부터 부정의했다며 정치적 정당성과 도덕적 정당성을 문제삼는 정치·사회세력들 사이에 불거진 갈등의 성격이 짙었다는 의미입니다.

일반적으로 서구적 맥락에서 이해하는 보혁갈등은 정책에 대한 갈등이 아닌가요.

'큰 정부'와 '작은 정부', '최소국가'와 '복지국가', '시장'과 '규제', '성장'과 '분배' 등의 정책에 관한 사안들에서 서로 차이를 표출하며 다투는 것이 전형적인 보혁갈등의 양상이라고 할 수 있죠.

그렇기 때문에 보수정권이 들어서면 작은 정부를 표방하고 시장경제를 활성화하며 복지국가를 축소시키는 어젠다를 추구하게 마련입니다. 반대로 사회주의정권이 집권하면 복지국가를 확대하고 성장보다 분배에 초점을 맞추는 식이죠.

그러나 한국사회의 보혁갈등은 그런 유형의 것과는 질적으로 달랐습니다. 대한민국이라는 국가공동체를 어떻게 보는가에서 비롯된 문제였기 때문이죠. 국가의 근본문제를 대상으로 한 쟁점들이었다는 것입니다.

대한민국의 삶의 궤적을 긍정적으로 보는가, 아니면 부정적으로 보는가. 혹은 대한민국의 건국을 긍지와 보람찬 성취의 시작으로 보는가, 그렇지 않으면 '태어나서는 안될 나라'나 '친일파의 나라'로 보는가 하는 식이었죠.

결국 이런 쟁점들은 한결같이 국가의 정책이 왼쪽으로 가느냐 혹은 오른쪽으로 가느냐의 문제가 아니라 국가공동체의 정치·사회 질서를 '좋은 질서', 즉 고대 그리스 사람들이 '에우노미아eunomia'로 불렀던 현상으로 보는가, 아니면 '나쁜 질서', 즉 '디스노미아disnomia'로 보는가에 관한 문제였다는 뜻입니다.

당연히 보혁 간의 정권교체도 이런 식으로 개념이 형성되었죠. 보수와 진보 공히 "정부를 바꾼다"거나 "정책을 바꾼다"라는 입장이 아니라 "나라를 바꾼다"거나 "나라의 근본을 바꾼다"라는 쪽으로 어젠다가 만들어진 것입니다. 보혁갈등이 이른바 '내전內戰'을 상기시킬 정도로 격화된 것도 바르 이 때문이죠.

영어로 내전은 'rebellion'입니다. 어원적으로 보면 라틴어의 're+bellum'에서 비롯된 것으로 "다시 전쟁을 한다"는 뜻입니다. 독립전쟁과 같은 국가수립을 위한 전쟁도 끝났는데, 왜 다시 전쟁을 할까요. 그것은 국가의 정당성에 대한 합의가 없기 때문이에요.

우리는 이런 성격을 가지고 벌어지는 내전적 갈등의 모습을 미국의 남북전쟁이나 쿡아일랜드의 신·구교갈등에서 익히 목격해왔지요. 혹은 만델라 대통령 이전의 남아공화국의 흑백갈등도 그런 범주에 속합니다.

이들 사회에서 일어난 갈등의 특징은 나라를 "새로운 비전과 철학으로 다시 세우자"를 목표로 삼은 갈등이었지, 세워진 나라 안에서 "특정한 정책을 추구하자"는 문제를 중심으로 벌어진 갈등이 아니었다는 점입니다.

그러나 우리 사회에서는 진보와 보수의 비전에 따라 새로운 정책을 고안하고 과거의 정책을 바꾸자는 것이 아니라 '제2의 건국'처럼 나라를 통째로 바꾸자는 식으로 접근하다보니, "새는 좌우의 날개로 난다"는 비유가 무색하리만큼 그 적합성을 상실하게 된 것입니다.

새가 날려면 좌우의 '날개'뿐 아니라 '머리'도 있어야죠.

새는 머리로 날아갈 방향을 잡기 때문입니다. 좌우의 날개가 좌파와 우파의 정책이라면, 새의 머리는 나라의 근본, 즉 정체성과 같다고 할 수 있습니다.

그럼에도 진보와 보수는 단순히 정책을 자신의 비전대로 추구하겠다는 주장을 넘어 새의 머리처럼 "나라의 근본을 통째로 바꾸겠다"거나 "바뀐 나라의 근본을 원상 복구하겠다"라는 식으로 주장을 하고 논쟁도 벌임으로써 상대방의 비판을 경청하고 자신의 결점을 보완한다든지 혹은 다투고 나서 화해한다는 것은 생각조차 할 수 없었던 것입니다.

우리 사회의 진보와 보수가 구동존이의 공존관계를 가지려면 '나라를 바꾸는 것'이 아니라 '정부를 바꾸는 것'이라고 선언할 정도로 경쟁의 대상과 논쟁의 목표를 바꿔야 합니다.

또 진보와 보수가 서로 상대방의 존재가치를 인정하고 존중하고자 한다면, '정책'을 가지고 고민해야지 '국가정체성'을 가지고 고민해서는 안 됩니다.

원래 나라의 근본에 관한 문제는 해방 후 대한민국 정부를 수립하고자 했을 때 좌익과 우익이 격렬하게 다퉜던 쟁점이었습니다. 그러나 천신만고 끝에 자유선거에 의해 자유와 인권, 민주주의, 시장경제를 표방한 대한민국정부가 수립되고 유엔에 의한 승인까지 받음으로써 거의 완벽하게 해결되었던 문제죠.

이처럼 진보와 보수 사이에 '나라의 근본을 바꾸는 것'이 아니라 '정책을 바꾸는 것' 혹은 '국가를 바꾸는 것'이 아니라 '정책을 수행할 정부를 바꾸는 것'이라는 식으로 공감대가 형성된다면, 보혁갈등의 비열한 측면이나 과격한 양상은 상당 부분 정제될 수 있을 것입니다.

우파의 입장에서는 "좌파가 권력을 잡아도 나라는 망하지 않는다"는 판단을 할 수 있게 되고 좌파의 입장에서는 "우파가 권력을 잡아도 좌파척결과 같은 억압의 정치는 하지 않는다"는 생각을 할 수 있지 않을까요.

'나라의 근본'에 관한 문제가 아니라 '정책'과 '정부' 문제를 가지고 경쟁할 때 비로소 상호간에 파멸을 원하는 '당동벌이'의 상극관계를 극복하고 공존과 상생의 '구동존이'의 관계가 가능할 것이라는 생각이 드는군요.

'복지논쟁'이 놓치고 있는 것!

I'm a free man

정치인이 '산타클로스'가 될 수 있을까

우리에게 친숙한 전래동화를 보면 '공짜 복지'라는 것이 있었죠.

가난했던 흥부가 제비 다리를 고쳐주자 제비는 보은하는 마음으로 박 씨를 물어다 주었고 마법의 박 씨를 심은 흥부는 마침내 가난을 떨쳐버리고 부자가 되었던 것입니다.

또 가난했지만 정직했던 나무꾼의 이야기도 있지요.

산에 나무를 하러 가서 자신의 나무 도끼를 연못에 빠뜨리고 하염없이 울자 산신령이 나타나 까닭을 묻죠. 그 후 산신령이 금도끼와 은도끼를 들고 나타나 그의 소유임을 묻자 나무꾼은 아니라고 답변했습니다. 나무꾼의 정직함에 감동을 받은 산신령은 그 모든 도끼를 주었고 이로써 가난한 나무꾼은 일약 부자가 되었답니다.

이런 복지야말로 '무상복지'가 아닐 수 없지요.

제비가 물어다 준 박 씨나 산신령이 준 금도끼·은도끼는 글자 그대로 공짜로서 하늘에서 굴러 내려온 복이 아닐까요. 지상의 사람들이 수고롭게 씨를 뿌리고 김을 매면서 일구어낸 복은 아니죠.

그렇다면 인간의 삶 속에서도 그런 복지가 있는 것인가요. 유감스럽게도 그런 복지는 동화의 세계에서나 존재할 뿐, 실제생활에는 존재하지 않습니다.

우리가 살아오면서 터득한 확실한 삶의 진실이 하나 있다면 무엇일까요.

그것은 나누어 줄 그 무엇이 있어야 나누어 줄 수 있고 베풀어 줄 그 무엇이 있어야 베풀 수 있다는 것이죠. 삶이 고단한 사람에게 쌀을 주고 싶어도 정작 쌀이 없으면 줄 수가 없지 않겠습니까.

오늘날 복지를 말하고 있는 한국의 정치인들을 보면 무슨 요술쟁이인 것 같다는 생각이 듭니다. 급식도 공짜로 하고, 보육도 공짜로 하며, 의료도 공짜로 하겠다고 한다면, 삶에 찌든 우리 모두에게 눈이 번쩍 뜨이는 말이 아닐 수 없군요.

그렇다면 공짜라는 게 정말로 있는 것일까요.

사실대로 말하자면, '공짜처럼 보이는 것'은 있을지 몰라도 '공짜'는 없습니다.

나무로 둘러쌓인 산에 올라 맑은 공기를 마시며 심호흡을 하다보면 맑은 공기가 공짜인 것 같지만, 산에서 내려와 차가 붐비는 도심을 지나다보면 맑은 공기가 '희소재'라는 것을 깨닫게 되지 않나요.

또 물이 공짜인 것처럼 생각하지만, 생수를 사먹을 때면 물이 공짜가 아니라는 걸 쉽게 깨닫게 되지요.

그런데 정치인들단은 '공짜의 세계'가 있는 것처럼 대대적으로 선전하니 딱한 일이 아닐 수 없군요.

그리스 신화에 나오는 '미다스의 손'을 가진 것처럼 자신이 만지기만 하면 모든 것이 공짜가 되는 줄로 생각하니 말이지요.

허나 자신이 만지는 모든 것이 황금이 되기를 원했던 미다스 왕도 결국에는 사랑하는 공주가 황금으로 변하면서 비로소 그 탐욕의 실체를 깨닫게 됩니다. 이윽고 파크톨로스 강에 가서 손을 씻으며 회개를 하게 되지요.

한국 정치인들의 탐욕은 무엇일까요.

복지를 내세우는 것은 이해할 수 있겠는데, 세금을 올리지도 않고 복지를 할 수 있다고 선전한다면, 참으로 놀라운 일이지요. 과거 이스라엘 민족이 사막에서 경험하던 '만나의 기적'을 다시 행하겠다는 말과 다를 바 없으니까요.

이것은 사막에서 신기루를 보는 것처럼 착각에 불과할 뿐입니다.

이런 착각을 경제학자들은 '재정적 환상fiscal illusion'이라고 부르지요. 재정적 환상이란 공공정책에서 나타나는 혜택에 비해 부수되는 비용을 평가절하하는 경향을 뜻합니다. 그럼에도 선거 때만 되면 이 재정적 환상으로 인해 정치인들은 온갖 종류의 달콤한 선심성 공약을 내놓죠. 승객도 없는 공항을 지은 것이 어디 한두 번입니까.

무상급식, 무상의료가 나왔으니, 다음에는 무상아파트, 무상대학교육이 나올 참인가요.

무상복지가 단발성이나 이벤트성이 아니라 '지속 가능성sustainability'을 가지려면 '재정 건전성'이 담보되어야 합니다. 밑 빠진 독에 계속해서 물을 붓는다고 해서 독을 채울 수는 없는 일이니까요.

재정에 관한 이야기를 진솔하게 하지 않고, 무상복지의 달콤함만 말하는 정치인은 '요술쟁이'라기보다는 '거짓말쟁이'라고 불러야 하지 않을까요.

또 부자와 기업이 돈을 많이 내면 무상복지가 가능하다는 주장을 한다면, '허풍쟁이'의 주장에 불과하지요. 부자와 기업이 황금알을 낳는 거위가 아닌 다음에야 어떻게 무상복지에 드는 엄청난 돈을 감당할 수 있나요.

결국 우리 모두가 세금을 더 많이 낼 용의가 있다고 합의할 때, 비로소 복지가 확대될 수 있는 거에요.

정치인으로서 진정으로 국리민복國利民福의 정치를 하겠다면 좀 더 사려가 깊고 좀 더 공동체의 미래를 생각하는 복지를 말해야 하지 않겠어요.

정치인이 크리스마스날 새벽에 공짜 선물을 주는 산타클로스가 아닌 다음에야 어떻게 공짜로 복지를 줄 수 있을까요. 그런 약속은 선거에서 어떻게 해서든 표를 얻고야 말겠다는 탐욕과 속물의 산물일 뿐이죠.

정치인들은 달콤한 말로 사람들을 현혹하여 권력을 얻겠다는 유혹에서 벗어나야 합니다. 그러려면 회개한 미다스의 왕처럼 '신(新) 파크톨로스 강'에 가서 손을 씻어야 하지 않을까요.

■ '복지의 함정', 무엇인가

15세기 피렌체의 정치사상가였던 마키아벨리는 『로마사논고』 제3권 28장에서 기근이 든 동안에 굶주리는 가난한 사람들에게 음식을 주었다고 하여 동료 로마인들에게 처형당한 어떤 부유한 로마인에 관해 흥미로운 이야기를 들려주고 있군요.

로마인들은 그가 전제군주가 되기 위해서 추종자들을 만들고 있다고 추측했습니다. 그래서 처형해버렸죠.

내용은 이렇습니다.

"전 로마시가 굶주림으로 고통을 받고 있었고 정부의 창고로도 이를 해결하기에 충분하지 않았을 무렵, 당시에 가장 큰 부자였던 스푸리우스 멜리우스Spurius Melius라는 사람이 사적으로 곡물을 모아 자신의 비용으로 평민들에게 식량을 제공하겠다는 제안을 한 적이 있었다. 이 때문에 상당히 큰 무리의 대중들이 그와 한 파벌이 되었고, 원로원은 그의 너그러움이 낳을 수 있는 분란을 우려한 나머지, 그것이 더 큰 세력으로 확대되는 사태를 막기 위해 임시 독재관을 임명하여 그를 처형하고 말았다.

여기서 우리는 좋아 보이고 합리적으로 비난할 수 없는 일들이, 많은 경우 초기에 시정되지 않는다면 죄가 되고 국가에 매우 위험하다는 점을 깨닫게 된다."

로마인들의 이런 행동을 어떻게 이해할 수 있나요. 복지와 정치 사이에 존재할 수 있는 긴장관계를 확연히 보여주고 있는 것인가요.

또 이런 생각도 해볼 수 있지요.

정치라는 것이 복지를 제공하겠다는 착한 사람들의 행위까지 처벌하는 비열한 작업이라는 것을 보여주는 것인가요. 아니면 인간이 할 수 있는 가장 고귀한 행동 가운데 하나가 정치임을 나타내주는 것인가요.

어쨌든 정치의 본질에 대한 생각에 따라 인간의 행동에 대한 판단 방식도 달라질 수 있음을 여실히 보여 주고 있는 사례임은 확실하지요.

분명 로마인들은 복지보다는 자유를 더욱 선호했던 사람들입니다.

현대사회에서 정치란 단지 권력을 잡기 위해 표를 모으거나 혹은 인기를 유지하기 위한 게임에 불과하다고 생각하는 정치인들이 있다면, 이들 로마인들의 행동을 이해하기가 힘들지 모릅니다.

또 사람들에게 의·식·주 및 의료 등에 대한 필요가 완벽하게 보장되는 복지사회를 건설하겠다고 약속하는 것이 득표에 매우 유리하다고 판단하는 정치인들의 입장에서 볼 때도, 복지제공자를 처벌한 로마인들의 태도는 불가사의하기 짝이 없지요.

지금 한국의 정치를 한번 보세요.

정치인들은 삶이 고단한 사람들에게 다가가 온갖 달콤한 약속들을 함으로써 민심을 얻으려고 하고 있습니다. 이제는 "선별적 복지가 좋으냐", "보편적 복지가 좋으냐" 하는 논쟁도 무의미해질 정도로 무상복지가 대세가 되고 있군요.

물론 그렇다고 해서 우리 사회는 고대 로마인들처럼 "참주나 독재자가 되려는 것이 아니냐" 하고 의심하면서 그들을 처벌하지는 않습니다.

오히려 사람들의 복지욕구를 채워주겠다고 동분서주하는 정치인들이 더 커다란 인기를 얻고 있는 것이 한국의 현실이 아닐까요.

그렇다면 오늘날 우리 한국사회가 자유를 갈구하지 않는다는 것을 의미하는 것으로 받아들여도 될까요. 반드시 그렇게까지 단정할 필요는 없을 것입니다.

그러나 그렇다고 해도 복지에 열을 올리고 있는 한국의 정치인들은 왜 로마인들과 다르게 사고하고 행동하고 있는가 하는 문제를 깊이 생각할 계기는 되지요.

모름지기 사람들의 복지욕구에 어떻게 정치인들이 대응해야 하나 하는 문제는 정치의 본질과 공동체의 미래에 중대한 영향력을 미치는 문제들이죠. 또 우리 공동체가 어떤 공동체가 될 것인가에 관한 문제이기도 하고요.

일찍이 정치의 목적과 기능을 고민해왔던 서구의 사회계약론자들은 시민들의 안전과 보호를 정치권위의 존재이유로 거론해왔죠. 전쟁이나 외국에서 침입할 가능성이 있는 적의 존재나, 혹은 법과 질서를 지키지 않는 일탈자나 범법자의 존재가 정치권력을 행사하는 이유가 되었다는 내용이지요.

그러나 현대의 민주국가에서는 시민들의 안전과 보호 못지않게 시민들의 복지욕구가 정치인들에게 매우 의미심장한 주제가 되었답니다.

특히 가난한 사람들이야말로 정치적으로 '매력적이며 필수적인 존재'로 인식되어 왔지요.

약간 과장해서 말한다면, 가난한 사람들은 정치적으로 너무나 매력적이고 소중한 존재여서 소멸되는 것이 용납되지 않았다고까지 말할 수 있을 거에요.

그렇기 때문에 국민의 평균소득이 상승하는 데 따라 가난한 사람들이 '빈곤'이라는 현 상태를 유지할 뿐 아니라 오히려 그 수를 늘리기 위해 가난에 대해 지속적으로 새로운 정의를 내리기 시작했죠.

그러다 보니 정부는 "가난은 나라도 구제할 수 없다"라는 말처럼, 아무리 노력을 해도 가난을 없앨 수 없는 것이 아니라, 정치의 필요상 가난을 없애지 않고 새로 만들어내고 있다는 비난을 들어도 할 말이 없게 된 것입니다.

"정치를 하는데 가난은 반드시 필요하다"는 신조어가 생긴 셈이죠.

예를 들면, 기초생활을 규정하는 최저생계비를 매년 상향조정함으로써 국민들 가운데 일정 수는 항상 '가난한 사람'으로 남아있게 마련입니다. 또 절대빈곤상태인 최하위계층은 물론이지만, 그 위의 '차상위 계층'도 이 범주 안에 들어오게 되었죠.

시간이 가면 '차상위 계층' 뿐만 아니라 '차차상위 계층', '차차차상위 계층'도 빈곤의 범주 안에 들어올 것이 분명합니다.

결국 정치인들은 자신들의 존재감을 증명하고 또 자신들의 할 일이 무궁무진하다는 사실을 나타내 보이며, 자신들이 행사하는 정치권력의 정당성을 극대화하기 위해 '가난'이라는 지렛대를 활용하기 시작한 것이 아닌가요.

물론 인간은 살다보면 시장에서 실패하여 '루저'가 되고 빈곤의 나락에 빠질 수 있기 때문에 이런 사람들을 배려하고 빵을 주기도 해야 합니다. 그러나 일반 시민들을 대거 돌봄과 배려의 대상으로 삼을 경우, 빵만을 바라는 무력한 서민으로 전락할 수도 있지요.

반면 정치인들에게는 항상 해야 할 '도움과 배려의 어젠다'가 넘쳐흐를 것입니다. 서민들에게 베풀어야 할 도움과 복지의 범주가 무궁무진하다는 생각을 하면, 정치인들은 눈코 뜰 새 없이 바쁠 수밖에 없어요.

그렇게 되면 그 결과는 무엇일까요.

혹시 시민들 위에 군림하는 군주처럼 되지는 않을까요.

바로 그것이 고대 로마인들이 사람들의 복지욕구에 대해 경계해마지 않았던 대목입니다.

로마인들은 복지를 제공하겠다는 정치인들의 자비로운 행위 속에 '참주정', 즉 독재의 싹이 감추어져 있다고 생각했지요.

로마인들의 이런 우려는 어떻습니까. 기우일까요, 아니면 맞는 말일까요.

■ 이리와 개

한 이리가 비쩍 말라서 뼈와 가죽만 남았습니다. 그만큼 개들이 잘 지키고 있었던 것이죠.
어느 날 이리는 아름답고 기름지고 윤이 나는 털을 가진 길 잃은 개를 만나게 되었습니다. 생각 같아서는 덤벼들어 길에 넘어뜨리고 싶었으나 그러려면 한바탕 싸워야만 했습니다. 보아하니 개의 덩치도 만만하지는 않았죠. 그래서 이리는 겸손하게 개에게 다가가 말을 걸어 좋은 체격을 칭찬했습니다.
개는 말했습니다.
"숲을 떠나. 그러면 잘살 수 있어. 숲에 있는 네 동료들은 처참하지. 먹을 것도 없는 불쌍한 놈들. 배를 주리고 죽는 것밖에 딴 도리가 하지만 나를 따라오면 편안히 살 수 있어."

이리는 물었습니다.

"어떻게 하면 좋지."

개는 이렇게 말했습니다.

"별것 아니야. 몽둥이 든 놈이나 거지를 내쫓고, 주인의 마음에 들고 가족들에게 알랑거리면, 그 대가로 먹다 남은 모든 음식과 닭뼈와 비둘기의 뼈, 거기다 사랑도 받는단다."

이리는 행복한 꿈을 꾸며, 기쁨의 눈물을 흘렸습니다.

그런데 길을 가다가 개 목덜미의 털이 빠진 것을 보았죠.

"이게 뭐야."

하고 이리가 물었습니다.

"이건 내가 묶여 있던 목걸이의 흔적이야."

"묶여 있어. 그러면 가고 싶은 데도 못 가게.'

"항상 그렇지는 않아. 그리고 그런 것은 중요하지 않잖아."

"그것은 밥을 먹는 것 만큼이나 아주 중요한 일이지. 보물을 대가로 받는다고 해도 나는 그런 생활을 할 수는 없어."

이렇게 말하며 이리는 어디론지 가버렸습니다.

이것이 바로 『라퐁테느의 우화』 가운데 나오는 이리와 개의 이야기입니다. 개는 안락함을 향유하고 있는 존재죠. 하지만 이리는 개의 목에 난 자국을 보면서 스스로를 돌아보며 자신이 누리고 있는 자유가 얼마나 소중한지를 깨닫게 되는 것입니다.

우리는 흔히 '이리'와는 달리 삶의 안락함을 추구하는 것이 때로는 자유를 잃어버린 대가가 된다는 사실을 잊어버리고 있지 않나요.

우리 사회에서 일어나고 있는 복지논쟁이 바로 그런 것이라는 생각이 드는군요. 어떤 사람들은 세금을 올리더라도 복지를 극대화하는 것이 좋다고 주장하는 반면, 또 다른 사람들은 복지는 가능한 한 늘리는 것이 물론 좋지만 재정상태를 보아가며 늘려야 한다는 것입니다. 지금 우리가 편안하게 살 것인가, 아니면 현재의 세대가 어렵더라도 대대손손 잘 살 것인가 하는 문제도 고민해야 한다는 것이죠.

우리가 현 시대에 잘 먹고 잘사는 이야기만 하면서, 우리 자손에 미칠 폐해에 대해서 입을 다물고 있다면, 인기만 생각하는 정치인일 뿐, 소명을 생각하는 정치인은 아닙니다. 빚으로 복지잔치를 벌일 수는 없는 노릇 아니겠습니까.

그러나 이런 고려사항들은 어디까지나 복지재정에 관한 우려에 불과합니다.

하지만 "인간이 빵으로만 사는 존재"가 아니라면, 보다 근본적인 문제를 생각할 필요가 있지 않을까요.

보편적 복지든, 선별적 복지든, 정부가 베푸는 복지에 익숙하게 되면, 자율성을 잃어버리고 의존성을 키울 수 있다는 점이 바로 그것입니다. 인간이 자신의 일에 대하여 자기결정을 하는 '자율적 존재'라는 사실은 민주사회에서 항상 염두에 두어야 하는, 매우 중요한 사실입니다. 반대로 '의존적 존재'라 함은 자기 자신의 문제에 대한 결정에서 타자에게 의존하는 존재임을 뜻하죠.

물론 의존성이 그 자체로 나쁜 것은 아닙니다.

자율성을 향해 나아가는 과정에서 하나의 단계일 수 있기 때문이죠. 어렸을 때는 부모에게 의존하고 학교에서는 교사에게 의존하게 마련입니다. 부모에게 의존하지 않으려 하는 어린애는 '미운 일곱 살'이 된 것이 아닐까요.

그러나 그러한 의존의 과정도 결국 지향하는 목표는 자율적 인간이죠. 부모에게 의존하고 교사에게 의존하는 과정을 통하여 인간은 최종적으로 자기결정적 존재, 자기책임적 존재가 되는 것을 배우는 것입니다.

마찬가지로 복지나 배려의 가치도 의존성을 전제로 하는 것이죠.

복지나 배려를 받는 대상은 복지나 배려를 베푸는 사람에게 의존하기 마련 아닌가요. 그런데 복지나 배려, 자선, 이타주의 등의 가치가 지나치게 정치화되어 정치를 접수할 정도로 확장하게 되면 '후견인주의 paternalism'가 팽배해집니다.

'좋은 삶'을 살려면 정부나 사회가 시민 모두에게 평등한 방식으로 제공하는 복지에 의존하는 게 바람직하다는 것이 정치적 후견인주의의 핵심이죠.

이런 비전이 왜 문제가 되는 것입니까.

여기서는 교화와 계몽의 메시지가 너무나 돌출하기 때문입니다.

정치인들은 단순히 시민들을 '대표'하는 것이 아니라 '관리'하는 존재가 되는 셈이니까요. 시민들에 의해 선출되는 민주적 통치자들이 그 시민들을 관리하는 주인으로 격상된다면, '복지의 역설' 아닌가요.

우리 사회에서 많이 인용되고 있는 정약용의 『목민심서牧民心書』는 "백성을 치는 마음의 글"이라는 뜻이죠.

관官은 목자로, 백성은 양떼로 간주합니다. 그 『애민6조』를 보면, 혼기가 지나도록 혼인을 하지 못한 사람은 마땅히 관에서 성혼시켜야 할 정도로 관의 역할을 후견인의 권위로 파악하고 있죠.

그러나 민주사회의 정치인이라면 목민심서와 같은 발상으로 모든 백성의 문제를 풀어가야 한다는 강박관념에서 벗어나야 하지 않을까요.

백성을 양떼처럼 치는 '목민牧民'의 태도보다 백성의 권익을 대변한다는 차원에서 백성을 섬기는 '사민事民'의 태도를 요구하는 것이 민주주의의 정신이기 때문이지요.

물론 정부가 집안의 가장처럼 시민들의 삶에 대해 관심을 갖거나 걱정해주기를 원하는 사람도 있을 것입니다. 마치 『라퐁테느 우화』의 개처럼 말이죠. 그런가 하면 각자의 방식대로 성공을 하든 실패를 하든 혼자 내버려두는 쪽을 선호하는 사람들도 있을 것입니다. 『라퐁테느 우화』의 이리가 그런 존재가 아닌가요.

문제의 핵심은 시민들이 '이리'와 '개'라는 두 가지 범주로 나누어질 수 있다는 것이 아니죠.

시민들에게 특히 무상복지 제공자로 다가가는 정부는 마치 개를 관리했던 개 주인처럼 삶을 위해서는 자신에게 의존해야 한다고 강조하면서 '간섭하는 정부'로 돌변하여 '시민들의 대리자'보다 '시민들의 관리자'로 자리매김할 가능성이 크다는 사실입니다.

정부가 개인의 삶에 시시콜콜 간섭하는 역할을 자제해야 한다는 것은 일부 독립심이 강한 시민들이나 생활의 여유가 있는 특권층, 부유층의 자기중심적인 하소연이 아닙니다.

그보다는 자유주의자들이나 공화주의자들이 전통적으로 주장해왔던 매우 중요한 '정치적 이상理想'이었죠.

당연히 정부는 공동체를 위해 일정한 복지기능을 수행해야 하지만, 사람들은 각자의 판단에 따라 외부의 간섭과 보호를 받지 않고 자신들의 생활을 자율적으로 설계해 나갈 수 있어야 합니다. 정부가 복지제공자로서 자신의 역할을 전적으로 규정할 때, 그런 개인의 자율적 영역은 위험에 놓일 수 있습니다.

복지국가는 무의식중에 시민에 대한 주권행사는 물론, 개인들에 대한 소유권 행사까지 대리할 가능성이 있기 때문이죠.

이런 상황이 벌어진다면, 복지국가는 사람들의 복지욕구를 채워준다는 이름 아래 '이리'처럼 자율성과 다양성을 원하는 시민들에게 소중한 이상이 아니라 은근한 위협이 되지 않을까요.

■ 왜 '무상급식'을 갖고 '아이들 먹이는 문제'라고만 하나

이제 초·중등학교에서는 무상급식이 대세가 되었습니다. 서울시교육청만 하더라도 순차적으로 초등학교로부터 시작하여 중학교·고등학교로 무상급식을 확대한다고 하는 방침이군요.

'의무급식'이란 말도 들리는군요.

사실 '의무급식'이란 말은 잘사는 집 자녀든, 못사는 집 자녀든 똑같이 공짜점심을 주는 '무상급식'이 호된 비판을 받자 대안으로 만들어진 용어입니다. 이에 반대하는 입장에서는 '세금급식'이라고 반박하기도 하지요.

그러자 "아이들 밥 먹이는 문제를 가지고 왜 문제를 삼느냐"라고 면박을 주기도 한답니다. 그러다 보니 한 쪽 진영에서 초·중등학생 점심 무상급식을 주겠다고 하니 다른 진영에서는 아침까지 공짜로 주자고 하는군요.

정말로 무상급식이 아이들 밥 먹이는 문제처럼 간단하고 당연한 일일까요. 그렇지 않습니다. '의무급식'이라고 하든, '무상급식'이라고 하든, '세금급식'이라고 하든, 아이들 밥 먹이는 차원의 문제를 넘어 복잡하기 짝이 없는 물음들이 존재하기 때문이지요. 또 점심 무상급식이라고 하든, 아니면 아침 무상급식이라고 하든 반드시 짚고 넘어가야 할 문제가 있어요.

무상급식의 문제는 무엇일까요.

그것은 초·중등학교에 다니는 모든 학생들이 공짜점심을 먹는 것을 절실히 원하고 있다고 전제하는 데 있습니다. 하지만 그것은 무상급식을 당연한 것처럼 공약으로 내걸었던 어른정치인들의 착각일 수 있지요.

학교학생들 가운데는 공짜로 점심을 먹는 것보다 다른 것들을 더 절실히 원할 수도 있지 않을까요.

그건 사실이지요. 한정된 예산이니 무상급식을 하면 다른 것들에 대한 투자는 어려울 수밖에 없기 때문이죠.

예를 들면 공짜점심보다 더 좋은 학교시설에서 공부하는 것, 혹은 더 적은 수의 학급에서 공부하는 것을 원하는 학생들이 있지요.

또 공짜점심보다 좀 더 질 좋은 방과 후 수업을 원할 수도 있고 좀 더 질 좋은 화장실을 원할 수도 있어요. 그런가 하던 귀신이 나올 것 같은 위험한 학교건물 수리나 보수도 시급한데, 모든 돈이 무상급식으로만 가면 이런 문제는 어떻게 해결하나요. 또 체육시설투자도 해야 하잖아요. 또 국어·영어·수학의 수준별 이동수업은 잘할 수 있을까요.

그뿐만이 아닙니다. 학교에서 주는 점심보다 다른 가격과 질의 점심을 원할 수도 있습니다. 채식메뉴를 더 원할 수도 있는가 하면, 육식메뉴를 더 원할 수도 있지요.

혹은 무상급식에서 제공되는 식단보다 더 환경친화적인 점심을 원할 수도 있지 않겠습니까.

가뜩이나 지금 식료품비가 오르는 상황에서 한 끼당 급식비용을 획일적으로 정해놓고 전면적인 친환경 무상급식을 무리하게 실시하다보니, 일선학교에서는 이전보다 급식의 질이 떨어지는 하향평준화현상이 등장하고 있다는 이야기도 들리는군요

미국의 작가인 오헨리는 『마녀의 빵』에서 재미있는 이야기를 들려주고 있지요.

미스 마더는 즈그마한 빵가게를 하는 마흔 살의 노처녀이다. 그녀는 일주일에 두세 번 자신의 빵가게를 찾아오는 한 중년의 남자손님에게 관심이 있었다. 그는 매우 낡은 옷을 입고 와서는 언제나 딱딱하게 굳은 식빵을 두 덩어리씩 사갔다. 어느 날 미스 마더는 그의 손가락에 빨강과 갈색 얼룩이 묻어 있는 것을 보고 그가 가난한 화가이며 틀림없이 어느 다락방에 살면서 굳은 식빵을 먹으며 그림을 그리고 있을 거라고 추측했다. 미스 마더는 그 화가가 불쌍해졌고, 그 남자가 달콤한 잼과 버터가 발라진 부드러운 롤빵을 먹고 싶어 할 것이라고 생각했다.

그래서 하루는 그 남자가 어김없이 굳은 식빵을 사러왔을 때, 남자 몰래 굳은 빵을 칼로 깊숙이 자르고는 그 속에 버터를 듬뿍 밀어 넣고 빵을 다시 본래대로 단단히 아물려서 그에게 팔았다. 그녀는 그 남자가 자신의 호의와 따뜻한 마음에 고마워할 것이라는 행복한 상상에 빠져있었던 것이다. 그러나 잠시 후 그 남자가 매우 흥분한 표정으로 와서는 그녀에게 자신의 인생을 망쳐놨다면서 큰 소리로 욕을 하고 나가버렸다.

진실은 이랬다. 그 남자는 건축 설계사로서 지난 세 달 동안 현상에 응모하기 위해 시청의 설계도를 그리는데 몰두해 왔다. 드디어 연필로 그린 초안이 완성되고, 그 연필 자국을 다시 지워나가는데 굳은 식빵 덩어리를 사용했던 것이다. 왜냐하면 고무지우개보다 굳은 식빵이 훨씬 잘 지워지기 때문이다. 그런데 미스 마더의 어리석은 호의, 즉 버터 바른 빵으로 인해 세 달 동안 밤낮으로 노력한 공든 탑이 무너지게 되는 결과를 초래한 것이었다.

결국 미스 마더는 허름한 옷차림의 남자가 부드럽고 달콤한 빵과 안락하고 따뜻한 주거를 원할 것이라고 지레짐작을 하고 호의를 베푼다는 것이 오히려 그의 인생의 큰 계획을 망치는 결과를 초래하게 되었던 것입니다.

과연 우리는 다른 사람들의 '필요'와 '욕구'에 대해 얼마나 알 수 있는 것일까요.

외모로 판단하면 잘 알 수 있는 것일까요. 흔히 부모는 어린아이들의 필요와 욕구를 잘 알고 있답니다. 울어도 배가 고파 우는지 혹은 장난감이 갖고 싶어 우는지 정확하게 분간해 내지요. 그래서 어린애의 필요와 욕구를 적절하게 충족시키는데 어려움이 없답니다.

하지만 사춘기에 접어든 자녀들의 경우는 다르지요. 그들이 우는 것을 보고도 학교에서 '왕따'를 당해 우는지, 혹은 스마트폰이 갖고 싶어 우는지 파악하기란 쉽지 않지요.

그렇다면 더구나 성인이 된 사람들의 필요와 욕구는 외부사람이 짐작하기 더 어렵습니다.

누구에게는 의식주의 충족이 긴급한 필요의 범주겠지만, 또 누구에게는 자아실현의 욕구충족이 절실하기 때문입니다.

따라서 좋은 음식을 먹고 좋은 집에서 사는 것을 중요하다고 생각하는 사람이 있는가 하면, 성형수술을 하는 것이 절실하다고 생각하는 사람도 있게 마련이죠.

이처럼 사람들은 십인십색이기 때문에 특정한 필요의 영역을 보편적 필요의 범주로 접근하는 것이 얼마나 허망한 일인가를 알려줍니다. 바로 미스 마더가 그런 잘못을 범한 셈이지요.

지금 서울시교육청이 실시하고 있는 무상급식의 문제는 바로 공짜점심이 학생들이 필요르 하는 가장 절실한 복지욕구라고 전제하는데 있습니다. 그래서 모든 학생들에게 똑같은 액수의 점심을 주고 있지요.

과연 학생들이 똑같은 액수의 점심을 원할까요. 그렇다고 쉽게 단정할 수는 없음에도, 왜 서울시교육청은 똑같은 점심을 주고 있는 것일까요.

하다못해 매년 성탄 때마다 찾아오는 산타클로스도 아이들에게 주는 선물이 다르답니다.

나이에 따라, 남녀에 따라 다르지요. 만일 산타클로스가 매년 똑같은 선물을 준다면, 아이들에게 인기를 잃어버리지나 않을까요.

또 집에서 주는 생일선물도, 혹은 어린이날 주는 선물도 아이들, 나이, 성별에 따라 다르지요. 누구에게는 먹을 과자를, 또 누구에게는 가지고 놀 장난감을 주지 않습니까.

그런데 왜 복지에서는 똑같은 것을 주어야 할까요. 혹은 아이들이 똑같은 것을 받아야 할까요. 누구는 받고 누구는 받지 않으면 '낙인효과'가 생길까봐 그런가요.

복지문제가 아니더라도 우리는 살아가면서 수많은 경우에 '낙인효과'에 직면하게 되지요. 시험을 쳐도 높은 점수만 받는 것이 아니라 낮은 점수를 받는 학생들이 있지 않나요. 그들에겐 '낙인'이 찍힙니다. 또 대학시험에서 실패해 재수학원을 다닌다면, 그것도 낙인효과가 아닐까요. 혹은 교통법규 위반으로 교통경찰한테 걸려 딱지를 뗄 때도 낙인효과죠.

이처럼 낙인효과는 우리가 살아가는 데 있어 피치 못할 현상입니다. 그렇다면 복지문제에 있어 낙인효과는 반드시 피해야 할 만큼 '거악巨惡'인가요.

그래서 보편적 복지 아니면 피할 방법이 없나요.

그렇게까지 생각할 필요는 없습니다. 보편적 복지가 아니더라도 다른 방식으로 얼마든지 피해갈 수 있기 때문이죠. 이 가난한 학생들에게 낙인효과를 피하게 하는 방법은 학교의 선생님들이 너무나 잘 알고 있어요.

더욱 중요한 것은 정부가 복지를 베풀면서 사람들의 필요와 욕구를 정확하게 알 수 있다는 오만함에서 벗어나야 한다는 것입니다. 그러기 위해서는 본인에게 물어봐야 합니다.

하다못해 『정직한 나무꾼』에 나오는 산신령조차 나무를 하다 도끼를 연못에 빠트린 나무꾼에게 "네 소원이 무엇인가"하고 묻지 않습니까.

또 무상복지론자들이 빠지는 함정이 있습니다. 공짜라면 모든 사람들이 좋아할 것이라는 환상이죠. 물론 "공짜라면 양잿물도 마신다"라는 속언이 있는 것은 사실입니다.

하지만 "싼 게 비지떡"이라는 말도 있지요. 싼 게 그렇다면, 공짜는 오죽할까요.

지하철 안에서 공짜신문을 보는 사람은 많습니다. 그러나 모든 사람이 공짜신문을 보는 것은 아니죠. 또 백화점의 식료품점에 가면 무료시식코너가 있지요. 물론 그곳에서 공짜시식을 하는 사람도 많지만, 그냥 지나치는 사람들도 많지 않나요.

아무래도 공짜상품은 질이 떨어진다고 생각하기 때문인지 모릅니다.

그럼에도 공짜점심이라면 모든 사람들이 좋아할 것이라고 지레짐작하고 다른 더 유용한 곳에 쓸 예산까지 전용하면서 하는 무상복지라면 또 다른 의미의 횡포이고 강제일 뿐입니다.

아마도 초·중등학교 학생들이나 학부모들 가운데 일부는 "나는 왜 억지춘향처럼 살아야 하나" 하고 한숨을 내쉴 가능성이 있다는 생각이 드는군요.

정치인의 소명을 생각한다

I'm a free man

■ '정치인 헌법', 필요하다

대한민국의 정치가 너무 저급합니다.

3류일까요, 아니면 4류일까요. 아예 F학점을 받아야 하는 것은 아닐까요.

우리는 오래전부터 민주화가 되고 권위주의만 없어지면 정치의 질이 좋아지지 않을까, 또 정치인들의 품격이 올라가지 않을까 생각했는데, 그게 아니었죠.

정치와 달리 경제는 좋아진 것이 맞지 않나요.

물론 우리 경제에 대해서나, 기업인들에 대해서도 할 말은 있을 것입니다. 그래도 한국 경제를 세계 10위권에 올려놓은 그 놀라운 기업가 정신을 발휘한 기업인들을 탓할 수는 없지 않을까요. 또 경제가 발전한 덕분에 세계 어디를 가도 우리는 대접을 받지요.

그런데 정치는 어떻습니까.

기업인에게 '기업가 정신'이 있다면, 우리 정치인에게 '공인정신'이 있나요. 그렇지 못한 것 같군요. 세계 뉴스에서 한국 경제가 아닌 정치에 대해 보도되는 경우를 보면 얼굴이 화끈거릴 때가 한두 번이 아니지요.

물론 야생동물에게 '킬러본능'이 있듯이 정치하는 사람들에겐 '정치인 본능'과 같은 것이 있습니다. 권력을 지향하는 존재라는 것이지요.

권력을 지향하지 않는다면, 왜 정치가가 되었겠습니까.

그러나 권력을 지향하고 권력의지가 충만하다고 해서, 그것만으로 훌륭한 정치인이 되는 것은 아닙니다. 그것은 우리가 숨을 제대로 쉬고 밥을 제대로 먹는다고 해서 건강한 인간이라고 말할 수 없는 거나 마찬가지죠.

물론 병석에 누워있는 사람은 "숨 한번 크게 쉬어봤으면, 한이 없겠다" 혹은 "밥 한번 마음 놓고 먹을 수 있으면, 정말로 좋겠는데…" 하며 소원을 빌겠죠.

하지만 일반적으로 사람들은 단순히 숨을 쉬고 밥을 제대로 먹는 것을 보고 건강한 사람이라고 생각하지는 않을 것입니다. 먹는 것도 절제를 하고 운동도 아침저녁으로 열심히 하고, 그래야 비로소 건강한 몸이 되는 것이 아니겠습니까.

이처럼 정치인도 권력의지를 가지고 있는 것은 당연하지만, 그 이상으로 품위있고 또 신사답게 권력의지를 추구해야 멋진 정치인이 되는 것입니다.

그런데 우리 사회에는 품위도 없고 절제도 없으며 또 명예에 대한 의식도 없어 마치 '벌거벗은 임금님'처럼 권력을 추구하는 경우가 너무나 많습니다.

우리 정치에는 웬 폭로가 그리 많습니까.

여야 정치권은 비밀을 캐내고 다니는 '심부름센터' 같군요. 아무리 익명의 제보자들로부터 수많은 제보가 들어온다고 하더라도, 이것을 정치의 정도에 맞게 가늠하는 것은 정치인들의 분별력일 것입니다.

참으로 유감스러운 일은 단순히 호사가들의 관심을 끌만한 일에 불과한데도 국회의원들이 면책특권을 이용하여 터뜨리는 것입니다.

개인의 비밀, 일상사에 관한 비밀을 마치 국민의 알 거리나 되는 것처럼 만천하에 공개하니 말이지요. 언제부터 우리 정치인들이 위키리크스의 주인공인 '어센지'의 한국판처럼 되었나요.

과연 폭로가 정치인의 본업인가요.

그리고 또 공직자 인사청문회는 왜 그리 사납습니까.

공직자 인사청문회에서 재미있는 점은 항상 '창'이 있고 '방패'가 있다는 사실이죠. 그러다 보니 정작 공직 후보자본인은 없는 셈이지요. 정부가 임명했으니 여당은 무조건 감싸고 야당은 흠집 내기로 일관하는 것이 우리 청문회 관행 아닙니까.

그러다 보니 정작 공직후보자 본인은 없는 '알리바이 청문회'가 되는 것입니다.

후보자 본인이 있다면, 본인의 과거만 있는 것이지요. 미래에 무엇을 할 것인지, 어떤 비전을 펼칠 것인지 도무지 알 길이 없습니다. 청문회를 주도하는 국회의원들이 묻지도, 알고 싶어 하지도 않기 때문이지요.

제대로 된 청문회라면 회사의 책임자가 신입사원을 면접 보듯이 해야 하는 것 아니겠습니까. 그런데 우리 공직자 청문회에선 마치 형사가 범죄혐의자를 추궁하듯 몰아 부치지요. 물론 해명도 듣지 않습니다.

그러다 보니 들을 '청' 자 '청문회聽聞會'가 아니라 힐책하는 물음으로 일관하는 '힐문회詰問會'가 되는 것이지요.

도덕성 검증이라고 하지만, 미운사람 흠집 내기로 일관하다보니 오스카 와일드의 말이 생각나는군요.

"도덕이란 미운사람을 공격하는 무기에 불과하다"는 것이죠.

그래서 그런지 인사청문회를 볼 때마다 공직후보자에게 추상같은 물음을 던지는 청문회 위원들은 정말로 깨끗한지, 그들의 과거는 하늘을 우러러 한 점 흠이 없는 것인지 궁금해집니다.

그래서 "죄 없는 사람이 돌을 던지라"는 바이블의 말이 생각나는 것입니다.

다만 그는 돌을 맞을만한 거리에 있고 나는 돌을 던질 수 있는 자리에 있기 때문에 돌을 던져 보는 것이라면, 청문회는 일종의 '개그 콘서트'가 되는 것이 아닐까요.

그런가 하면 우리 정치에는 "미안합니다, 사과합니다"라는 말 한마디가 없어요.

물론 우리 사회는 너나없이 "미안하다"는 말을 쓰는데 인색한 사회지요. 길에서 남의 발을 밟아도, 남하고 부딪혀도 아무런 소리 없이 그냥 지나쳐 갑니다.

그러나 그런 것이 우리의 일상이라고 해도, 정치권은 너무 심하다는 것이 문제죠.

아무리 정적이라고 해도 의혹 부풀리기에만 '올인'하고 또 의혹이 사실이 아니라고 밝혀졌다고 해도 사과 한마디가 없는 것입니다. 변명인즉, "공익을 위해 문제제기를 했기 때문에 죄가 없다"는 것이죠.

혹시 우리 정치권에서 사과가 있다면, 대변인들의 몫입니다. 흥미로운 현상이지요.

흔히 정당 대변인들은 자신들이 맡았던 대변인직을 그만 둘 때 그 자리를 떠나면서 통렬한 자기반성을 하고 용서를 구하기도 합니다.

"그동안 나쁜 말을 한 것은 본인의 뜻이 아니었다. 또한 그로써 마음을 상하게 한 사람들에게 진심으로 용서를 구한다", 대개 이런 식이지요.

물론 늦게라도 사과를 하니 매우 다행스러운 일임에 틀림없습니다.

차라리 사과를 할 만한 일을 하지 않았더라면 더 좋았으련만 하는 생각도 들기는 하지만 말이죠.

그러나 어쨌든 자신의 잘못을 인정하고 용서를 구하는 정치인들의 이야기가 이처럼 "가뭄에 콩나기 상황"이라그 해도 신선한 느낌을 주는 것은 사실입니다.

그런데 왜 용서나 사과는 대변인을 했던 사람들만 하는 것일까요.

더 높은 당직자들도 많은데, 왜 그들은 묵묵부답일까요. 그들이야 말로 말과 행동으로 남의 마음을 상하게 한 적은 없었을까요.

그런가 하면 선거공약은 어떻습니까.

너무나 어처구니없고 허황된 선거공약을 내놓고 있는 데가 우리 정치권 아닙니까. 강도 없는데 다리를 놓겠다고 하고, 또 승객도 없는 곳에 공항을 유치하겠다고 하지요.

그러다 보니 남자를 여자로 바꾸는 일만 빼놓고서는 무슨 일이든 다 하겠다고 약속을 합니다.

그런가 하면 그 사업을 벌이는데 드는 돈은 누구 돈인가요. 국민들의 돈이 아닌가요. 그런데 그 돈을 왜 자신들의 쌈짓돈처럼 마음대로 쓰겠다고 약속을 하는 것입니까.

결국 세금이라고 하는 것은 경제학자들이 "공유지commons"라고 부르는 '공짜 돈'에 불과한가요.

그동안 우리 선거풍토 자체는 매우 깨끗해졌습니다. 선거운동도 비교적 투명해졌지요. 여기에는 후보자로부터 향응을 받으면 50배로 물어내야 한다는 강제조항이 큰 역할을 했습니다. 그래서 노골적으로 돈을 주고 물건을 주며 술을 사주는 일은 거의 없어졌지요.

이처럼 눈에 보이는 선거운동 부정은 없어졌는데, 선거부패는 더 심해졌다는 것이 역설이라면 역설입니다.

이유가 무엇인가요. 정치인들이 앞 다투어 과잉공약을 내놓기 때문이지요. 그래서 가만히 있는 사람들의 마음에 일파만파를 일으킵니다. "무엇이든 공짜로 주겠다"느니, 혹은 "인생역전을 만들어 주겠다"느니 하는 식으로 말을 하니, '견물생심見物生心'이죠. 사람들의 마음이 갈피를 잡지 못한 채 구름처럼 두둥실 떠가는 것입니다.

그런데 거기에 드는 돈은 어디서 나는지 생각해 본적이 있나요. 국민이 내는 나랏돈을 가지고 자신들이 당선되면 이리저리 쓰겠다고 한다면, 바로 그것이 선거의 부정부패가 아닐까요.

제 돈이라면 과연 그렇게 흥청망청 쓰겠다고 했을까요.

렌터카를 세차하고자 하는 사람은 없습니다. 자기차를 세차하지 왜 빌린 렌터카를 자기 돈을 들여 세차하겠습니까. 그렇다면 국민세금도 렌터카처럼 자기 것이 아니니 막 쓰고 보자는 것인가요.

쓸모없는 공항을 몇 개나 만들었으며 경전철이니 뭐니 하며 곳곳마다 세워놓고 운영도 못하는 시설물들이 얼마입니까. 그런데도 자기 지역에 만들어야 하겠다고 기를 쓰고 싸움까지 하지 않습니까.

또 국회의원선거가 되면 여야 공히 공천으로 몸살을 앓지요. 놀라운 것은 여야간 공천심사위원회는 그 복잡한 일을 한달도 안 되는 기간 중에 해치운다는 사실이죠. 국회의원 후보자를 공천하는데 한달도 안 걸리니 어떻게 제대로 된 검증을 할 수 있을까요. 이처럼 "번갯불에 콩 볶아 먹듯" 하니 공천을 하고 또 취소하고… 별별 해프닝이 다 벌어지지요. 또 전략공천이라고 해서 연고지도 아닌 곳에다 후보자 공천을 마음대로 하는군요. 당연히 말도 많고 탈도 많지요. 왜 보다 많은 시간을 두고 공천심사를 못하나요.

이런 현상들이야말로 우리 정치의 저급한 모습이고 정치인들의 속물적인 모습입니다.

지금이야말로 '정치인 헌장'이 필요하지 않을까요.

'정치인 헌장'이라고 해서 생뚱맞은 것은 아닙니다. 요즘은 공적·사적 영역을 막론하고 윤리 강령이라는 것이 있지요. 기업은 기업대로 윤리헌장이 있고, 공무원도 공무원대로 윤리헌장이 있습니다. 또 교육자들에게도 교육헌장과 같은 것이 있답니다.

특히 집집마다 가훈이란 것도 있지요. 특히 법무부가 2009년부터 시작한 '가정헌법만들기운동'에 동참한 가정이 4,000가정을 넘어섰다고 하는군요. 그 중에는 "아빠는 아이돌 그룹에 관심을 갖고 노래를 외워 부른다"는 내용도 있는가 하면, "아빠는 절대로 보증을 서지 않는다"는 조항도 있죠. 또 엄마조항으로는 "잔소리를 자제한다"는 내용도 있고 혹은 "부부끼리 카드명세서 공개하기"도 있습니다. 어쨌든 가훈의 의미는 서로 공유할 수 있는 삶의 화두를 통해 서로를 채찍질하자는 것이 그 정신일 것입니다.

그렇다면 정치인들도 그런 '가정 헌법'과 같은 '정치인 헌법'을 만들 수 있지 않을까요. 물론 '정치인 헌법'이 없기 때문에 우리 정치인들이 저급한 정치인이 되고 속물과 같은 존재가 되는 것은 아닐 것입니다. 그러나 그렇다고 해도 헌장이 있으면 다를 수가 있지요. 선거 때만 되면 '새 사람'이 되겠다고 공언하고 선거만 지나면 언제 그랬냐는 듯이 '헌 사람'으로 돌아가는 정치인들이 스스로를 거울에 비추어 보는 계기로 삼을 수 있지 않을까요.

실은 우리 정치인들의 경우에도 윤리에 관한 규정들이 전혀 없는 것은 아닙니다. 정치인들을 위한 윤리위원회도 국회에 있지요. 또 여야를 가릴 것 없이 정당마다 윤리위원회가 있습니다. 그러나 그렇다고 해도 종이호랑이처럼 유명무실할 뿐이지요.

정당이나 정치의 윤리위원회를 볼 때마다 "중이 스스로 제 머리를 깎을 수 없다"는 속언이 생각납니다. 누구도 윤리위원회로 인해 제재를 받는 경우는 없으니까요.

지금이야말로 우리 정치인들이 지켜야 할 행동강령을 스스로 만들어야 할 때입니다.

그런 '정치인 헌법'이 있을 때 우리 정치인들은 한번도 보지 않은 자기 자신의 맨 얼굴을 한 번쯤 보면서 부끄러움을 느낄 수도 있지 않을까요.

■ '우리당'과 '우리지역'은 있는데, '우리나라'는 어디 있나

흔히 민주사회에서 사람들이 말하는 것이 있습니다. "정치는 정파적"이라는 것이죠.

물론 이 말에는 일리가 있습니다.

정치인은 정당에 몸담을 수밖에 없는데, 그 정당이란 정파적일 수밖에 없지요. 정당을 의미하는 용어가 영어로 'party'인데, 그 어원을 보면 '부분'을 뜻하는 라틴어의 'pars'에서 비롯된 것이죠.

정당은 '부분'에 불과할 뿐, '전체'는 아닌 것입니다. 따라서 정치인은 '정파인partisan'이 될 수밖에 없습니다.

정치를 이처럼 파당적인 것으로 이해할 때 장점이 없는 것은 아닙니다. 다원주의 사회의 특징이 잘 드러날 수 있기 때문이지요. 다원주의 사회란 '절대적인 선善'이 군림하는 사회보다는 다양한 선들끼리 경합하는 사회가 아닐까요. 물론 선뿐만 아니라 다양한 악惡들도 경합하고 있기도 하죠.

문제는 "정치는 정파적인 것"이라고 할 때, 공공의 이익이나 공동선에 대한 불신이 폭넓게 자리잡게 된다는 점입니다.

사실 정부라고 해도, '김영삼정부', '김대중정부', '노무현정부', '이명박정부'라고 하니까, 정파성이 느껴지지 않나요. 그런 이미지를 없애기 위해서 "문민정부"다, "국민의 정부"다, "참여정부"다 하면서 보편성의 옷을 입히긴 했죠.

그래도 알만한 사람들은 다 압니다.

어떤 정권이든 출범하면서 자기 사람만을 쓰지, 남의 사람을 쓰는 것은 아니지 않습니까. 좌파진보정권 때는 같은 진보성향의 사람을, 우파보수정권 때는 같은 보수사람들을 기용하지 않나요.

그래서 '진영논리'고 '코드인사'라고 하는 것이지요.

탕평책이라는 게 어디 있습니까. 말뿐이지요. 아무리 인사풀을 넓혀 산 속에 숨어있는 인재를 쓰라고 해도 마이동풍입니다. 챙겨줄 사람이 너무 많기 때문인가요.

그래서 새 정권이 출범할 때마다 덕보는 사람이 있는가 하면, 손해 보는 사람이 있게 마련이죠. 덕을 보는 사람은 줄을 선 사람이고 줄을 서지 않은 사람은 손해를 보게 되지요.

이처럼 정권을 말하든, 여당과 야당을 말하든, 정치란 일부 사람들에게는 좋은 혜택, 일부 또 다른 사람들에게는 쓰디쓴 결과를 초래할 수 있게 만드는 어떤 것이 아니겠습니까. 모두에게 좋은 정치란 있을 수 없지요. 이런 문제들을 생각할 때마다 '정파적 선'밖에 없고 '공동선'은 존재하지 않는다는 명제가 실감이 날 수밖에 없습니다.

오히려 '공동선'이나 '공공의 이익'은 개인적인 비용이나 혜택이라는 범주로 환원될 수 있다고 생각하게 되지요.

그렇다면 '국리민복國利民福'과 같은 공동선을 말하는 사람은 누구인가요.

그것은 여야간의 극적 토론의 장이나 혹은 정당들간의 대결, 혹은 방송의 토론회에서 나온 논객들이 자신들의 입장을 유리하게 만들기 위해 사용하는 정치적 수사에 불과한 것이 아닌가요. 아니면 정치학 개론시간에나 배우는 창백한 용어인가요.

'공동선'이라는 말이 의미가 있으려면, '공동선'을 주창하고 그것을 실천하는 확실한 주체가 있어야 하지 않을까요.

그러나 우리가 보는 정치인들은 여야를 막론하고 한결같이 자신의 이익, 자신의 패거리, 혹은 자신의 지역, 자신과 같은 집단의 이익만 생각하는 것 같군요.

이런 정치인들을 보면 '공동선'이나 '공공의 이익'이란 것은 실체는 없으면서 이름뿐인 '속빈강정'과 같은 것이라는 생각도 드는군요.

물론 많은 정치인들이 '정파적 선'만 추구한다고 해서 너무 실망할 필요는 없을는지 모릅니다.

일찍이 아담 스미스Adam Smith가 주장한 내용인데, '보이지 않는 손'의 논리라는 것이 있죠. 각자가 자신의 이기적 이익만 추구하면 신비한 힘에 의해 공공의 이익이 출현할 가능성이 있다는 것이 '보이지 않는 손'의 논리입니다. 마치 빵집 주인이 돈을 벌기 위해 밤늦게까지 일하면 그 시간까지 밥을 뜨지 못해 허기를 달래고 있는 사람들의 필요를 채

워줄 수 있는 것처럼 말이죠.

그렇다면 정치인들이 자신의 정파적 이익만 마음놓고 추구하다보면, 저절로 '공동선'이 나올 수 있는 것인가요.

여당은 밀어붙이고 야당은 반대만 하고, 공항을 유치하겠다고 지역끼리 격렬하게 싸우는 등, 그런 흙탕물 싸움을 하면 어느덧 국리민복과 같은 공공의 이익이 "하늘에서 동아줄 내려오듯이" 저절로 나올 수 있는가 말입니다.

결코 그렇지는 않습니다.

이기심이 모여 저질스러운 상황으로 변질되는 경우는 의외로 많기 때문이죠.

씨름 대회에서 선수들의 씨름장면을 잘 보기 위해 앞줄에 있는 사람들이 까치발을 하고 보면, 뒷줄에 있는 사람들도 역시 까치발을 하고 볼 수밖에 없지요. 앞줄에 있는 사람들의 얄체 짓 때문에 모두가 벌을 서게 되는 셈이 아니겠습니까.

또 한 사람이 게을러 자기 집 주변을 불결하게 만들면 주변청소를 잘해놓은 다른 모든 집들도 지저분하게 보일 수밖에 없지요.

이런 상황을 일컬어 영국의 경제학자인 케인즈 J. M. Keynes는 '구성의 오류 fallacy of composition'라고 했답니다.

실제로 정치인 각자가 서로간에 "나는 내 이익을 챙기겠다"고 행동할 때 '공동선'이 되는 것이 아니라 '공동악public bad'이 될 수 있음을 우리 정치는 여실히 보여줍니다.

지금 우리 사회에서 여와 야, 혹은 진보와 보수가 막무가내로 싸우고 사사건건 대립한다는 건 뉴스거리도 아니죠.

여기에 지역간의 이해다툼은 얼마나 심각하나요.

신공항이든 과학벨트든, 국책사업의 입지를 조성하는 문제가 생길 때마다 정치인들은 서로 자기들 지역으로 유치하겠다고 끼리끼리 뭉치고 뒤엉켜 싸우고 있습니다. 그래서 대구경북권 정치인들과 부산권 정치인들이 싸우기도 하고 또 호남권정치인들은 불만을 토로하기도 하지요.

국회의원과 시·도지사들이 자기 지역의 이익을 위해 싸우는 것 자체를 가지고 탓할 일은 아닌지 모릅니다. 다만 나라살림을 잘하라고 국민이 뽑아준 공직자들인데, 나라와 국민입장에 서서 "어떻게 하는 게 최선인가" 하고 고민하고 성찰하는 모습은 볼 수 없다는 점이 문제죠.

"무엇이 공동선인가" 하는 의식은 아예 없고, 다만 "누구에게 이익이 되는가" 하는 문제만이 중요할 뿐입니다.

미디어법, 행정수도이전, 비정규직법 등등도 그랬죠. 감세논쟁과 같은 문제도 마찬가지였어요.

모든 정치적 쟁점, 혹은 정책적 쟁점이 "너의 불행은 나의 행복"이라는 '제로섬zero-sum'의 논리로 접근되는 이런 상황에서 여당과 야당, 한 지역과 또 다른 지역, 진보와 보수는 항상 싸울 수밖에 없어 우리 정치에는 접시 깨지는 소리만 요란할 뿐입니다.

그러나 정치에서 '공동선'이 존재하지 않는다는 것은 결코 사실이 아닙니다.

"내 입장에서, 내 지역의 입장에서, 내 이념적 입장에서 무엇이 최선인가" 하는 질문만 하는 정치인이라면 '정파적 정치인'에 불과하죠.

"우리나라의 입장에서, 국리민복의 입장에서 무엇이 최선인가" 하는 물음을 던지는 정치인이야말로 '진정한 정치가'가 아닐까요.

또 지역간·보혁간·세대간 다툼의 소지가 있는 중대쟁점들이 발생할 때마다 "빈대잡기 위해 초가삼간 태울 수 없다"든지 "쥐를 잡기 위해 독을 깰 수 없다"는 말을 당당하게 할 수 있는 '배짱있는 정치가'가 몇 사람쯤 있어야 하지 않을까요.

또 "나는 새누리당의 정치인이다" 혹은 "민주통합당의 정치인이다" 이렇게만 말하기보다 "나는 대한민국의 정치인이다" 이렇게 소신있게 말할 수 있는 정치인이 있어야 하지 않나요.

우리 사회에 언제 그런 배짱있는 정치인이 등장할까요. 참으로 기다려집니다. 마치 "고도를 기다리는 것"처럼요.

정치의 멋은 어디 있습니까. 우리는 마술을 보러갔을 때 마술사가 소매에서 갑자기 비둘기를 끄집어내는 모습을 보면 열광하지 않나요.

정치인들은 때로는 그런 '마술사'와 같은 모습을 보여야 합니다. 여야를 막론하고 우리 정치인들이 다툼과 대립으로 얼룩진 각종 쟁점사안들에서 "내 몫이나 내편 몫은 못 챙기더라도, 공동체 전체의 몫은 챙기겠다"며 화합의 해법을 제시할 수 있어야 비로소 '정치에 대한 묘기'를 보이고 있다는 찬사를 받으리라는 생각이 드는군요.

■ 정치인의 가장 큰 죄악은 '기회주의'

일반적으로 정치인은 이기적 존재죠. 정책을 주장하든, 개혁을 주장하든, 거의 예외없이 주어진 환경과 조건하에서 자기 자신에게 유리하며 정치적 이익을 가져다 줄 수 있는 것만 주장하기 때문이지요.

아마도 정치인들처럼 공익에 관한 이야기를 많이 하는 사람도 없을 것입니다. 그럼에도 정치인을 불신하는 사람들이 적지 않은 것은 공익의 개념을 '아전인수我田引水', 즉 "자신의 논에 물대기"식으로 사용하는 경우가 많기 때문이 아닐까요.

공익의 개념에 호소하는 방식은 어떤 정치인을 막론하고 자신의 주장을 설득력있는 것으로 만들기 위해 원용하는 방안이죠.

어떤 정치인이라드 "이 정책이 내게 유리하기 때문에, 혹은 표를 모으는데 도움이 되기 때문에 이 정책을 추진한다"라고 말할 리 만무합니다. 만일 이렇게 주장한다면, 다른 사람들이 왜 그 정책을 지지하거나 받아들여야 하는지에 대한 이유는 아닌 것이지요. 그래서 '공익'의 개념을 방패로 삼는답니다.

그런 점에서 정치인은 위선적입니다. 그러나 그렇다고 해서 정치인은 사적인 자기이익 이외에는 어떠한 것도 옹호하지 않는, 이른바 '속물적 존재'라고는 단언할 수 없습니다.

정치에는 수많은 이기적 행위가 있지만, 그러도 정치인들은 다른 사람들보다 비교적 '공인의식'을 가지고 있다고 생각하는 것이 이치에 맞지 않을까요.

사법시험에 합격한 예비법조인이 항상 개구일성開口—聲처럼 하는 말이 있습니다. "정의를 위해 헌신하겠다"는 것이지요. 개인으로서는 빵 문제를 해결하는 호구지책에 불과한데, 정의를 말하고 있으니, 조금 이상하지 않나요.

정치인도 마찬가지입니다.

어떻게 보면 자영업처럼 자신이 택한 생활형 직업에 불과한데도 정치에 입문하면서 "나라를 위해, 국민을 위해 이 한 몸 바치겠다"고 기염을 토하는 것입니다.

그럼에도 생각해야 할 점이 있죠. 인지심리학자인 페스팅거 L. Festinger가 주장한 것처럼 '인지부조화이론'이 의미가 있다면, 남을 위해 일하겠다고 나선 사람이 항상 자기 자신의 이익만 생각한다면, 마음의 고통이나 스트레스가 감당할 수 없을 만큼 크지 않을까요.

물론 정치인이 가지고 있는 '공인의식'은 그리 대단한 것이 아닐는지 모릅니다. 그럼에도 전혀 무의미한 것만도 아니죠.

이렇게 주장한다그 해서 정치의 상당 부분이 비열하며 저차원이라는 점을 부인할 필요는 없습니다. 정치활동에서 간교함은 피할 수 없는 것이죠. 예를 들어 한미 FTA와 같은 문제에서 농촌 지역구 출신이라면 표를 잃을까 두려워 원래 자신의 생각과 다르게 반대의사를 공개적으로 표명하기도 합니다. 혹은 지방출신 정치인이라면 당연히 수도권규제완화에 결사반대합니다. 또 국회에서 한바탕 몸싸움을 하고 나서도 TV에 나가서 달할 때는 멱살을 붙잡고 싸웠던 상대방 의원을 크게 칭찬하지요.

그런가 하면 실제로는 이름정도만 알고 있는 것에 불과하지만, 역사상 유명했던 세계적 정치인을 존경한다고 공언함으로써 같은 위대한 정치인을 존경해온 순진한 유권자들로부터 많은 표를 얻을 수도 있지요. 일부 정치인은 링컨이나 만델라와는 다른 행동을 보이면서도 말로는 링컨을 존경하고 만델라를 좋아한다고 함으로써 역시 같은 성향의 사람들로부터 지지를 얻는데 성공하기도 합니다.

그렇지만 정치인들의 주된 탈선은 그런 것이 아닙니다. 고도로 정교화된 인간의 '나약함'에서 나온다고 할 수 있기 때문이죠.

정치인의 나약함이란 무엇일까요.

유권자나 국민들로부터 어리석다고 평가받는 것이 두려워, 혹은 인기를 잃는 것이 무서워 비록 잘못되었다고 판단하더라도 사람들 사이에 유행하고 있는 생각이나 견해에 도전을 하지 못하고 영합하는 경향입니다.

이른바 '곡학아세曲學阿世' 하는 학자들처럼, 자신의 비겁함과 소심함을 감추고 또 원칙조차 버린 채 세상에 아부하면서도 사람들 의견을 경청하는 민주적인 정치인처럼 포장하려는 잘못된 욕구가 바로 이 '나약함'입니다.

이렇게 되면 소신없이 유행만 따르는 소인배들의 태도와 다를 바 없어 때로는 사람들의 저급한 취향이나 격정에 영합하는 결과를 초래하기도 하죠.

물론 민주정치인은 일정수준 바닥민심과 일정수준 연계되어 있어야 합니다.

'독불장군'처럼 살면서, 혹은 '무소의 뿔'처럼 혼자 저돌적으로 나아간다면, 어떻게 표를 얻을 수 있겠습니까.

바람처럼 변화무쌍한 여론은 물론, 미래의 사태추이에도 항상 신경을 집중하고 있어야만 하는 고도의 위험성을 가진 직종에 종사하는 존재가 정치인이 아닐까요. 대중정치인에게 있어 임기응변능력과 순발력은 분명 하나의 재능입니다.

왜 그럴까요.

정치인은 나름대로 의견과 소신, 원칙이 있을 수 있으나, 정치인 자신에게 중요한 것처럼 보이는 이슈가 다른 사람들에게는 중요하지 않을 수도 있어요. 설득과 소통의 문제가 중요한 과제가 되는 이유죠.

정치인이라면 누구나 자신의 정책이 지지자들에게 얼마나 공감대를 형성할 것인가라는 문제에 부딪치게 마련입니다. 이 경우 자기성찰적 사고보다는 상대방의 기분이나 성향에 대해 더 많이 생각할 수밖에 없지요. 상대방이란 때로는 동료이고 때로는 자신의 정당이며 때로는 유권자 전체가 될 수도 있습니다.

당연히 정치인은 자신의 소신을 가질 뿐 아니라 동시에 유연하며, 임기응변에 능해야 합니다. 자기 자신의 견해가 일반 시민들에게 끼칠 영향과 미래에 끼칠 수 있는 가능한 효과까지 고려해야죠.

하지만 때로는 시대의 유행과 호사가들의 입방아를 뛰어 넘을 수 있는 원칙과 이를 지켜나가는 용기와 지혜를 반드시 가지고 있어야 합니다. 성공적인 정치인이라면 '반응형 정치인'을 넘어 '선구자형 정치인'이 되어야 하지 않을까요.

정치인에게 진정한 소신과 원칙이 없다면, 그리하여 다른 사람들이 "무엇을 어떻게 생각하고 있나" 하는 문제에만 신경을 곤두세우고 인기에 영합하려 한다면, 자신의 독자적인 '스펙 쌓기'에는 관심이 없고 두리번거리며 남의 답안만 기웃거리고 베끼려고 하는 기회주의적인

'표절자'에 불과합니다.

자신이 목표로 삼는 일에 대해 뚜렷한 비전과 확신이 없는 정치인을 두고 어떻게 소명의식을 가진 정치인이라고 할 수 있을까요.

■ 정치인을 좋아한다는 것!

우리 사회가 민주화되면서 새롭게 생긴 문화적 트렌드가 있습니다.

'정치인 ○○○'을 사랑하는 모임들이 우후죽순처럼 생기기 시작한 것이죠.

그동안 운동선수나 영화배우, 가수 등을 사랑하는 모임들이 활동해 왔던 것은 매우 친숙한 현상이었으나, 정치인을 좋아하는 팬들까지 나서서 모임을 결성한 것은 파격적인 일입니다.

그것도 평범한 팬의 수준이 아니라 열광하는, 이른바 '광狂팬' 수준이라는 것이 놀라울 뿐입니다.

인기 가수의 노래를 들으면서 기절까지 하는 팬들이 있다고 해서 종종 뉴스거리가 되곤 했죠. 그런데 이젠 정치인을 좋아하는 나머지 죽고 못사는 팬들이 다수 생길 정도로 그 열기가 조금도 뒤지지 않습니다.

'정치인 ○○○'을 사랑하는 모임의 특징은 한결같이 정치인의 어떤 정책, 어떤 비전을 좋아한다는 수준이 아니라 아예 정치인을 '통째로' 좋아한다는 데 있습니다.

머리부터 발끝까지요.

마치 연인戀人을 사랑할 때처럼, 잘할 때는 당연히 좋지만, 못하면 못한 대로 좋다는 것이니, 이 얼마나 경이로운 일인가요.

물론 정치인들에게 있어서도 팬이 생기는 것보다 더 큰 자산은 없을 것입니다.

민주사회에서 권력의지를 가진 정치인이라면 마치 "목마른 사슴이 시냇물을 찾듯" 민심과 표심을 붙잡고자 자나깨나 노심초사하는 존재가 아닌가요.

그래야 비로소 대통령이나 국회의원에 당선될 수 있고 또 대권의 차기나 차차기를 노리는 유력한 정치인의 반열에 들 수 있습니다. 그렇기 때문에 유권자들의 인기를 통해 자신의 존재감을 확인하는 정치인들에게 있어 자신을 밋밋하게 지지하는 수준을 넘어 열광적으로 사랑하는 팬 모임이 생기는 것처럼 행복한 일은 없는 것입니다.

그럼에도 문제가 있죠.

우리 사회에서 '정치인 ○○○'을 사랑하는 모임들이 한결같이 안고 있는 가장 큰 문제라면, 자신이 좋아하는 정치인을 다른 사람들이 비판하거나 비난하는 것을 조금도 참아내지 못한다는 것이죠.

이런 정치인에 대한 무조건적인 숭배경향, 이른바 '광狂팬 의식'을 어떻게 보아야 할까요.

한 개인이 정치인으로서 받게 되는 비판이나 비난을 그 자체로 부당하다거나 억울한 것으로 간주해서는 곤란하다는 생각이 듭니다.

정치인이 받게 되는 비판은 피할 수 없는 '정치인의 운명'과 같은 것이기 때문이죠.

원래 정치인은 고독한 존재입니다. 그는 언제나 자신이 내세우는 가치나 정치철학, 비전 및 정책 등으로 인하여 사회·정치적 논란의 한 가운데 서거나 쟁점의 한축을 이룹니다.

물론 정치인이 자기 커리어의 성공 사례로 인기 있는 운동선수나 연예인을 벤치마킹할 수는 있겠으나, 모든 사람들로부터 사랑을 받는다는 것은 불가능합니다.

정치인이 일부 사람들이나 세력에게는 아무리 인기가 있어도 만인의 친구는 결코 될 수 없는 이유는 그의 견해나 비전 및 정책을 싫어하는 소수는 남아있을 수밖에 없고 심지어는 그의 정책을 반대하는 다수가 언제든지 존재할 수 있기 때문이죠.

정치인은 자신이 표방하는 정책이나 비전을 통해 항상 일정한 부류의 사람들, 심지어는 다수의 사람들에게 고통과 불행을 줄 수밖에 없어요.

이런 점에서 정치에서는 아무리 잘하려고 해도 크리스마스 때 아이들에게 선물을 줌으로써 언제나 환영을 받는 산타클로스처럼 '선역善役'만을 담당할 수는 없습니다.

자신의 뜻과 다른 사람들에게 역시 반대되는 정책을 강요하는 '악역惡役'을 떠맡게 됩니다.

오죽하면 막스 베버Max Weber는 이런 정치인의 특징을 꼬집어 '악마와 계약'을 맺는 상황으로 보았을까요.

그러므로 아무리 성공한 정치인의 삶이라고 하더라도 인기의 오르막과 내리막을 수없이 반복하는 파란만장한 삶일 수밖에 없습니다. 열렬한 지지자가 있는가 하면, 격렬한 반대자들도 있는 법이죠.

일찍이 스파르타의 법을 세움으로써 '반신반인半神半人'이라고 불리는 리코르고스는 많은 스파르타인들로부터 존경과 칭송을 한 몸에 받았죠.

하지만 자신의 법에 격렬하게 반대하는 한 젊은이의 지팡이에 눈을 찔려 한쪽 눈이 멀기도 했습니다. 그래서 리코르고스는 외눈박이가 되었답니다.

고대의 위대한 입법자였던 리코르고스와 같은 위대한 정치가도 비판이나 봉변을 피할 수 없었다면, 항차 그와 비교조차 하기 어려운 현대의 많은 정치인들의 입장에서 감내해야 하는 비판이나 비난은 너무나 당연한 것이 아닐까요.

21세기 한국의 정치인들을 둘러싼 이와 같은 미움과 비판의 소용돌이에서 어떤 의미를 읽어야 할까요.

비판과 미움이 정치인 개인에게는 감당하기 어려운 무거운 짐과 같은 것이겠지만, 정치공동체의 미래를 위해서는 바람직한 현상으로 보아야 할 것입니다.

15세기 정치사상가였던 피렌체의 마키아벨리야말로 이런 생각을 가졌던 사람이죠.

로마에서는 위대한 공을 세운 정치인에게도 '배은망덕背恩忘德'이라고 할 정도로 가혹한 비판을 할 수 있었기에 자유가 발전했고, 법의 지배가 가능했다는 것이 그의 의견이었습니다.

고대 로마에 가이우스 마르키우스 코리올라누스Gaius Marcius Coriolanus라는 유명한 장군이 있었죠. 귀족 혈통으로 기원전 6세기 말에서 기원전 5세기 초까지 생존했다고 전해지는군요. 허도 유명해서 셰익스피어는 그를 주제로 한 작품을 썼지요. 『코리올라누스』가 바로 그 책이죠. 그는 볼스키족과의 전쟁에서 코리올리 성을 공격하면서 용맹을 떨친 것을 계기로 '코리올라누스'라는 이름을 얻었죠.

그의 용기에 감동한 로마인들은 그를 칭송합니다.

> "코리올리 성앞에서 보여준 그의 용기를 기려
> 박수갈채와 환호와 함께, 지금부터 영원히
> 그를 카이우스 마르키우스 코리올라누스라고 부르자!

영광의 이름이 무궁하도록!"

하지만 환호도 잠깐뿐이었어요. 귀족과 평민이 서로 대립하는 상황에서 집정관에 출마했지만 고배를 마십니다. 평민들이 반대한 것이죠. 그 후 기원전 491년에 로마에 기근이 들자 그는 로마 시민들이 호민관을 축출하는 데 동의하지 않을 경우 곡식을 받지 못하게 하도록 의견을 내지요. 결국 이 일이 문제가 되어 호민관은 그를 추방합니다. 이에 코리올라누스는 볼스키족 왕에게 가서 피신하죠. 그 후 볼스키족 군대를 동원해 로마를 습격했으나 그의 어머니와 아내가 탄원하자 돌아섭니다. 결국 그는 볼스키에서 암살을 당해 비극적으로 생애를 마감합니다.

고대 로마의 코리올라누스도 그랬다면, 21세기 한국의 정치인들도 이와 같은 사례를 가슴에 새기고 교훈을 얻어야 합니다.

정치인을 사랑하는 모임에서 자신들이 좋아하는 '정치인 ○○○'은 아주 훌륭한 사람인데 비판자들의 악의와 비방 때문에 명예가 훼손되고 있다고 생각하면서 회한과 격분의 감정에 몰입하는 것이 옳지 않은 것은 이 때문이죠.

정치인을 사랑하는 것은 자유지만, 연인이나 연예인을 사랑하는 것과는 다르다는 것을 정치인 본인이든, 그 정치인을 사랑하는 모임이든, 알아야 하지 않을까요.

권위의 회복이 시급하다

I'm a free man

'권위'란 과연 무엇인가

지금 한국사회는 국가의 권위는 물론 시민사회의 권위가 날개도 없이 추락하는 상황에 직면해 있다고 해도 과언이 아닙니다. 공동체의 질서와 지속가능성을 위해 국가권위를 행사해 온 대통령, 행정부, 입법부 및 사법부가 근본부터 흔들리고 있는 것이지요.

민주사회에서 대통령을 비판할 수는 있어요. 그러나 욕설로 일관하는 것은 문제가 아닐 수 없지요. 대통령 개인을 넘어 대통령직 자체에 대한 냉소와 비아냥거림은 권위의 추락을 단적으로 보여주는 사례가 아닐까요.

또 영화 '도가니'나 '부러진 화살'의 흥행성공이야말로 사법부의 실추된 권위를 여실히 나타내주는 사례가 아닐 수 없군요. 국회의 권위는 더 말할 것도 없습니다. 국회의원 개개인에 대한 불신은 물론 입법부에 대한 반감과 불신은 최악의 수준이라고 할 수 있지요.

그렇다고 시민사회의 권위가 건강한 것도 아니지요. 종교계의 권위 역시 빠른 속도로 무너져 내리고 있기 때문입니다. 2011년 조계종 조사에서 종교계의 신뢰도는 시민단체, 의료계, 학계는 물론이고 대기업보다도 낮은 것으로 나타났습니다. 2010년 개신교 단체인 '기독교윤리실천운동'이 실시한 조사에서도 '한국 교회를 신뢰하느냐'는 설문에 17.6%만이 '신뢰한다'고 응답했을 정도죠.

'교실붕괴'로 상징되는 학교의 권위추락도 어제 오늘의 일이 아닙니다. 학생으로부터 매를 맞는 선생님이 생겼고 초등학생까지 "선생님, 학생인권조례 생겼으니 저한테 간섭 마세요"라며 맞서는 세상이 된 것입니다.

오늘날 저급한 언어를 구사하여 대중들의 값싼 취향에 영합하는 미디어 매체들이 인기를 얻고 또 여론의 중요한 축을 형성하고 있는 것도 권위의 부재를 말하고 있는 것이 아닐까요. 분노와 반골의 정서가 어느덧 젊은 세대의 화두가 된 것도, 또 부모세대와 자녀세대 간의 갈등이 두드러진 것도 근본적으로는 국가권위와 시민사회 권위의 추락 때문이라고 할 수 있을 거에요.

사람들은 말합니다. 평등한 사람들끼리 살아가는 세상에서 왜 권위가 필요하냐고요.

일견 맞는 말 같군요. 높고 낮음이 없는 평등한 사람들인데, 그 가운데 누구는 명령과 지시를 내리고 또 누구는 그 말을 들어야 한다면, 그보다 더 불평등한 사회도 없을 거에요. 그렇다면 정말로 평등한 사람들끼리 이루어진 사회에서는 권위가 필요 없을까요.

그렇지 않습니다.

평등한 사람들의 사회에서도 다툼이 있을 수 있지요. 대표자를 뽑겠다며 일인일표의 선거를 하는 상황에서도 그 선거를 감독하고 선거 결과를 확증하는 선거관리위원회의 권위가 있어야 하지 않을까요. 선거관리위원회의 권위가 없다면 누구도 선거결과를 믿지 않을 것입니다. 누구든 자기편이 이겼다고 할 테니까요.

또 살다보면 누가 가해자인지 아니면 피해자인지 다툴 수도 있잖아요. 이런 상황은 교통사고 현장에서 많이 볼 수 있는 광경이지요. 두 명의 운전자들이 "네가 잘했니, 내가 잘했니" 하며 마구 다툴 때 이 문제를 가늠하기 위해서는 교통경찰의 권위가 필요합니다. 또 한 걸음 더 나아가 재판정에서 다툴 때는 어떤가요. 판사의 권위가 요구되는 게 아닐까요.

권위authority란 특별한 것입니다. 권력과 비슷한 것 같지만 다른 것이지요. 권위란 원래 명령과 지시를 내리는 권한과 같은 것이지만, 몸센W. J. Mommsen의 표현을 빌려, 그 본질을 뜯어볼 때 "거부할 수 없는 충고"라고 할 수 있어요.

'충고'의 성격을 가지고 있다는 점에서 강제적 성격이 두드러지는 권력과는 다르고 '거부할 수 없다'는 점에서 규범적 성격이 드러납니다. 권위야말로 사람들로부터 승복을 이끌어내는 규범적 힘이 아닐까요.

대통령의 '권위'와 대통령의 '권력'은 사람들에게 똑같은 어감을 불러일으키는 것은 아니지요. 권력에서 위압감이 느껴진다면, 권위에서는 규범적 성격이 짙게 배어있습니다. '부모의 권위', '교사의 권위', '성직자의 권위'라고 지칭할 뿐, '부모의 권력', '교사의 권력' 혹은 '성직자의 권력'이라고 부르지 않는 이유가 바로 여기에 있는 것이지요.

자녀에게 사랑의 매를 들고 학생들에게 사랑의 벌을 가하는 부모의 권한, 교사의 권한이 일정한 물리력을 바탕으로 하고 있는 것은 사실이지만, 여기서는 물리적 힘이 주가 아니라 규범적 울림이 핵심이 되고 있기 때문입니다.

그러나 그렇다고 해서 '진정한 권위가 어떤 것인가' 하는 물음은 제기할 필요가 있지요. 예를 들면 진정한 권위란 도덕과 공존할 수 있어야 하지 않을까요. 로마의 네로처럼 로마시내에 불을 질러놓고 "그리스도교 신자들이 범인이니 그들을 모두 죽여라"라고 하는 식의 부도덕한 명령을 내리는 경우, 왕의 권위는 의심스러울 수밖에 없지요.

또 진정한 권위는 이성적 판단과도 동행해야 하지 않을까요. 어떤 교주가 자신의 신도들에게 "세상의 종말이 3달 후에 올 테니 집이나 토지 등 전 재산을 다 내게 바쳐라"라고 명령한다면, 그의 권위가 이성과 같이 가는 것이 아님은 분명하지요.

참기름이라고 해도 '진짜' 참기름인지 '가짜' 참기름인지를 나누는 것처럼, 혹은 '진짜' 꿀과 '가짜' 꿀을 구분하는 것처럼, 권위라고 해도 이에 온전히 승복할 수 있는 진정한 권위인지, 그렇지 않은 가짜 권위인지 가늠할 필요를 느끼지요. 그래서 '참된' 권위와 '가짜' 권위에 관한 논란도 벌어지는 거에요.

그러나 문제는 비교적 참된 권위라는 판단이 일단 섰다고 해도 그 권위에 대한 의문과 의구심이 전적으로 사라지는 것은 아니라는 점에 있지요. 왜 그럴까요. 권위는 도덕과 같은 것이 아니며, 또 이성과 동일한 현상도 아니지요. 또 자율성과 같은 것도 아닙니다.

법정 스님과 같은 도덕군자만이 권위를 행사할 수 있는 건 아니잖아요. 물론 덕을 갖춘 지도자가 권위를 행사할 수 있다면 좋겠지만, 전쟁의 상황에서 부하들에게 권위를 행사하려면 군사전문가가 되어야 하지 않을까요. 군사전문가는 덕이 없어도 얼마든지 부하들을 지휘·통솔할 수 있는 권위를 행사할 수 있지요. 또 교회의 지도자가 신자들에게 권위를 행사한다고 할 때 반드시 이성에 입각한 문제만 이야기하는 것은 아니지요. 신에 대한 믿음은 이성으로부터 나온 것이라기보다는 불확실성을 과감하게 받아들이겠다는 의지로부터 나온 것이기 때문입니다.

이처럼 권위는 독특한 가치영역이랍니다. 그러나 그렇다고 해도 올바른 권위란 도덕이나 이성 또 자율성과 공존하는 어떤 것이 되어야 하지 않을까요.

이치는 자명합니다.

빵과 버터는 서로 다른 것이지만, 양자 사이에는 친화성이 존재하지 않나요. '버터 바른 빵'에서 알 수 있는 것처럼, 빵과 버터는 평화롭게 공존하는 것입니다. 또 '바늘과 실'의 관계도 생각해볼 수 있지요. 바늘과 실은 다르지만, 바늘 가는 데 항상 실이 갈 정도로 양자 사이의 친화관계는 두텁습니다.

이와 마찬가지로 권위와 도덕은 비록 서로 다른 것이긴 하지만, 그럼에도 불구하고 가능한 한 상호간에 공존할 수 있어야 하지 않겠어요. 또 권위와 이성도 다른 조건이 같다면, 쉽게 양립할 수 있어야 비로소 우리는 권위에 대한 신뢰를 할 수 있을 것입니다. 그러나 그렇지 못하다면 권위는 불신의 대상이 될 수밖에 없지요.

셰익스피어의 작품 『리어왕』에는 권위의 특성이 정말로 잘 나타나 있지요. 영국의 늙은 왕 리어는 어느 날 자신의 딸, 고너릴, 리건, 코델리아를 불러 각자 얼마나 아버지를 사랑하는지 말해보도록 요구합니다. 사랑한다는 말의 정도에 따라 딸에게 돌아갈 재산의 크기를 결정하겠다는 것이 그의 의도였지요.

리어왕의 큰딸 고너릴과 작은딸 리건은 마음에도 없는 아첨의 말을 늘어놓는군요. 하지만 막내딸 코델리아는 자신을 낳고 길러준 은혜에 합당한 만큼만 아버지를 사랑한다고 잘라 말하지요. 코델리아를 가장 사랑해왔던 리어왕은 막내딸에게 다시 말할 기회를 주게 됩니다. 하지만, 그녀가 아첨을 거절하자 불같이 노하게 되지요. 그는 코델리아를 지참금도 없이 데려가겠다는 프랑스 왕에게 주어버리고 모든 국토와 재산을 다른 두 딸에게 나누어 줍니다.

하지만 모든 재산과 권력을 물려받은 고너릴과 리건은 표변하죠. 권력을 이양하고 자신들의 집에서 사는 늙은 아버지를 구박하고, 그의 신하들을 업신여겨 그 수를 줄이려 하지요. 이에 분노한 리어는 두 딸을 설득하기도 하고 비난하기도 하는 등, 그들의 마음을 돌려보려 안간힘을 씁니다.

허나 두 딸들은 아버지의 분노를 아랑곳하지 않고, 그를 폭풍우 속으로 쫓아내 버리고 맙니다.

영토와 실권을 건네주고 난 후 왕의 권위와 명예만을 보유한 상징적인 왕으로 전락한 리어는 두 딸로부터 자기가 기대하는 권위, 명예, 아버지 그리고 노인으로서 받을 존경마저 모두 박탈당했다는 사실을 깨닫게 되지요. 그러나 충직한 신하 켄트에게만은 리어는 늙고 쓸모없는 존재가 아니라 무섭고 장대하며 뭇 인간들 중 왕입니다. 켄트는 '권력'을 다 잃고 이름만 남은 리어왕을 '권위'라는 이름으로 끝까지 숭배해 마지않는군요.

켄트가 왕이 정신이상이 된 폭풍우 장면에서도 옛날의 존경의 말투였던 'your grace', 'my lord,' 'sir'과 같은 경어를 사용하기를 주저하지 않는 이유가 바로 그것이지요.

정신이 나간 리어와 그를 끝까지 따라다니는 켄트, 두 사람은 놀라운 대화를 나누게 됩니다.

> 리어 : 넌 나를 아느냐.
> 켄트 : 아뇨. 그러나 당신의 거동에는 제가 기꺼이 '주인님master'이라고 부르고 싶은 것이 있습니다.
> 리어 : 그게 무엇이냐.
> 켄트 : 권위authority입니다.

물론 21세기 한국의 공동체에서는 왕과 신하의 '주종관계'가 아니라 자유인들의 평등한 관계가 특징이지요. 사람들 위에 군림하고 그런 존재를 받들어 모시는 군신君臣의 관계가 아니라 주인의식을 갖는 '시민들 사이의 관계'라는 뜻입니다.

그렇다면 이런 평등한 관계에서도 시민들이 "캡틴, 캡틴, 우리 캡틴"이라고 부를 수 있는 대상이 있어야 공동체의 권위가 살아있다는 표증이 되지 않을까요.

하지만 문제가 있군요.

우리 공동체에서 대통령의 얼굴을 보면서 "당신의 얼굴에는 제가 '대통령님'이라고 부르고 싶은 것이 있습니다"라고 말하는 시민들이 있는가요. 판사를 보면서 "당신의 얼굴에는 제가 '판사님'이라고 부르고 싶은 것이 있습니다"라고 말하는 시민들이 있나요. 또 국회의원을 보면서 "당신의 얼글에는 제가 '존경하는 의원님'이라고 부르고 싶은 것이 있습니다"라고 말하는 시민들이 있는가요.

사실은 이렇게 말할 수 있는 시민들이 많아야 비로소 우리 공동체에서 국가의 권위가 살아 숨쉰다고 할 수 있을 것입니다. 대통령, 행정부, 입법부, 사법부의 권위가 바로 설 때, "국가가 내게 무엇을 해줄 수 있는가"를 묻기 전에 "내가 국가를 위해 무엇을 할 수 있는가" 하는 물음을 하게 될 것입니다.

그렇다면 어떻게 하면 국가의 권위가 살아 숨쉴 수 있을까요. 어떻게 하면, "우리 대통령님, 우리 국회의원님, 우리 판사님"이라는 목소리가 터져 나올 수 있을까요.

그러기 위해선 우리 대통령, 국회, 그리고 사법부가 변해야 해요. 반드시 환골탈태해야 해요.

■ 공화국의 대통령이라면 권력을 분산해야

우리 대통령은 권력이 너무 비대합니다. 인사권을 비롯해 권한도 너무 크지요. 이렇게 무소불위無所不爲의 권력을 가지고 휘두르다보니 왕정시대의 왕과 다를 바 없습니다. 사실 대통령이 사는 곳도 궁궐과 비슷한 곳이 아닌가요. 일반인들의 거처와도 철저히 차단되고 있지요.

그렇다면 이런 모습들이 왜 문제가 될까요. 아무리 권력이 크더라도 대통령이 국리민복을 위해 '일 중독자'처럼 일하면 그만인데, 또 그런 권력을 잘만 쓰면 괜찮은데, 왜 비대한 권력이 문제가 되는 건가요.

한마디로 권력에는 절개나 초심, 혹은 일편단심一片丹心과 같은 것은 없기 때문이에요. 권력이란 커지면 커질수록 몸집이 커져 결국은 '알라딘의 램프'를 빠져나온 거인처럼 되는 거에요. 그러면 누구의 말도 듣지 않는 괴물이 되는 겁니다. 그렇기 때문에 권력집중이란 진정한 공화국에서 말하고 있는 견제된 권력이나 통제된 권력의 모습과 어울릴 수가 없는 거죠.

우리가 공화정이라고 할 때 공화정의 권력은 항상 나누어지게 마련입니다. 또한 나누어져야 하지요. 영국의 대표적 공화주의자인 해링톤 J. Harrington은 권력의 분배와 관련, 재미있는 은유법을 썼어요. 빵을 자르는 소녀와 그 자른 빵을 선택하는 소녀는 달라야 한다는군요. 한 소녀는 말하죠. "네가 나누면 나는 선택할게, 혹시 내가 나누게 되면 네가 선택해 Divide, and I will choose, or let me divide, and you shall choose." 빵을 자르고 또 그 자른 빵을 가져가는 사람이 같으면, 그것은 이미 권력집중이 되는 거에요.

이처럼 진정한 공화국에서는 어느 누구도 권력을 독점할 수 없습니다. 바로 그것이 로마의 키케로가 공화국을 '레스 푸블리카'라고 불렀을 때 가졌던 의미이지요. 그 '레스 푸블리카res publica'는 '레스 우니우스res unius'와는 다르다는 것이 가장 대표적인 특징인데, 권력이란 한 사람의 소유물이 아니라 모든 사람의 공유물이기 때문입니다. 그러므로 만일 권력을 독점하는 한 개인이 있다면, 그 나라는 '레스 푸블리카'가 아니라 '레스 우니우스'인 셈이지요.

그렇다면 왜 권력이 한 사람에게 집중되기보다 나누어져야 하는가요. 우선 권력이 나누어져야 '진정한 법치法治'가 가능합니다. 그렇지 않을 때 법치는 조롱과 비아냥의 대상이 될 수밖에 없지요. 사실 법에 의한 통치, 즉 법치는 민주 공동체뿐만 아니라 왕정 아래서도 간절히 희구하고 있는 가치입니다. 왕이 다스리는 왕정에서도 법은 항상 왕들이 자신의 효율적이고도 공정한 통치를 정당화하기 위한 강조의 대상이었지요.

하지만 문제는 왕 자신만은 법 위에 군림하고 있다는 사실이었습니다. 다른 사람들은 법을 엄격하게 지켜야 하는데, 자신만은 예외고 자신만은 유일하게 법을 어겨도 부끄러워 할 필요가 없는 '무치의 존재'라고 한다면, 영어로 'rule of law', 즉 '법의 통치'가 아니라 영어로 'rule by law', 즉 '법을 빙자한 통치'가 되는 것입니다.

이것은 고대 중국 법가의 사상가들이 이야기 했던 내용과 다를 바 없는데, 이런 법가사상이 문제가 되는 것은 법치를 강조하기는 하는데, 왕 하나는 예외로 빼놓기 때문이지요.

권력이 나누어져야 비로소 통치자의 사적 이익과 탐욕이 통제될 수 있습니다. 또 그래야 비로소 권력형 부정부패가 줄어들 수 있지요. 권력이 제어되지 않으면 권력을 독점하는 통치자는 자신의 이익과 자신 일가의 이익, 혹은 자기편의 이익을 위해 그 권력을 쓰게 되지요.

인간이란 원래 권력 오·남용의 유혹에 매우 약한 존재지요. 그래서 권력을 독점하게 되면 항상 자기 자신과 자기편을 먼저 생각하게 마련이어서, 다른 사람의 이익이나 공동체의 이익은 뒷전으로 밀리게 됩니다.

그러니 어떻게 공동의 이익이나 공동체의 이익이 권력의 지나친 독점으로 인해 권력이 사유화하는 상황에서 가능할까요. 불가능하죠. 권력이 오랫동안 독점된 나라에서 권력형 부정비리가 판치는 것도 바로 이와 같은 이치인 것입니다.

또한 권력이 제대로 나누어지고 견제를 받아야 유능한 사람을 쓸 수 있고 유능한 사람을 쓰기 위한 '삼고초려三顧草廬'가 가능합니다. 권력을 독점함으로써 권력을 가진 사람이 하나일 때 그런 통치자는 항상 자신보다 더 나은 권력자가 생길까봐 걱정하게 마련입니다. 권력의 경쟁자가 생기는 것은 자신의 자리를 유지하는데 너무나 위협적이어서 불안하게 되지요.

이처럼 어떤 수단과 방법을 쓰던 간에 우수한 경쟁자를 제어하려고 하는 것이니, 이것이 바로 고대 유데아에서 헤로데가 베들레헴에서 태어난 세 살 이하의 어린애들을 마구 죽인 어처구니없는 이유입니다.

비대한 권력을 가진 통치자는 자기보다 유능한 사람이나 자기와 비슷한 유능한 사람을 쓰기보다는 자기보다 능력은 떨어지면서도 자신을 떠받들어 모시는 '예스맨'을 쓰고 싶어하는 것입니다. 그렇기에 권력이 독점된 상황에서는 최고의 인재가 등용되기 어렵지요.

마지막으로 권력이 제대로 나누어져야 권력의 사용과정에서 진정한 숙려와 심의, 반성이 가능해집니다. 권력이 독점되면 권력을 독점한 사람의 이성보다도 감정, 정서, 느낌 같은 것들이 최고의 잣대가 됩니다. 바로 그렇기 때문에 그런 통치자 밑에 있는 사람들은 법을 두려워하는 것이 아니라 통치자의 심기를 건드리는 것을 매우 두려워하지요.

그 결과 특정한 국정 사안이 발생했을 때에도 제대로 된 심의와 숙고를 하는 것이 아니라 어떻게 하면 통치자에게 유리한 쪽으로, 통치자의 심기를 거스르지 않는 방식으로 풀어갈 수 있을까만을 고민하게 되는 것입니다. 그러니 국리민복의 방향과는 다른 방향으로 나아가게 될 가능성이 크지요.

실제로 바로 이런 상황들이 우리 대한민국의 상황이기도 합니다. 우리 대통령은 왕과 같습니다. 다른 게 있다면 혈통만은 따지지 않는다는 것이지요. 그러니 비록 투표에 의해서 뽑히지만 일단 뽑히고 나면 거의 절대권력을 거머쥐게 되어 많은 사람들이 "과천서부터 기어가게 되는" 모습을 보이게 되는 것입니다.

이렇게 우리 대통령은 선거에서 당선된 후부터 왕이 되어 청와대를 왕궁으로 삼아 군림하고 참모는 '가신家臣'이 되거나 '내시內侍'와 같은 존재가 되는 것입니다. 대통령의 측근이나 참모들은 대통령이 잘못해도 비판적인 말은 한마디도 못하는 '예스맨'이나 "지당합니다"만을 되내는 이른바 '지당대신'처럼 되는 이유가 여기에 있지요.

그리고는 대통령 임기말이 되면 권력누수현상이 일어나 대통령 편에 섰던 사람들 중에 배반자도 생기고 그동안 감추어져 있던 온갖 비리가 폭로되는 것입니다. 그 결과 대통령은 그동안에 누리던 권력은 물론 권위까지 잃고 '미운 오리 새끼'처럼 처량한 신세가 되는 것이지요.

이제 대통령의 권위를 회복하고 명실상부한 '자유인의 공동체'를 만들기 위해서는 새로운 통치 패러다임을 만들어야 합니다. 그것은 바로 "divide et impera", 즉 "나누어 지배하라"고 하는 준칙을 시대정신에 맞게 새롭게 해석하는 방식이지요. 이제까지 "나누어 지배하라"는 말은 이질적인 집단으로 이루어진 많은 사람들을 통치할 때 그들이 단합된 힘을 행사하지 못하도록 분할하여 통치하라는 말이었습니다. 이것은 특히 이민족을 통치하는 통치자들의 전략적인 방식이기도 했습니다.

그러나 이제 우리는 "나누어 통치하라"는 화두를 다른 방식으로 이해하고 실천해야 합니다. 그것은 "권력이 집중된 대통령의 권력을 나누어 국리민복을 위해 통치하도록 해야 한다"는 것이지요.

■ 국회여! 국회여! 폭력만은 안 됩니다

우리 국회와 정치인들이 병든 것이 분명합니다. 여야 간에 격렬한 쟁점이 있을 때마다 예외없이 폭력과 욕설, 단상점거가 난무하고 있으니, 어떻게 정상적인 국회이며 건강한 정치인들의 모습이라고 할 수 있을까요.

가벼운 폭력사태가 10년에 한번 정도 일어난다면, "원숭이도 나무에서 떨어질 때가 있는데" 하면서 흥미롭게 지켜볼 수도 있겠지요. 하지만, 허구한 날 나무에서 떨어지는 원숭이와 같은 모습을 보이고 있는 국회는 더 이상 뉴스거리도 아니며 국민들의 짜증만 자극할 뿐입니다.

지난 몇 년간 18대 국회가 보인 행적들이 바로 그렇죠.

2009년 내내 미디어법, 비정규직법을 가지고 볼썽 사납게 여야가 부딪치더니 2009년 같이 되자 전체예산의 1.7%에 불과한 4대강 예산 때문에 예결위회의장이 난장판이 되고 말았습니다. 2008년 말 한미FTA비준 동의안 상정문제로 국회외교통일통상위원회에서 해머와 전기톱, 소화기 등을 동원한 난투극이 일어났는데, 그 '해머국회'는 그 지점에서 한 발짝도 나아진 것이 없는 셈입니다. 또 2010년 예산국회는 아예 일찌감치 날치기로 끝나버렸습니다. 2011년 한미 FTA비준도 야당의 결사반대 끝에 여당의 일방적인 표결로 마감을 했지요. 또 어떤 국회의원은 한미 FTA비준을 반대한다며 국회에서 최루탄을 터트리기도 했죠. 그러면서 안중근 의사의 의거와 비교했답니다. 참으로 어이 없는 일이었어요.

문제는 과거가 아니라 미래죠. 19대 국회는 달라질까요. 폭력이 없는 국회가 될까요. 국회폭력이 근절되지 않으면 어떻게 대만국회를 보고 손가락질을 할 수 있겠어요. 또 태국을 보면서 민주주의가 멀었다고 말할 수 있을까요.

물론 '핑계없는 무덤은 없다'는 속언처럼, 국회에서 정기적으로 일어나는 폭력사태를 두고 여야는 각기 할 말이 많군요. 특히 대변인들은 상대방을 타박하는데 항상 그 유창한 말솜씨를 뽐내지요. 그러나 그 모든 것이 허망한 교언영색巧言令色에 불과하다는 것을 일반시민들은 또한 알고 있답니다.

이유여하를 불문하고 국회에서 폭력이 행사되는 것은 정당화될 수 없지요. 성스러운 교회에서 폭력이 행사되는 것을 상상이나 할 수 있을까요. 그렇다면 성스러운 '민의의 전당'에서 어떻게 말이 아닌 폭력의 행사가 정당화될 수 있을까요. 삼척동자도 아는 이 사실을 우리의 여야 국회의원들만 알고 있지 못하고 있는 것이 유감스러울 뿐입니다. 하기야 그들이라고 해서 왜 모르겠습니까.

일찍이 니부어R. Niebuhr라는 학자는 "도덕적 인간과 부도덕한 사회Moral Man, Immoral Society"라는 책을 냈지요. 개인은 도덕적으로 살지만, 집단적으로는 부도덕한 존재로 살게 되는 경우가 많다는 것이 그 내용이지요. 이에 관한 대표적 사례가 혐오시설에 대한 반대, 즉 '님비Nimby' 현상이랍니다. 개인적으로는 아무리 정직하고 공익지향적인 사람이라도 자신의 동네에 쓰레기장 같은 혐오시설이 들어오는 것은 반대하게 되지요. 집단의 일원으로 반대하기 때문에 조금도 양심의 가책을 느끼지 못하는 것입니다.

우리 국회의원들이 바로 그런 존재가 아닌가요. 개인적으로는 벌레 한 마리 죽이지 못할 정도로 폭력을 싫어하지요. 하지만, 자신의 정당이 집단의 이익을 위해 폭력을 불사해도 좋다고 하니 용기백배하여 폭력에 나서게 되는 것입니다. 또 "저쪽에서 폭력으로 나오니 우리도 밀릴 수 없다", 대개 그런 논리가 폭력정당화의 논리죠.

뿐만 아니라 여야의 입장이 바뀌면 폭력에 대한 입장도 바뀌는 것이 흥미롭습니다. 국회폭력은 여당의 정치력 부재와도 상관이 없고 야당의 강경파득세와도 전혀 관계가 없는 '절대악絶對惡'의 문제가 아닐까요.

그럼에도 폭력을 정상적인 의정활동의 한 양태로 보고 있거나 '필요악' 정도로 생각하는 '외계인 국회'라면 조그만 폭력행위에 대해서도 법의 엄한 처벌을 받는 국민들에 대한 모독이 아닐 수 없지요. 여야 간 의견이 다를 때마다 몸으로 싸우면 외나무다리에서 먼저 건너가겠다고 몸싸움을 하다가 둘 다 물에 빠져버린 어리석은 염소와 무엇이 다를 것입니까. 정치인들의 정략적 사고 앞에 상식과 순리가 비집고 들어갈 틈이 없다는 것이 '참을 수 없는' 한국의회 정치의 '저질스러움'이라고 할 수 있을 거에요.

그동안 우리 사회에서는 국회에서의 폭력방지와 관련하여 수많은 제안들이 쏟아져 나왔지요. 자정능력이 없는 국회를 보고 "바둑에서

훈수를 두는 심정으로" 많은 고언과 제도개선책들이 개혁의 차원에서 백가쟁명百家爭鳴처럼 등장한 것입니다. '불량상품' 리콜하듯 '불량 국회의원'을 소환해야 한다는 의견도 있었고, 합법적인 의사진행방해Filibuster제도를 도입해야 한다는 주장도 나왔지요. 그런가 하면, 정당의 강제당론으로부터 의원의 자율성을 보장하는 방안까지 거론됐습니다.

그러나 이러한 제도적 개혁도 상식과 순리를 존중하는 마음이 없으면 백약百藥이 무효無效랍니다. 쟁점법안만 생기면 국회의원 수십 명이 한데 엉켜 몸싸움을 하고 상스러운 욕지거리를 상대방에게 퍼붓는 것은 법이 없고 제도가 없어서 그런 것이 아니지요. 다수결 원칙이나 소수의 권리가 제도적으로 보장이 되지 않아 '폭력국회'가 되는 것도 아닙니다.

상식과 순리를 위해 순교자처럼 몸을 던지는, 결의에 찬 국회의원들이 적다는 것이 문제지요. 왜 이들이 다수가 되지 못하고 소수로 남아 있는 것일까요. 상식과 순리가 다수의 규범으로 자리잡는데 걸림돌이 되는 관행들이 꽤 있기 때문입니다. 우선 폭력이나 완력을 행사한 국회의원들이 언론에서는 나쁜 국회의원으로 비판을 받지만, 당 내부에서는 당을 위해 몸을 던지며 '악역惡役'도 마다하지 않는 영웅으로 대접받지요.

또 이들이 나중에 술자리나 사석에서 늘어놓는 무용담은 너무나 화려하여 좌중을 압도하는군요. 폭력행사에 대한 수치심은 없고 오히려 '몸으로 맞서보니 누구는 별거 아니더라'라는 식으로 당당합니다. 반대로 몸으로 자신의 용맹을 증명하지 못한 국회의원들은 '겁쟁이'로 지목되지요. "너만 잘 났냐", "우리는 너만 못해서 이 짓거릴 하고 있는 줄 아느냐" 하는 비아냥 소리도 듣게 되는 것입니다.

뿐만 아니라 국회의원직이 '철밥통'이라는 관행도 문제죠. 국회의원 선거법은 추상 같아서 선거법을 조금이라도 위반한 국회의원은 금배지를 잃는 판인데, 일단 국회 안에만 들어오면 만사형통이 되는 것입니다. 폭력도, 욕설도 다 면책이 되지 않나요. 세종시법이나 미디어법 통과에 항의해서 사표를 낸 국회의원은 있으나, 국회에서의 폭력 때문에 스스로 사표를 낸 국회의원은 없습니다.

사정이 이러하니, 상식과 순리가 있다 한들 힘을 쓸 수가 없지요. "악화가 양화를 구축하듯이" 근육질의 논리가 상식과 순리의 논리를 쫓아 내버리는 것이지요. 하지만 그렇다고 해서 끝도 없이 권위가 추락하는 국회를 그냥 방치할 수도 없습니다. 국회폭력의 악습을 고치기 위해 비상한 방안이 강구되어야 하는 이유가 여기에 있습니다.

그렇다면 국회의원들로 하여금 폭력추방 연수를 의무적으로 받게 함으로 의식개혁에 나서는 방안이 어떨까요.

국회에서 회기가 열리기 전에 반드시 2박 3일씩 집단연수를 통하여 폭력이 왜 나쁜 것인지에 대한 소양교육을 받도록 하는 것이지요.

폭력국회의 비디오도 보여주고 덕망있고 식견있는 강사를 초빙하여 폭력추방의 강연을 듣게 함으로써 완고한 국회의원들의 폭력성을 바꾸어 놓는 것이 그만큼 중요하기 때문이지요. 이것은 성범죄를 저지른 사람들에게 성교육을 받게 하고 교통법을 어긴 운전자들에게 소양교육을 받게 하는 것과 조금도 다를 게 없습니다.

국회의원 소양교육이 모욕적으로 들리나요.

그렇다면 폭력을 행사하는 국회와 정치인들이 국민들에게 얼마나 모욕을 주었는지를 곰곰이 생각해 볼 필요가 있습니다. 하도 싸우니 국회는 초등학교 학생들이 견학을 갈 수 없는 '금기의 장소'가 되어 버린 것이지요. 법안통과나 예산안 심의보다 폭력추방에 대한 집중적인 소양교육이 필요한 곳이 바로 우리 국회라는 데서 다시 한번 서글픔을 느끼지 않을 수 없군요.

■ 결정규칙을 존중하는 국회로 태어나야

국가의 권위가 엄숙하려면 권위를 가진 국회는 필수적입니다.

마치 고대 로마의 원로원처럼 말이죠.

그럼에도 우리 국회는 여야간 쟁점이 생기면 다수결의 원리도, 소수의 권리도 실종된 채 싸움만 일삼는 '근육질 국회'가 되어 '머리 깎인 삼손'처럼 권위를 잃은 국회가 되어가고 있습니다.

더욱이 우리 국회에서 일어나고 있는 갈등과 대립은 시민사회에서 일어나고 있는 보혁 갈등을 여과없이 반영하는 복제물에 불과하죠. 엄밀한 의미에서 시민사회가 보혁 갈등으로 홍역을 앓고 있는 상황이라면, 국회는 그런 문지에서 특유의 권위로 통합의 해법을 내놓아야 하지 않나요.

그럼에도 오히려 코혁의 '진영' 논리에 함몰되어 그 정파성을 노골적으로 노정하면서 몸싸움까지 마다하지 않는 추태를 연출함으로써 세계적인 스캔들이 되기도 했습니다.

그러다 보니 우리 국회에는 다수당과 소수당, 여당과 야당 간 '권력'의 충돌만이 존재할 뿐, 헌법기관으로서 정체성을 가진 입법부의 '권위'는 존재하지 않는다는 느낌마저 주고 있죠.

사회를 분열시키는 각종 정책쟁점이라면 국회가 다수결과 같은 엄정한 결정규칙을 가지고 결정해야 하는데 그런 규범조차 만들지 못해 입법부의 권위를 잃고 있는 것입니다.

국회가 권위를 도 찾기 위해서는 다수결의 원칙이 존중되어야 하지 않을까요.

만장일치가 좋긴 하지만, 현실적으로 불가능하다면 거래비용이 비교적 적은 다수결 결정이 차선의 대안입니다. 국회가 차선의 대안을 선택해도 순리적인 입법부로서 충분히 작동할 수 있으며, 권위를 가진 입법부로서 자리매김을 할 수 있습니다.

이 점과 관련, 역사적으로 서기 108년 로마 원로원이 직면했던 문제와 그 해결방식은 하나의 참고가 될 수 있을 겻입니다.

소小플리니우스Gaius Plinius Caecilisu Secundus가 원로원의 의장직을 맡고 있던 어느 해 원로원에 한 사건이 올라왔죠.

사건의 내용은 아프라니우스 덱스터Afranius Dexter라는 집정관이 사망하였는데, 사인死因이 불분명하다는 점이었습니다. 노예가 문제의 집정관을 살해했는지, 집정관 자신의 명령에 따라 노예들이 죽였는지, 혹은 스스로 자살을 했는지 도무지 알 수 없는 상황이었습니다.

당연히 원로원은 이 사건을 해결할 책무가 있었던 것이죠.

플리니우스를 비롯한 일부 의원들은 무죄석방을 주장하는가 하면, 일부 의원들은 유배를 주장하였으며 사형을 주장하는 의원들도 있었습니다. 그러나 이들 의원들의 의견 중 어떤 입장도 과반수에 이르지 못했으며, 이러한 경우에 적용될 수 있는 원로원 규정도 마련되지 못한 실정이었죠.

이때 무죄를 확신한 플리니우스는 각 의원들이 자신의 첫 번째 선호대로 투표하도록 절차를 정하면 최다투표를 획득한 대안이 최종결정이 되어 무죄석방이 가능하리라 믿었습니다. 반대로 사형론자들은 먼저 유죄와 무죄를 결정하고 나중에 이에 따라 형량을 결정하면 자신들의 뜻대로 사형판결을 내릴 수 있을 것으로 생각했죠.

이런 논란 속에서 플리니우스는 무죄를 반대하는 입장에서 연합하여 투표하는 사람들은 하나의 의견을 갖고 있는 진정한 집단이 아니라고 보았기 때문에 단심제 투표 절차를 강력히 옹호하였습니다. 물론 사형론자들은 두 번의 투표를 주장함으로써 그와 맞섰죠.

결국 원로원은 플리니우스가 제안한 일심제 절차 규정을 받아들였죠. 그러나 표결 결과는 무죄석방으로 나타나지 않았습니다. 사형론자들이 자신들의 입장을 유보하고 유배론 쪽으로 기울어 유배론이 과반수의견으로 결정되기에 이르렀기 때문이죠.

그럼에도 중요한 것은 격렬한 쟁점사안에서 로마 원로원은 다수결제를 사용함으로써 문제를 해결했다는 점입니다.

물론 다수결은 때때로 '다수의 횡포'라는 문제를 안고 있지만, 언제나 그런 것은 아닙니다.

오히려 비교적 평등성과 공정성을 담보할 수 있는 합리적인 결정규칙이라고 봐야 하지 않을까요.

특히 국회에서의 다수결 결정은 그것만으로 끝나는 것이 아니라 언론과 유권자들로부터 끊임없이 심판과 평가를 받게 마련이죠. 여당이 다수당의 횡포를 부리면 그 다음 선거에서 유권자들이 표를 행사하여 소수당으로 만들 수 있다는 사실을 염두에 두어야 합니다.

선진 민주국가에서 국회가 품위있는 헌법기관으로 우뚝 설 수 있는 이유도 여당은 절제있게 다수결 방식을 사용하고 야당은 소수당으로서 자신의 정체성을 분명히 하면서도 다수결의 규칙에 순응하기 때문이죠.

우리의 경우, 여당은 당론에 따라 무조건 행정부 '방어'에 치중하고 야당 역시 당론에 따라 '공격'에만 몰입합니다. 지금의 여야도 과거의 여야와 뒤바뀐 상황이지만 역지사지易地思之의 사고를 하지 못한 채, '다수의 횡포'와 '반대를 위한 반대'가 부딪치는 형국이 아닌가요.

이것은 우리 국회가 표심을 의식한 순수민주정의 거버넌스에 사로잡혀 있다는 반증입니다.

"입법부의 역할이 무엇인가"라는 문제보다 각기 다수당과 소수당의 입장에서 "무엇이 유리한가"만을 생각하는 국회는 일찍이 키케로가 한탄해마지 않았던 로마 원로원의 '옵티마테스optimates'와 '포풀라레스populares'의 충돌사태를 재현할 뿐이죠.

우리 국회는 다수결의 원리를 원칙으로 삼고, 소수권 보호를 단서 조항으로 삼는 방식으로 순리적으로 운영되는 제도적 기틀을 마련하는 동시에 폭력은 어떤 경우에도 사용하지 않겠다는 국회의원들의 자율적 결의가 정말로 필요합니다.

사법부는 모름지기 '정의의 여신'을 닮아야

사법부는 어떤가요. 지금 사법부는 위기입니다. 물론 그렇다고 해서 사법부가 과거 행정부의 어느 부서처럼 있다가 없어지는 존폐의 기로에 서 있다는 말은 아니지요.

그렇다면 무슨 위기란 말입니까. 다름이 아니라 사법부 권위의 위기요, 판사 권위의 위기긴 것이죠. 판사야말로 '권력'이 아닌 '권위'로 자신의 직무를 수행하는 헌법기관이 아니겠습니까. 국회의원처럼 막강한 보좌관을 거느리고 있는 것도 아니고 행정부의 수장들처럼 부하직원들이 있는 것도 아니지요. 홀홀단신으로 죄가 있느냐 없느냐 하는 문제를 가지고 고민하는 고독한 업무가 판사의 업무일 터입니다.

이런 판사의 업무가 막중한 이유는 사람들 간에 시비를 정확하게 가리는 문제를 엄정하게 하지 않으면 분란이 나고 결국 공동체는 무너질 수밖에 없기 때문이지요. 그렇기에 로크J. Locke와 같은 사회계약론자는 공정한 재판의 필요성 때문에 정부가 생겼다고 토로했을 정도죠.

자연상태에서 잘못한 사람에게 어떤 벌을 줄까 하는 문제를 가지고 논란이 생기면 결국 전쟁의 상황처럼 아주 어려운 상황이 될 수 있잖아요. 그래서 각 개인이 스스로 자신에게 잘못한 사람에게 복수할 수 있는 권리를 '공동의 재판관'에게 양여함으로 정부가 생긴다고 설명하고 있지요.

그런데 우리 사회에서는 판사와 사법부에 대한 원성이 자자하군요. 누가 판사의 판결에 승복하나요. 재판을 받는 사람마다 그 결과를 보고 앙앙불락이지요. 판사와 사법부에 대한 불신감이 왜 이토록 커진 것일까요.

영화 '부러진 화살' 때문인가요.

결코 그렇지는 않아요. '부러진 화살'은 불신받는 사법부의 권위를 반영하는 것일 뿐, 일개의 영화 때문에 판사의 권위가 추락했다고는 할 수 없지요. 판사의 권위가 추락한 이후에 '부러진 화살'이 흥행에 성공한 '선후관계'일 뿐 '부러진 화살' 때문에 판사의 권위가 실추한 것과 같은 '인과관계'는 아니라는 말입니다.

판사가 재판을 했을 때 권위를 가져야 하는 이유는 자명합니다. 오랜 심의 끝에 판결을 내렸을 때 당사자들이 그 판결에 승복할 수 있어야 하기 때문이지요. 그래야 한을 품은 불복자가 생기지 않습니다.

재판을 받는 피고든, 원고든, 당사자로부터 승복을 이끌어내는데 가장 중요한 것이 판사의 권위이지요. 부모의 권위가 없다면 어떻게 자녀가 부모의 말을 들을 수 있으며, 성직자의 권위가 없다면 신자들이 어떻게 성직자의 말을 들을 수 있을까요.

바로 이것이 재판을 가능케 하는 판사권위의 존재 이유인 것입니다.

과연 판사는 어떤 직책인가요. 인간의 유무죄를 판단할 뿐 아니라 형량까지 가늠하는 엄숙한 직책이 아닌가요. 솔로몬의 지혜나 다니엘의 혜안과 같은 것을 갖지 못한 인간이 다른 사람의 유무죄를 판단하는 것은 참으로 힘든 일이 아닐 수 없지요. 죄를 지어도 죄가 있다고 자백하는 경우는 별로 없고 큰 죄라도 작은 죄 인양 꾸미는 것이 범죄자의 심리가 아닌가요. 반대로 죄를 짓지 않은 사람은 무죄를 확신하기에 자신의 죄없음을 증명하기 위해 애써 노력하는 것도 아닙니다.

이처럼 유무죄를 가늠하는 것이 힘들고 엄숙한 일이기에 판사가 지향해야 할 아이콘이 있다면, 바로 '정의의 여신'이 아닐까요. 그리스 사람들은 정의의 여신을 '디케dike'라고 불렀고 로마인들은 '유스티치아justitia'로 불렀는데, 한결같이 이 여신은 스스로 눈을 감고 한손에는 저울을, 또 한손에는 칼을 들고 있군요. 저울을 들고 있는 것은 죄의 무게를 달기 위함이고 칼을 들고 있는 것은 죄지은 사람을 벌주기 위함입니다.

그런데 왜 유독 눈을 감고 있는 것일까요. 그것은 당사자의 얼굴을 보지 않고 공명정대하게 판결하겠다는 비장한 의지의 표현이 아닐까요.

바로 눈을 감은 '정의의 여신'이야말로 판사들의 로망이 되어야 합니다. 지금 우리 대한민국의 판사들은 어떤가요. 저울도 들고 있고 칼도 들고 있는데, 눈만은 감고 있지 않군요. 갑갑해서일까요. 아니면 세상 돌아가는 사연이 궁금해서일까요. 여신도 아닌 인간이 세상일에 온갖 참견을 하면서 같은 인간의 유무죄를 판단하겠다는 것을 어떻게 보아야 할까요.

일부 판사들은 항변하지요. 판사도 생각이 있고 또 입도 있는데, 왜 가만히 있어야 하느냐고요. 표현의 자유가 있는데 왜 정치사회적 이슈에 대해 말을 해선 안 되냐고요.

일견 맞는 말입니다. 판사도 생각이 있고 입이 있는 것은 분명하죠. 하지만, 일반인들과 달라야 하는 것은 일반인들은 눈을 감을 이유가 없지만 판사들은 눈을 감아야 할 막중한 이유가 있기 때문입니다. 동맹국과 FTA를 맺으면 매국이 되고 동맹국의 쇠고기를 먹으면 광우병에 걸린다고 믿을 정도로 뼛속까지 반미인 판사라고 해도 '눈뜬장님'이나 '꿀먹은 벙어리'가 되어야 하는 이유는 재판의 공정성 때문이죠.

이미 2500년 전 아테네의 정치가요 웅변가였던 데모스테네스는 흥미롭게도 재판관에게 그들이 재판을 마치고 집으로 돌아갈 때 누가 그들의 안전을 보장해 주느냐는 질문을 던지는군요.

그리고는 "법이 그렇다"고 스스로 답합니다.

하지만 생각해보세요. 법이 어떻게 그런 놀라운 힘을 발휘할 수 있을까요. 법이라고 하는 것은 누군가 불의의 희생자가 되어 도움을 청했을 때 곧장 달려오는 119구조대는 아니랍니다. 그런 구조대와는 거리가 먼 창백한 문서에 불과한 게 법 아닌가요. 그래서 법은 멀고 주먹이 가까운 경우가 허다합니다.

그렇다면 무엇이 법의 힘을 행사하는 것일까요. 그것은 판사가 공정한 재판을 하기 위해 스스로 눈을 감고 입을 닫는 경우에만 가능하지요. 눈을 감고 입을 닫는 것이야말로 판사가 법의 힘을 행사하고 법이 판사의 안전귀가를 보장해주는 비법이 아닌가요. 그래야 판결에 불만을 품고 판사집 근처에서 화살을 날리는 석궁교수가 생기지 않는 거에요.

그럴진대 판사도 생각이 있고 입이 있다고 강변하지 마세요. 또 표현의 자유를 누려야 한다고 외치지도 마세요. 정의의 여신도 눈을 감고 말이 없는데, 왜 유독 한국의 판사들만 눈을 뜨고 말을 해야 하나요. 가수는 입을 열지요. 그래야 노래가 되기 때문입니다. 꼼수도 입을 열지요. 그래야 온갖 소문을 퍼트릴 수 있기 때문이지요. 그러나 판사는 눈을 감고 입을 닫아야 합니다. 그래야 공정한 재판이 되기 때문이지요. 눈을 뜨고 입을 여는 판사가 '나판사'라고 할 수 있는지 '애정남'까지 부를 필요는 없지 않을까요.

■ "한번 법관이면 영원한 법관"이 되어야

대한민국에서 법원의 권위가 바로 서는 일은 매우 중요합니다.

사법적 권위를 올바로 행사하려면 판사들이 정의로운 판결을 내려야 한다는 것은 순척동자도 아는 사실입니다. 그럼에도 혹시 법원내 사조직이 존재하고 있다면, 어떻게 공평한 판결을 내린다고 할 수 있을까요.

실제로 최근 많은 쟁점사안들에서 의혹을 자아내는 판결을 내림으로써 개인들의 불만은 물론, 사회적 논란이 증폭되어 왔습니다.

특히 의아스러운 일은 재판에서 3심제가 있다고 하여 1심, 2심, 3심의 재판이 각각 사뭇 다른 결론을 내는 경우입니다. 물론 대법원에서의 판결이 가장 권위가 있는 것으로 받아들여지기는 하죠. 하지만, 1심, 2심의 재판 결과와 다른 결론을 내릴 때 사람들이 느끼는 당혹스러움은 재판이 헤겔의 정·반·합처럼 변증법적 방식으로 진행되어야 하는가 하는 점에 있습니다.

사법부의 판단이 제대로 된 '공적 권위'를 가지려면, 다니엘이나 솔로몬과 같은 탁월한 재판관이 아니더라도 일반 시민들이 상식과 판단에 입각해 납득할 수 있는 순리적인 재판이라는 것을 보여주어야 하지 않을까요.

도무지 종잡을 수 없는 '편파적 재판'이나 '튀는 재판' 혹은 '유전무죄식'의 판결이 나옴으로써 "부정의한 심판은 누가 심판할 것인가" 하는 의문이 지속적으로 제기되는 한, 사법부 권위가 바로서기는 힘듭니다.

분명 법원의 판결에서 승자와 패자는 나옵니다. 원고가 이길 수도 있는가 하면, 피고가 이길 수도 있죠. 그러나 법원에서는 누가 이기고 지느냐의 문제를 떠나서 '정의가 이기고 불의가 패배해야 한다'는 것이 철칙鐵則이 아닐까요.

또 바로 이것이 사법부를 정의의 기제로 보아야 할 근본적 이유인 것이죠.

우리는 근본적으로 사법부를 생각할 때 그리스에서 근엄했던 정의의 여신인 '디케dike'를 떠올리는 것이지, 황소를 놓고 술의 제전을 벌이는 축제의 신인 '디오니소스'를 떠올리는 것은 아닙니다.

혹시 사법부가 전적으로 기업과 같은 대對국민서비스의 기제에 불과하다면, 더 가까운 고객에 더 잘 해줄 수도 있고 '뜨내기고객'에 대해서는 홀대할 수도 있을 것입니다. 그러나 정의의 기제라면 달라야 하지 않을까요. 단순한 고객만족의 철학보다 공정성과 중립성의 기준을 충족시키는 일이 훨씬 중요하기 때문이죠.

하지만 유감스러운 일은 법원이나 법관은 아무리 최선을 다해도 언제나 죄있는 사람을 유죄로 판단하고 죄없는 사람을 무죄로 판단하기보다 때로는 죄있는 사람을 무죄로, 죄없는 사람을 유죄로 판단하는 오판의 가능성을 가지고 있다는 사실이죠.

역사적으로도 유명한 3대 오판이라면, 소크라테스의 재판, 예수그리스도의 재판, 갈릴레이의 재판이 아닐까요.

그래서 그런지 우리 사회의 많은 재판 당사자들은 법원의 판결을 승복해야 할 판결로 받아들이고 있지 않습니다.

법원의 판결에 대해 법관의 판단보다 자기자신의 판단을 더 신뢰하고 있는 실정이죠. 바로 이 점이야말로 법원의 권위가 위기에 봉착해있다는 반증이 아닐 수 없군요.

그렇다면 법원이 신뢰를 받고 사법부의 권위를 되찾으려면 어떻게 해야 할까요.

사법부가 그 권위를 되찾는, 가장 중요하고도 엄숙한 개혁은 사법부 독립만 외칠 것이 아니라 사법부 스스로의 기득권을 버리는 개혁이라고 할 수 있습니다.

재판공판주의나 국민들의 사법참여도 중요하죠. 하지만 검찰이나 법원과 다른 이해관계를 가진 사람들의 입장에서 보면, '강한 사법부'를 만들기 위한 편법적 개혁이라는 비난을 할 수도 있습니다. 개혁의 이름으로 다른 직역은 약화시키고 자신의 직역만 공고히 하겠다는 개혁안에 불과하다는 의혹과 비난으로부터 자유로울 수 없다는 의미죠.

사법부가 입헌주의에 입각한 권위를 가지려면 보다 과감하고 보다 뼈를 깎는 개혁이 요청됩니다. 그것은 한마디로 "한번 법관이면 영원한 법관"이라는 준칙으로 표현될 수 있을 것 같다는 생각이 드는군요.

법관 퇴임 후에 변호사가 된다면 '이해관계의 상충원칙'에 위배될 수도 있고 중립의 의무를 져버리게 될 유혹도 크지 않을까요.

뿐만 아니라 대법원 판사와 같은 고위직으로 재임한 후 퇴임한 법관이 변호사로 탈바꿈하여 로펌에서 일한다면, 개인적으로는 인생 2모작, 3모작을 말할 수 있을 것이나, 공적으로는 그보다 더한 정의의 손상이나 품위손상도 없을 거에요.

그것은 마치 지혜로운 아테나여신이 변덕스러운 헤라여신이나 아르테미스 여신으로 탈바꿈한 것과 같은, 생뚱맞은 변신이라고 할 수 있죠. 이런 불명예를 떨쳐버리고 특히 '전관예우'의 관행을 근절하기 위해서는, 한번 법관이 되면 변호사로 개업하는 일이 영구히 금지되어야 할 것입니다. 아니면 최소한 일정기간이라도 금지되어야 해요. 특히 고위직 판사로 근무한 경우라면 더욱 절실하죠.

물론 전관예우가 사법부의 보편적인 관행이라고 믿고 싶지는 않습니다. '구도자求道者'처럼 살아가며 재판에 임하는 판사도 많을 것입니다.

그러나 사실이든 아니든, 많은 사람들이 '전관예우'의 관행을 의심하고 있다면, 그 의심을 풀어주는 결단을 나름대로 할 필요가 있습니다.

고대로마의 카이사르는 이런 말을 했다던가요.

"카이사르의 아내는 의심을 받는 것만으로도 아내의 자격이 없다"

다분히 '허풍끼'가 있는 말이죠. 물론 대한민국의 법관들이 카이사르의 아내와 같은 존재는 아니지 않겠어요.

하지만 법관의 공정성을 의심하는 사람들이 많다면, 어떤 방식으로든 그 의심을 풀어주는 것이 중요하다는 생각이 듭니다.

자유인의 공동체의 버팀목이 될 수 있는 사법부의 권위는 결국 사람들의 신뢰에서 나오기 때문이죠.

■ 국가권위란 '다모클레스의 칼'과 같은 것

국가의 권위를 생각하다보니 불현듯 '다모클레스의 칼sword of Damokles'이 생각납니다.

'다모클레스의 칼'이라고 하는 것은 기원전 4세기 시칠리아의 왕 디오니시오스의 일호에서 비롯된 이야기이지요. 그의 신하였던 다모클레스는 왕의 지위와 행복을 부러워했으나 이를 내색하지 않은 채 아첨으로 일관하며 세월을 보내고 있었습니다. 어느 날 디오니시오스는 호화로운 연회에 다모클레스를 초대해 그에게 자신을 대신해서 왕의 생활을 해보라고 권하지요. 속으로 쾌재를 부른 다모클레스는 왕의 제안대로 화려한 생활과 향락을 즐기게 됩니다.

그러다 문득 자신이 앉아 있는 옥좌 바로 위로 가느다란 말총으로 매단 칼이 걸려있음을 발견하지요. 다모클레스의 속을 훤히 들여다보고 있던 디오니시오스의 계산이었던 것이죠. 한 순간에 정황을 파악한 다모클레스는 겉으로 권력과 부를 모두 소유한 것처럼 보이는 권력자의 자리가 사실은 불안과 위기, 긴장과 두려움으로 가득한 자리임을 깨닫고 재빨리 도망쳐버렸답니다.

이 '다모클레스의 칼'이야말로 국가권위의 엄숙함과 절박성을 상징하는 것이지요.

왜 칼은 하필 머리 위에만 있겠어요. 공직자들은 머리 위에만 칼이 있는 게 아니라 아예 칼 위에 발을 대고 서있는 거에요.

공직자들이 칼로 상징되는 공직의 엄숙성과 절박성을 깨닫지 못한다면 공동체는 건강해질 수 없어요.

지금 한국사회에는 공동체의 불건강함을 상징하는 문제들이 엄습해 있지요. 도대체 진실과 거짓, 지성과 반反지성, 상식과 비非상식이 분간이 되지 않는 거에요. 아무리 공직자들이 "콩으로 메주를 쑨다"고 말해도 믿지 못하는 세상이 된 거죠. 신뢰라고 하는 사회적 자본이 고갈된 거에요.

참으로 답답한 일이지만 곰곰이 생각해보면 이 모든 것들의 원인이 바로 '공동체 권위'가 실추되었기 때문이에요. 물론 권위란 의심스러운 면을 가지고 있어요. 가장 의심을 불러일으킬 수 있는 대목이라면 '권위주의'로 흐를 수 있다는 대목이지요.

예를 들면 권리를 가지고 있다고 해도 그 권리를 무분별하게 사용한다면 문제가 되듯이, 권위를 가지고 있다고 그 권위를 분별력없이 사용한다면, 권위주의가 되는 거에요. 문제가 생길 때마다 소통이나 설명은 없이 권위에 의존하여 해결하려는 태도, 바로 그것이 권위주의적 태도가 아닌가요.

부모가 자녀에게 권위를 가지고 있다고 하여 외식 장소를 고르는 경우에도, 결혼대상자를 고르는 경우에도, 대학 학과를 선택하는 경우에도 부모의 권위를 가지고 결정을 밀어붙인다면, 또 집에서 기르는 강아지의 이름을 지을 때도 공연히 아버지가 권위로 밀어 부친다면, '권위를 가진 부모'라기보다는 '권위주의적인 부모'가 아니겠어요.

국가도 마찬가지죠. 국가도 소통이나 설득없이 명령과 지시로 일관한다면 권위주의가 되는 거에요. 국가의 권위는 중요하지만, 국가의 명령이면 조금도 비판해서는 안된다는 식이면 권위주의로 나타날 가능성이 있지요.

이 권위주의 문제와 관련, 소포클레스의 4대 비극 가운데 하나인 『안티고네』는 매우 상징적이죠. 이 비극의 핵심은 크레온과 안티고네의 갈등입니다. 크레온은 테베의 왕인 반면, 안티고네는 오에디푸스의 딸이지요. 오에디푸스는 비극이 일어나기 전 크레온의 전임자였고 크레온에 의해서 유배되어 있는 상황이었습니다. 오에디푸스는 에테오클레스와 폴리네이케스라는 두 아들과 안티고네와 이스메네라는 두 딸을 두었지요. 오에디푸스는 저주받은 운명을 알고 스스로 두 눈을 찌르고 황야로 길을 떠납니다.

오에디푸스가 방랑의 길을 떠난 후, 두 아들은 격년으로 다스리기로 합의하고 외숙인 크레온이 섭정하게 됩니다. 그러나 에테오클레스는 폴리네이케스를 추방하지요. 이에 분노한 폴리네이케스는 아르고스 왕의 딸과 결혼을 하고 테베의 왕위를 차지하고자 진격합니다. 전쟁의 와중에서 두 형제는 전사하지요. 크레온 왕은 에테오클레스에게는 후한 장례식을 치르게 하지만, 폴리네이케스에게는 매장하는 것조차 금지합니다. 안티고네는 이 매장금지문제를 드고 크레온 왕에게 항의하지요.

결국 크레온 왕은 공동체를 책임진 자신의 권위를 내세우며 뜻을 굽히지 않는 안티고네를 동굴에 가두게 됩니다. 그러자 안티고네는 동굴 안에서 자살을 선택하게 되지요. 그후 안티고네의 약혼자이자 크레온 왕의 아들인 하이몬도 자살하고 또 어머니이자 크레온 왕의 아내인 에우리디케도 자살하게 됩니다. 쑥대밭이 된 가족, 그것은 모든 걸 권위로만 밀어부친 크레온 왕 때문에 발생한 커다란 비극이 아닐 수 없어요.

사실 크레온 왕의 독단에서 볼 수 있는 것처럼, 권위주의라는 것은 권위를 '완벽한 것' 또 '절대적인 것'으로 간주할 때 나타나는 현상이지요. 권위를 '완벽한 것'으로 볼 경우, 권위는 사람들의 생활 구석구석으로 파고 들어가게 됩니다. 또 권위를 '절대적인 것'으로 볼 때도 권위에 의한 요구는 다른 어떤 행위자에 의해서도 합법적으로 도전받을 수 없음을 의미하게 되지요.

그러나 그래서는 안 됩니다. '자유의 공동체'에서 행사되는 권위는 전통적인 의미에서 받아들여진 명령과 복종의 관계로 이해해서는 곤란하지요. 민주주의 권위는 '명령과 지시를 위한 권위'보다는 '설득을 위한 권위'로 조망되어야 합니다.

설득을 위한 권위는 고대 아테네 민주주의에서 유래한 것으로서, 인간이 '이성적 동물'이며 동시에 '정치적 동물'이라는 명제에서 구체화됩니다. '이성성理性性'과 '정치성政治性' 사이의 연계는 의미심장하다고 할 수 있어요. 이성을 가진 존재들 사이에서 이루어지는 상호작용은 강제나 일방적 지시보다는 설득과 소통이 되어야 하지 않을까요. 이 설득과 소통은 이성을 가진 존재에서 가능한 것이지요.

물론 설득에 의한 국가권위라고 해서 설득에 만능의 의미를 부여할 필요는 없을 거에요. 설득은 상호적인 것이기 때문이죠. 또 그것이야말로 설득의 매력 포인트일 것입니다. 설득은 상대방을 설복시키기도 하지만, 또 상대방으로부터 설복을 당하기도 한다는 차원에서 '일방향

의사소통'이 아니라 '쌍방향 의사소통' 방식이라고 보아야 하지요.

공동체에서 권위는 필요합니다. 그 이유는 무엇일까요. 여기서 권위에 관한 한 대표적인 지성이라고 할 수 있는 라즈J. Raz가 말하는 '정상적 정당화명제normal justification thesis'라는 것을 원용해볼까요.

"그대가 참으로 행하기를 원하는 것이 무엇인가를 스스로 고민하는 것보다 권위의 지시를 따르는 것이 그것을 더 잘 행하는 데로 이끌게 될 것이다."

바로 이거에요.

그렇다면 '정상적'이라는 개념의 뜻은 무엇일까요. 여기서 '충고'의 개념을 생각해보기로 하지요. 충고를 받아들이지 않으면 친구가 상심할 것이기 때문에 바로 그 이유로 인해 친구의 충고를 받아들이는 사람의 경우는 어떤가요. 친구가 상심할 것이기 때문에 친구의 충고를 받아들인다면, 그 이유는 충고를 받아들이기 위한 나름대로 '좋은 이유'가 될 수는 있겠으나, '정상적인 이유'는 될 수 없지요. 아마도 문제의 친구는 이러한 이유로 충고가 받아들여지기를 원하지 않을 것이며, 그러한 이유로 충고가 받아들여졌다는 사실을 알게 된다면 더욱 상심하게 되지 않을까요.

충고를 하거나 충고를 받아들이는 정상적인 이유라면 당연히 그 충고가 '타당하다'는 점에 있습니다. '타당하다reasonable'는 것은 '올바른 이성right reason'의 구현을 의미하지요. 정상적 이유와 비정상적 이유에 관한 이러한 구분은 권위의 경우에 있어서도 성립하지요. 성인이 된 많은 자녀들은 더 이상 어린아이가 아님에도 불구하고 부모가 상심할까 두려워 부모의 권위에 복종하기도 하지요. 부모의 마음을 헤아리는 것은 부모의 권위를 받아들이는 나름대로 '훌륭한 이유'가 될 수 있겠지만, 그럼에도 여전히 '정상적인 이유'는 아닌 것입니다.

이처럼 라즈는 권위를 받아들이는데 있어 체면이나 안면보다 순리성이나 타당성의 중요성을 강조하고 있답니다.

지금 한국사회는 그런 이성적 충고와 지시를 내리는 국가의 권위들이 추락해있군요. 견실이 아닌 허위, 분노, 불신, 조롱 등이 권위의 빈자리를 메워나가고 있지요. 참으로 우려할만한 현상이 아닌가요. 이 권위해체가 방치되면 결국 '아노미 사회'가 되어 공동체의 해체까지 이어질 거에요. 분노, 악의, 불신, 허위가 단순한 문제제기의 수준을 넘어 공동체의 '정론正論'으로 자리잡을 때, '자유인의 공동체'의 미래는 없습니다.

어서 빨리 대통령, 입법, 사법, 행정부의 쇄신을 통해 국가권위의 복원에 나서야 할 이유라고 할 수 있죠.

교육이 반듯해야
반듯한 공동체가 된다

I'm a free man

■ 교육의 본질회복, 시급하다

우리나라는 세계적으로 교육강국으로 알려져 있습니다.

교육은 우리가 어느 나라보다도 자부하는 부분이기도 하죠. 기회만 있으면 미국의 오바마 대통령이 칭찬하는 것이 한국의 교육 아닌가요. 아닌게 아니라, 교육열이 세계 최고임은 누구도 부정하지 않지요.

그러나 그럴수록 뿌듯함보다 우려가 앞서는 이유는 무엇인가요.

교육열이 높은 만큼 교육의 본질을 잃어버리고 있는 것은 아닌가 하는 걱정 때문이지요.

교육열이라고 하지만, 사실은 대학입시에 대한 열기가 아닌가요. 좋은 대학, 원하는 대학에 보내는 것이 교육열의 알파요, 오메가이기 때문이지요. 바로 이것이 학생과 학부모 또는 중·고등학교 사회를 사로잡고 있는 교육열의 실체라면, 문제입니다.

그러면 정부는 어떤가요.

정부는 새로 출범할 때마다 개구일성開―聲 "사교육을 잡겠다"며 포효합니다. 물론 이해할 수는 있어요. 사교육비 때문에 학부모의 등이 휘어질 지경이죠. 그러니 공교육을 살리고 학부모의 교육비 부담을 줄여주기 위해 비정상적인 사교육 열풍을 어느 정도 잠재워야 하니까요. 그러나 그렇다고 해서 사교육 규제를 교육의 목표로 삼을 수는 없는 일 아닌가요.

그것은 병의 원인을 찾아 건강한 몸을 만들기보다는 병의 증세만 없애려고 하는 대중요법과 다를 게 없지요.

또 일부 교육감들이 내세우고 있는 교육정책에도 문제가 심각하지요. 학생들의 급식문제만이 중요한 것은 아니잖아요. 또 학생인권문제가 소소한 것이 아님은 분명하지만, 그렇다고 해도 어떻게 교육의 본질에 관한 관심이라고 할 수 있을까요. 학교의 급식이나 인권은 교육의 본질이 아닌 교육여건에 불과한 문제죠.

그러고 보니 우리 사회에는 "교육이 무엇인가"에 대한 물음조차 실종되고 있습니다. 이것이야말로 교육의 본질을 잃어버렸다고 말할 수밖에 없는 이유죠.

교육열풍은 강한데 막상 교육의 본질은 잃어버렸으니, 길 위에서 길을 잃어버렸다고나 할까요.

지금 우리는 "교육이란 무엇인가" 하는 본질적인 질문을 스스로 하면서 교육의 원천으로 돌아가야 합니다. 대학입시 열기, 사교육 규제 또 학생인권 등이 중요하지 않다는 것은 아닙니다. 다만 교육의 본질문제는 아니라는 거죠.

교육의 본질이란 어디까지나 '항존성恒存性'을 갖는 가치입니다.

플라톤의 표현을 킬린다면, '독사doxa', 즉 '의견의 세계'가 아닌 '이데아idea의 세계'에 존재하는 가치라는 뜻이지요.

교육이 시류에 따라, 이념에 따라 또는 권력의 취향에 따라 이리저리 흘러간다면, "두 번 같은 강물에 발을 담글 수가 없다"고 설파한 헤라클레이토스의 말을 상기할지언정, 어떻게 '항존성'을 가지고 있다고 말할 수 있겠습니까.

교육의 본질이란 한마디로 고대 그리스인들이 '파이데이아'로 불렀던 것의 문제가 아닌가요. 어린애를 바르게 인도하는데 있어 가장 필수적인 것, 즉 지智·덕德·체體에 관한 것이었어요.

고대 그리스에서 운용되었던 '파이데이아'에서는 시민으로서 살아가는데 필요한 중요한 원칙들과 시민 도덕의 기본 도리를 가르쳤죠. 플라톤은 그의 『법률론』에서 이렇게 말하고 있지요. "파이데이아는 어렸을 때부터 덕을 교육시키는 것이다. 이로써 사람들로 하여금 어떻게 하면 정의롭게 통치하고 통치받을 것인가를 깨닫는 온전한 시민이 되기를 갈구하게 만들고 또 사랑하게 만들어준다."

당연히 '파이데이아'는 윤리적 덕목의 함양에만 관심을 가졌던 것이 아니라 공동체에서 살아가는 삶의 모든 기술적인 측면도 가르쳤죠. 체력연마와 경기를 통한 신체적 용감성, 그리고 음악과 시, 연극에서의 예술적 능력도 가르쳤어요. 심지어는 나이든 사람과 젊은이들 사이의 관계가 어떠해야 하는지에 관한 문제도 가르쳤답니다.

한 마디로 말해 젊은이들로 하여금 원숙한 시민들로 성장하게끔 만들어 공동체에서 자신의 역할을 다하도록 의무와 책임을 가르쳐 준 게 바로 '파이데이아'이죠.

그렇다면 우리도 삶을 품위있게 살아가는데 필요한 지식과 지혜를 배우도록 가르치고, 도덕적인 삶을 사는데 필요한 덕을 함양하도록 가르치며, 건강한 몸으로 삶을 살아가도록 몸을 단련하는 법을 가르쳐 주어야죠.

그렇다면 지금 우리 사회는 어떤가요. 우리 사회에서는 유감스럽지만 대학 입시에 필요한 지식만 섭취할 뿐 품위있는 삶에 필요한 지혜는 섭취하지 못하고 있습니다. 또 우리 교육에서 덕德의 개념이 실종된 지 오래죠. 덕은 칭송의 대상이 아니라 오히려 계산과 약삭빠름에 압도되고 있는 실정입니다. 좋은 인성을 가진 학생은 칭찬의 대상이 되기보다는 따돌림의 대상이 되고 말았습니다.

건강한 몸을 가꾼다는 것도 그 본질적 의미를 잃어버렸지요. "건강한 몸에 건전한 정신이 깃든다anima sana in corpore sano"라는 준칙도 생소한 것이 되어버리지 않았나요.

지금이야말로 시류가 변해도, 본질은 변하지 않는, 항존성을 갖는 교육의 본 모습을 찾아야 할 때입니다. 정처없이 이리저리 흘러가는 일엽편주—葉片舟를 방불케 하는 혼돈의 교육현장에서 교육의 본질에 대한 진정성 있는 고민이 필요한 이유가 바로 여기에 있지요.

■ '인권'보다는 '인성'을 가르치는 것이 학교의 소명

현재 당면하고 있는 교육계의 중대 현안이라면 학생인권조례죠. 서울시 교육청을 비롯한 시도 교육청들이 학생인권조례를 추진하고 있습니다. 이미 실시하고 있는 교육청도 있지요. 체벌금지도 당연히 학생인권조례안에 포함되어있죠.

또 체벌뿐 아니라 교사에 의한 초등학생 일기검사, 두발·복장 규제, 표현의 자유 제한 등을 인권침해로 규정하고 있군요.

그러나 교단에 몸담고 있는 상당수의 교장과 교사들은 "학생인권조례는 시기상조이고 일방적으로 추진된 졸속 정책"이라며 이의를 제기하고 있는 것이 또한 현실입니다.

그렇다면 교육의 관점에서 체벌금지를 포함한 인권조례를 둘러싼 논란을 어떻게 보아야 할까요.

무엇보다도 교육전반을 책임지고 있는 교육감들이 시대상황으로 보았을 때 학교현장에서 시급하다고 느껴지는 인성교육방안을 내놓지 않고 오히려 체벌금지나 학생인권조례들을 주요 어젠다agenda로 내놓고 있는 것은 앞뒤가 뒤바뀌어도 한참 뒤바뀌어 있다는 느낌을 떨치기 어렵군요.

물론 인권은 중요합니다.

하지만 학교는 인권문제를 넘어 인성전반에 걸친 전인교육을 담당해야 하는 곳이 아닐까요. 이런 점에서 볼 때 교육의 수장인 교육감들이 교육 어젠다로 학생인권문제를 들고 나오는 것은 마치 말 앞에 마차를 세우는 것 같다는 느낌이 드는군요.

원론적으로 말하자면, 마차 앞에 말을 세우는 것이 순리고 당연한 일이 아닐까요.

교육과 인권은 물론 연관이 있습니다. 그러나 동일한 것은 아니죠. 인성교육이 '주主'고 인권은 '종從'이라고 해야 하지 않나요.

인권은 교도소의 죄수에게도, 병원의 환자에게도 있습니다. 그런 의미에서 학교의 학생에게도 있는가 하면, 교사에게도 있고 학부모에게도 있지요. 그러다 보니 상호간에 권리가 충돌할 수도 있겠는데, 그런 상황에서 명쾌한 해법이 나오기란 힘듭니다.

그러나 교육은 인권보다 더 큰 '전인적全人的' 문제가 아닐까요. 인권은 그 침해방지에 주로 목적이 맞추어져 있는 만큼, "무엇을 해야 하겠다"는 것보다는 "무엇을 해서는 안 된다"라는 쪽에 초점이 맞춰진 소극적인 범주입니다.

실제로 경기도 교육청의 학생인권조례안을 보면 소지품·일기장·수첩검사·휴대전화 소지 자체금지, 야간자율학습·보충수업, 종교행사 등을 강제할 수 없다고 되어 있더군요.

이에 비해 교육은 사람을 만들고 인성을 함양하는데 힘을 쏟는 어떤 적극적인 가치입니다.

경찰은 범인을 체포할 때 "묵비권을 행사할 수 있고 변호사를 선임할 수 있다"는 내용의 미란다원칙을 고지합니다.

그렇다면 학교의 선생님도 벌을 주면서 학생에게 "불리하면 묵비권을 행사할 수 있다"고 고지해야 할까요.

학교는 잘못을 저지른 학생에게 일련의 벌을 내리면서 미란다원칙과 같은 것을 고지할 필요는 없다고 봅니다. 교육의 목적은 인권의 목적과는 달리 권리뿐만 아니라 의무와 책임 등도 함께 가르쳐야 하기 때문이죠.

교육은 루소의 『에밀』에서 나타나듯 사람을 반듯하게, 혹은 자연스럽게 기르고 가꾸는 것이 최대의 관심사입니다. 그래서 소크라테스가 플라톤을 가르치듯, 설리번이 헬렌켈러를 키으듯 해야죠.

그런 의미에서 학생체벌을 고문과 같은 것으로 생각해서는 곤란하지요. 고문은 '절대악'이 아닌가요. 그러나 체벌을 '절대악'으로 생각할 수는 없지요.

학생체벌금지를 고문금지와 같은 것으로 접근해서는 안 되는 이유가 여기에 있습니다.

체벌금지도 나라에 따라, 문화에 따라 다를 수밖에 없지요. "개천에서 용난다"고 할 때의 용처럼, 같은 용이라도 처해있는 지역과 환경에 따라 달라지는 이치를 생각해 보아야지요. 물 속에 있으면 '잠룡潛龍'이 되는 것이고 산 위에 누워있으면 '와룡臥龍'이 되는 것이며 또 하늘에 있으면 '비룡飛龍'이 되는 것이지요.

또 체벌금지가 바람직하다고 해도 시기문제는 판단과 논의의 대상이 아닌가요.

체벌금지를 법으로 규정하는 것이 적절하냐, 아니면 시기상조냐 하는 논의는 얼마든지 할 수 있다는 의미죠.

특히 학교는 단순히 벌을 주기 위한 교도소와 같은 곳이 아닙니다. 그보다는 학생들에게 자기반성과 자기판단을 할 수 있는 능력을 길러주는 곳 아닙니까. 학생들에게 자기행동에 대한 책임의식을 길러주는 일도 중요하죠.

이 점을 강조하는 이유는 이제까지 우리 학교교육이 '인성능력' 대신 '학습능력'만을 요구해왔기 때문입니다.

그럼에도 일부 시도 교육감들이 추진·시행함으로써 불거진 체벌금지에 관한 논란이나 학생인권조례제정에 관한 논란도 따지고 보면 '권리'만을 강조하는 나머지 '책임'에 관한 문제를 간과하고 있는데서 나온 것이죠.

책임이란 영어로 'responsibility'인데, 그 어원을 따져보면 '대답한다'라는 뜻을 가진 라틴어 'respondere'에서 나온 것으로 '대답을 할 수 있어야 한다'는 것입니다.

이처럼 "너는 왜 그런 행동을 했니" 하는 물음이 교사나 동료학생으로부터 제기되었을 경우, 문제의 학생이 어떤 이유로 그런 행동을 했는지 당당하게 대답을 할 수 있을 때, 비로소 책임의식이 있다고 할 수 있죠.

지금 우리 학생들에게 많이 부족한 부분이 책임의식입니다. 잘못을 저지르고서도 잘못에 대한 책임감은커녕, 야단이라도 치면 반발부터 하고 나서는 것이 학생들 사이에 유행처럼 번져나가고 있군요.

생각해보면 우리 인성교육에 빨간 불이 들어온 지는 한참 됐지요.

교실에서 학생들 간의 욕설은 자연스러운 소통형태로 받아들여질 정도로 욕을 대수롭지 않게 여기거나 아예 '즐기는' 것처럼 행동하고 있습니다.

과거에는 불량한 학생들이나 욕을 하는 것으로 인식됐지만, 지금은 우등생조차 거리낌 없이 욕설을 내뱉죠.

학교에서 여성 환경미화원에게 욕설을 퍼붓고 폭행한 '패륜남', 또 학교에서 어머니뻘 되는 환경미화원에게 심한 욕설을 한 '패륜녀', 임신부를 폭행한 '지하철 발길질녀' 등 젊은이들의 무례한 언행들이 우리를 놀라게 하는 것도 잠깐….

이제는 일상적 사건이 되어 버렸군요.

또 친구들을 이른바 "빵돌이" "빵셔틀"로 부려먹는 신종 학교 폭력도 기승을 부리고 있습니다. 담배 심부름을 전담하는 '담배셔틀', 체육복을 빌려다 주는 '체육복셔틀', 시험답안을 알려주는 '시험셔틀'까지 있는 실정입니다.

범죄 집단도 아닌 어린 학생들이 나름의 서열에 따라 친구들을 종 부리듯 한다는 점이 충격적이지만, 현실이죠. 학교폭력문제는 더 말할 나위도 없지요. 급우들로부터 폭력의 희생자가 되어 자살하는 학생까지 생기잖아요.

문제는 이런 행동을 하면서 피해자에게 고통을 준 가해자가 된 것이 분명한데도 '죄책감'을 느끼고 있지 못한 학생들이 많다는 점이죠.

학생들에게는 '좋아하는 것'과 '싫어하는 것'의 구분만이 중요할 뿐, '옳은 것'과 '옳지 않은 것', '남에게 피해를 주는 것'과 '피해를 주지 않는 것'에 대한 구분에 관심이 없습니다. 선善과 악惡에 대한 구분조차 의식이 없는 '도덕 불감증'이 만연하고 있는 셈이지요.

그런가 하면 인성교육의 위기는 '잠자는 교실'에서도 나타나고 있습니다.

아침부터 책상에 엎드려 잠을 자고 있는 학생들이 있는가 하면, 선생님의 수업에 귀를 기울이는 학생들보다 다른 책을 꺼내놓고 보거나, 만화책을 읽거나 옆 친구들과 장난을 하는 학생들이 더 많지요. 심지어는 수업 시간인데도 문을 열고 나가는 학생, 뒷자리에서 어슬렁어슬렁 돌아다니는 학생들도 꽤 있죠.

해맑은 눈보다 흐리멍덩한 눈들이 압도하고 있는 이런 학교의 모습도 문제지만, 선생님이 '야단'칠 때 그 야단을 '권위를 가진 야단'으로 받아들이고 있지 않다는 점은 더 심각한 문제가 아닐 수 없군요.

그래서 "빗나가려는 아이들을 학교에서라도 잡아줘야 하지 않느냐" 하는 학부모들의 요구가 빗발치고 있지요.

또 "교사가 지시라도 할라치면 막말도 서슴지 않는 사춘기의 아이들을 마구 풀어놓으면 어떻게 하라는 것이냐" 하는 목소리도 일선학교와 교사들로부터 나오고 있지 않습니까.

급기야 일부 학생들로부터 매를 맞고 있는 선생님까지 나오게 되었답니다. 참으로 서글픈 일이지요.

체벌이든 대체벌이든, 어떤 방식으로 벌을 주느냐 하는 문제는 자기반성이나 책임의식 배양이라는 교육본질의 차원에서 조망해 보았을 때 부차적인 문제일 뿐, 핵심의제는 아닌 것이죠.

체벌금지를 포함한 학생인권조례에 관한 논란이 수그러들지 않고 증폭되는 것을 보면서 교육전반을 책임진 교육감들이 '교육자'보다 '인권단체의 대표'처럼, 혹은 '국가인권위원회 위원장'처럼 행동해서야 되겠는가 하는 의문을 떨칠 수 없군요.

고대 그리스에서는 교육을 '파이데이아$_{paideia}$'라고 지칭했는데, 어원적으로는 paidos+agein의 합성어로서 "아이를 인도한다"는 뜻입니다. 그런가 하면 로마인들은 교육을 'educatio'라고 불렀으며, 오늘날 영어 'education'의 어원이 되었습니다. 이것은 'e+ducare'의 합성어로서 "학생의 선천적 자질을 밖으로 이끌어내어 길러준다"는 뜻이죠.

교육의 어원적 의미에 맞게 '인도한다'라는 뜻을 받아들인다면, 학생들은 인도자의 '이끔', 즉 '권위'를 따라야 합니다. 지시와 조언을 하는 교사의 권위에 승복한다고 할 때 단순히 노예에게 요구되는 '맹종'이나 '묵종'을 말하는 것이 아니죠.

그보다는 횡단보도를 건너갈 때 아이들이 보호자의 손을 잡고 길을 건너는 상황과 유사합니다. 어린이 혼자 길을 건널 때 얼마나 큰 두려움을 느낄까요. 보호자의 손을 잡고 건널 때 비로소 안도감을 느끼게 마련이죠.

이와 마찬가지로 무엇이 옳고 무엇이 그르며, 무엇을 해야 하고 무엇을 하지 말아야 하는지에 관해 아직까지 성숙하지 못한 자신의 직관적 판단보다 믿음직한 선생님의 올바른 조언과 지시를 따르며 자기반성과 판단능력을 함양하는 것이 권위에 대한 복종의 의미가 아니겠습니까.

마땅히 학생들은 학교에서 "자신의 권리가 무엇인가" 하는 문제보다 "자신의 의무가 무엇인가", "다른 사람에 대해 지켜야 할 예의가 무엇인가" 하는 문제를 먼저 배워야 합니다. 그러기 위해서는 선생님이 야단칠 때 억울해하면서 "어떻게 112에 신고할까" 하며 고민하기보다는 마음속으로부터 뉘우치면서 "내 잘못을 어떻게 고칠 수 있을까" 하며 반성하는 학생을 길러내도록 해야 합니다.

학생인권이라는 특수 어젠다보다는 교육의 본질문제에 대해 폭넓은 고민을 하는 교육자의 모습, 혹은 체벌문제보다는 인성교육문제에 전념하는 교육감의 모습을 보고 싶은 것도 바로 이 때문이죠.

■ 한국사 학교교육 제대로 이루어져야!

우리 사회에서 언제부터인가 역사교과서는 논란의 대상이 되고 뜨거운 감자가 되었죠. 우리나라 역사에 관한 책들은 시중에 많이 나와 있지만, 그런 것들이 특별히 문제가 될 이유는 없지요. 그러나 근현대사 교과서가 논란의 대상이 되어 온 것은 교과서라는 점의 특성 때문이지요.

교과서는 중·고등학교 학생들이 교실에서 배우고 익혀야 할 기본 자료가 될 뿐 아니라 내신 성적의 기초가 되는 학교시험에서도 핵심적 자료가 되며, 특히 대학입시에서 중요한 비중을 차지하는 수능시험의 기초 자료가 되고 있지요.

중·고등학교 학생들이 학교에서 배우는 교과서이기에 학문적 쟁점을 넘어 사회적 쟁점이 된 것입니다.

역사교과서 논란의 핵심은 무엇이었던가요.

역사교육을 우려한 많은 사람들이 문제제기를 했던 것은 기존의 근현대사 교과서가 좌편향적 시각에서 쓰여졌다는 점이 아니었습니다.

또 우편향적 시각에서 쓰여져야 비로소 올바른 역사교과서가 된다고 주장한 것도 아니죠.

사상의 자유와 학문의 자유를 보장하는 자유민주국가에서 일정 수준의 좌편향과 우편향은 허용될 수 있다고 봅니다.

근현대사 교과서가 국정이 아니라 검정교과서인 만큼, 교과서를 두고 이른바 '문화전쟁'까지 벌일 필요는 없을 것입니다.

한 공동체 내에서 도덕적 가치나 국가정체성을 역사의 어느 부분에서 찾을 것인지, 혹은 보다 궁극적으로 공동체의 도덕적 가치를 어떻게 정의할 것인지를 두고 강조점을 달리하며 긴장과 갈등이 벌어지는 일은 다원주의사회에서 자연스러운 현상이 아닐까요.

하지만 좌편향이든 우편향이든, 역사교과서가 헌법적 가치나 국가정체성에 정면으로 도전하는 수준까지 나아가게 되면, 다원주의의 허용된 한계를 넘는 심각한 문제가 될 수밖에 없죠.

교과서가 헌법적 가치를 수용하는데 좌파라고 해서 다르고 우파라고 해서 다르다면 어떻게 될까요.

마찬가지로 대한민국의 건국을 바라보는 시각에 있어 부정과 긍정으로 나누어진다면, 제대로 된 시민적 정체성은 길러질 수 없습니다.

초·중고등학교 학생들이 배우는 교과서가 바로 그런 것입니다.

학교용 교과서, 즉 미래의 시민인 학생들이 교실에서 배우고 익히며 시험을 치는 대상인 역사교과서라면 헌법적 가치나 국가의 기본정신을 담고 있어야 하지요. 만일 국가정체성을 부정하는 사관이나 서술이 횡행한다면, 교육과정에서 허용되는 편향의 수준을 넘어간다고 볼 수밖에 없지 않을까요.

기존 역사교과서에 대한 문제제기의 핵심은 이런 것이었습니다.

고등학교 학생들이 기존 교과서를 가지고 결과 성을 다해 '현대사'를 배우고 익히게 되면 건전한 역사의식을 가진 '건강한 시민'이 될 수 있는가 하는 점입니다.

대한민국을 산업화와 민주화를 압축적으로 이룩한 '자랑스러운 나라'라기보다는 좌우합작에 실패한 '부끄러운 나라'로 생각하며, 혼란스러웠던 해방공간의 와중에서 건국의 결단을 내린 이승만 대통령과 미국에게 일방적으로 한반도의 분단 책임을 묻는 사고방식을 가지게 된다면, 어떻게 건강한 국가정체성을 지닌 '대한민국인'이라고 할 수 있을까요.

또 1945년 한반도의 남쪽에 진주한 미군은 '점령군'인 반면, 북쪽에 진주한 소련군은 '해방군'이었다고 배운다면, 그보다 더한 사실왜곡이 있을까요.

또 북한은 '우리식 사회주의'가 질서있게 가꾸어져 온 나라고 남한의 '한국적 민주주의'는 오직 '독재'와 '억압'이 자행된 나머지 정의가 패배하고 기회주의가 득세한 나라라고 배운다면, 어떻게 진정한 나라

사랑이 싹틀 수 있을까요.

소작인들에게 소유권은 돌아가지 않고 경작권만 준 것에 불과한 북한의 토지개혁은 성공적인 개혁인 것처럼 서술하고 소작인들에게 명실공히 소유권을 부여한 대한민국의 토지개혁은 절반의 성공에 불과한 것으로 평가한다면, 어떻게 대한민국의 정당성을 느낄 수 있겠어요. 또 북한의 천리마 운동은 자발적인 주민의 참여로 이루어진 운동으로 묘사하는 반면, 대한민국의 새마을 운동은 정권차원의 동원된 운동으로 기술한다면, 이보다 더한 '자유인의 공동체'에 대한 모욕이 있을까요.

6·25전쟁 중, 국군과 미군의 민간인 사살만 크게 부각시킨 반면, 북한군의 민간인 사살은 별것 아닌 것처럼 서술하고, 혹은 인민재판을 거쳐 정당한 법절차에 의해 처형한 것처럼 기록한다면, 어떻게 사실에 입각한 공정한 기술이라고 하겠어요. 인민재판이 강압과 위협 속에 이루어진, 이른바 '무늬만 재판'이라는 것은 삼척동자도 아는 사실인데, 아무것도 모르는 어린 학생들을 오도해서는 안 되는 일이지요.

소련과 중국의 지원을 받은 북한의 기습남침으로 시작된 6·25도 자유와 인권을 위해 피를 흘리며 방어한 전쟁이 아니라 남과 북의 충돌 속에 확대된 내란에 불과하다고 믿는 '외눈박이' 사관의 희생자가 된다면, 대한민국은 밝은 미래를 가질 수 없습니다.

엄밀하게 말한다면, 그동안 계속됐던 근·현대사 교과서 논란의 핵심은 학생들에게 특히 현대사를 성공한 '대한민국 역사'로 가르칠 것이냐, 아니면 실패한 '좌우 합작의 역사'로 가르칠 것이냐 하는 문제였던 것이죠.

미래의 시민인 고등학교학생들이 교실에서 배우고 시험도 치는 근·현대사를 당당하고 자랑스러운 '대한민국 역사'로 재조명하고 재구성해야 한다는 것은 당연한 일이 아닌가요.

근·현대사교과서 논란의 핵심이었던 부분은 잘못된 표현이나 잘못된 사실史實의 기술보다 잘못된 사관史觀과 역사인식의 문제에서 기인된 것입니다.

대한민국 현대사라면 우리가 피땀 흘려 가꾼 '자랑스러운 한국인들의 이야기'가 되어야 함에도 불구하고 첫 단추부터 잘못 끼워진 단독정부라는 점을 주지시키고 있다면, 잘못돼도 크게 잘못된 교과서 기술이죠.

표면적으로 볼 때는 실패한 '좌우 합작'의 중립적 입장을 표방하는 것 같으면서도 실제로는 성공한 자유민주주의 국가인 대한민국에는 정통성 결여를 암시하고 오히려 전체주의적 성향의 반인권국가인 북한에 정통성을 부여하려는 반反헌법적 시각으로 기술한다면 대한민국 교과서로는 부적절합니다.

학생들은 역사교과서의 '현대사' 부분에서 대한민국의 역사가 '치욕의 역사'가 결코 아니고, 잘못도 많았지만 가난과 절망을 풍요와 희망으로 대치하고 독재와 불의를 정의와 민주주의로 극복해나가는 불굴의 의지가 꽃피운 '성공의 역사'임을 배워야 합니다.

또 대한민국은 건국 후 북한의 남침으로 인해 6·25전쟁이라는 혹독한 시련을 겪었으나, 놀라운 호국정신을 발휘하여 자유·민주·인권을 지켜냈죠. 뿐만 아니라 전쟁의 후유증을 극복하여 경제·정치적으로 도약함으로써 오늘날 부강한 자유민주주의 국가의 반열에 올라설 수 있게 되었음도 알고 익히는 것이 중요합니다.

그런가 하면 이런 성과를 바탕으로 대한민국은 자유민주주의와 시장경제 원리에 입각하여 민족통일을 주도적으로 달성할 수 있는 이념적·경제적 토대를 탄탄히 다지고 통일한국의 정통성을 확보했음도 알아야죠. 또 혹독한 전체주의 체제 속에서 기아선상에 놓여 있는 북한 동포들에게도 현실적인 구원의 손을 내밀 수 있는 자신감을 갖추게 된 국가임을 배우고 익혀야 합니다.

물론, 그렇다고 해서 대한민국 역사의 부끄러운 부분을 은폐하거나 왜곡하자는 것은 결코 아닙니다.

이승만정부와 박정희정부시절 있었던 수많은 인권탄압 사례와 자유민주주의로부터의 이탈을 가볍게 볼 수는 없지요. 또 명분이 있었다고는 하나, 권력에 대한 지나친 집착이 국민들에게 상당한 고통과 희생을 강요하기도 했죠. 그것은 결코 작은 허물이 아니지요.

'역사적 나르시시즘'이란 '역사적 매저키즘 masochism' 못지않게 경계해야 할 금기사항이 아닌가요.

우리의 역사는 '우공이산愚公移山'처럼 도저히 옮길 수 없을 정도로 무지막지한 산들을 옮겨 놓은 것에 비견될만한 성취였지만, 그런 성취에도 불구하고 혹은 그런 성취였기에, 피와 땀, 그리고 눈물로 이루어진 험난한 여정이라고 할 수 있죠. 때로는 억울한 희생자들이 속출한 통한의 역사이기도 했습니다.

따라서 학생들이 배우는 '현대사'라면 우리 역사의 부정적 사실들도 사실대로 기록하고 이에 대한 뼈저린 반성의 문제 또한 논의함으로써 앞으로 그 같은 부정적 역사가 재연되는 것을 경계하는 데 인색해서는 결코 안 될 것입니다.

하지만 지금 역사교과서의 문제는 자랑스러운 부분까지 수치스러운 역사로 덧칠되고 있다는 점에 있는 것이죠.

이런 문제들을 고치려면 한국의 현대사와 관련, 정치사·경제사·사회사·문화사·사상사의 제반분야에서 이룩한 연구 성과를 종합적으로 섭취한 제대로 된 역사교과서가 나와야 합니다. 물론 "우물가에서 숭늉을 찾아서는 안 된다"라는 말처럼, 하루아침에 만족스러운 교과서가 나올 수는 없겠죠.

결국 만족스러운 역사교과서가 나오기 위해서는 하루빨리 역사학계와 다른 학문분야와의 허심탄회한 교류가 정상적으로 이루어져야 합니다. 이로써 역사인식이 공감대를 이룬 후에야 비로소 바른 역사쓰기가 가능하지 않을까요.

2030세대,
여러분에게 부탁해요!

I'm a free man

■ 여러분의 모습을 거울에 한번 비춰보세요

SNS 시대를 주도하고 있을 뿐 아니라 만끽하고 있는 현 한국의 세대라면 단연 2030세대, 여러분입니다. 여러분은 요즘 들어와 구舊세대라고 볼 수 있는 5060세대와 여러 가지 측면에서 차이를 보이고 있어 '세대갈등'이라는 조어造語가 실감날 정도지요. 차이는 다름을 넘어 긴장과 갈등을 유발시키고 있기 때문입니다.

여러분이 삶에 임하는 태도나 행복에 관한 인식, 혹은 정치·사회·경제적인 가치관은 과거세대라고 볼 수 있는 5060세대와 판이하게 다르지요.

치열한 경쟁시대를 사는 2030세대, 여러분은 무엇인가에 바쁘고 또 부지런합니다. 열심히 공부하고 열심히 스펙 쌓고 또 열심히 아르바이트도 하지요. 대학에 와서 논다는 것은 옛말, 죽자사자 하며 공부하고 있지요. 재학중에 해외 연수는 필수 코스이고, 좋은 커리어를 만들기 위해 분투하고 있잖아요. 정말 여러분은 열심이에요.

2030세대, 여러분은 또 자유분방합니다. 인터넷 공간에서는 진보가 나름대로 유행이어서 여러분이 그쪽으로 쏠리는 경향이 있다고는 하지만, 그렇다고 해서 여러분이 확실한 이념지향을 갖고 있는 건 아닌 것 같아요. 다만 자기소신과 자기주장이 강하다는 것이 특징입니다. 자기생각이 뚜렷하다는 것, 이것은 기성세대가 흉내도 못 낼 장점이지요.

그런가 하면 2030세대 여러분은 '현재'에 열광하지 않나요. 여러분에게 태어나기 전이나 여러분의 유년 시절에 유명했던 사건과 사람들에 대해 질문하면 의외라는 듯, 당황하기도 하지요. 그런데 여러분은 재치가 있지요. 그 자리에서 즉시 컴퓨터를 두드려보고 고개를 끄덕이니까요.

검색 만능시대를 살아가는 2030세대 여러분은 궁금한 게 생기면 인터넷상의 정보검색을 통해 바로 해결하지요. 이런 순발력은 아날로그 세대인 기성세대가 좇아 따라갈 수가 없는 능력이에요. 정말 놀라운 일이죠. 이것은 마치 운전자가 목적지를 향해 길을 갈 때 네비게이션으로 모르는 길을 찾는 것과 같지요.

이처럼 여러분은 기성세대가 갖지 못한 능력을 갖추고 있지만, 그래도 혹시 가슴앓이 하는 부분도 있지 않나요. 기성세대는 과거와 비교하면 지금이 그래도 풍족롭다고들 하는데, 여러분들은 그 풍요로움을 느끼기는커녕, 몸과 마음이 고단한 것 아닌가요.

그래요! 여러분은 따뜻한 엄마 아빠의 품속에서 자라왔지만, 현실은 가혹하기 짝이 없지요. 지금은 젊음이 스펙 쌓기로 긴 겨울나기처럼 더디게 오다가 봄가을처럼 짧은 시기에 사라지고 마는 게 아닌가 하는 생각이 들 정도이니까요. 그러다 보니 소셜미디어가 여러분의 친구가 된 게 아닐까요. 화나는 마음도 표현하고 또 그런 마음을 표현하고 나면 후련해지는 느낌도 있을 거에요. 그 과정에서 위로와 공감을 얻을 수도 있죠.

지금 기성세대는 바로 그런 2030세대 여러분을 보고 '분노의 세대'라고 한답니다. 혹시 여기에 동의하나요. 물론 어느 정도로 분노하고 있느냐 하는 문제는 좀 더 생각해봐야 하겠지만, 마음이 아픈 것은 사실이잖아요.

"청춘! 이는 듣기만 하여도 가슴이 설레는 말이다. 청춘! 너의 두 손을 가슴에 대고, 물방아 같은 심장의 고동을 들어 보라. 청춘의 피는 끓는다."

이렇게 시작하는 『청춘예찬』과 같은 글에서 마음의 울림이 있나요. 기성세대는 국어교과서에 나오는 이 '청춘예찬'을 읽으며 가슴이 뛰는 것을 느꼈답니다.

물론 기성세대라고 해서 왜 아픔이 없고 분노가 없겠습니까.

하지만 지금의 5060세대는 근본적으로 '헝그리 세대'였지요. 배가 고팠던 세대이기 때문에 다른 것들은 생각할 겨를이 없었어요. 따라서 삶의 영역에서 느끼는 고단함이나 억울함, 혹은 부정부패와 같은 제도와 관행의 불공정성에 대한 불만은 있었으나, 배고픔과 헐벗음의 고통이 너무나 생생했던 만큼 아픔과 분노가 있다고 해도 우선은 "살고 보자" 하는 마음으로 아픔과 분노를 덮을 수 있었지요. 그리고 당시는 경제성장이 빨랐던 시대였던 만큼 취업과 같은 문제가 그토록 크게 문제가 된 것은 아니었어요. 물론 당시도 취업난이 있었던 것은 사실이지만, 숨통은 항상 틔어 있었죠. 하다못해 열사의 나라, 중동에 가기도 했으니까요.

그러나 지금 여러분은 다르게 느끼고 있는 것 같아요. 사회로 나오게 되면서 너무나 많은 어려움에 직면하고 있기 때문이에요. 따뜻했던 부모의 품을 떠나면서 새로운 약속의 땅이나 기회의 땅을 바라보는 것이 아니라 취업난이라고 하는 어두운 미래에 직면하고 있기 때문이죠. 취직을 한다고 해도 정규직으로만 가는 것이 아니라 울며 겨자먹기로 비정규직으로 가기도 하잖아요.

그러니 의기소침해진 나머지 '청춘의 패기'라든지 '젊음의 용기'와 같은 것들은 찾아보기 어렵더군요. 참으로 기성세대의 입장에서도 마음이 아파요. 생각해보면 여러분에게 편하게 삶을 꾸리도록 하지 못한 것에 대해 죄책감이 클 수밖에 없어요.

여러분! 혹시 카프카F. Kafka의 『심판』을 읽어보았나요. 카프카의 다른 책들이 그런 것처럼, 『심판』도 물론 난해한 책이죠. 하지만 그 『심판』 가운데에서도 특히 "법원의 우화"는 백미랍니다. 어떤 법원이 있고 그 법원에는 문지기가 지키고 있지요. 그런데 시골에서 올라온 한 남자가 그 법원에 들어가고자 하는데 문지기가 한사코 서서 막고 있는 거에요. 그래서 시골에서 올라온 그 사람은 타타르 수염을 기른 그 문지기에게 사정하고 심지어는 문지기의 외투에 붙어있는 벼룩을 향해 사정까지 할 정도로 절박해졌지요.

그뿐만이 아니었어요. 자신이 가지고 있는 돈까지 문지기에게 건네주기도 하지요. 그러면 문지기는 그 돈을 덥석 받으면서 "이 돈을 받지 않으면 당신이 섭섭해할까봐 받기는 받지만 이 법원문 안에 들어갈 수는 없소" 하며 엄포를 놓는 거에요. 초조해진 그 남자가 문지기가 방심하는 사이 몰래 들어가려고 하자, 그 사람에게 "혹시 나 몰래 이곳을 들어가도 이 법원 안에는 나보다 더 직위가 높은 사람들이 많아 거기서 쫓겨날 수밖에 없소" 하며 위협까지 하지요. 그러니까 그 남자는 기가 죽을 수밖에 없었답니다.

드디어 시골에서 올라온 그 남자는 문지기와 실랑이를 하면서 법원 앞에서 세월을 보내다가 병에 걸려 죽게 됩니다. 그때 죽어가던 남자는 갑자기 놀라운 것을 발견하게 되는군요. 자기자신 말고 그 법원에 들어가려고 하는 사람이 아무도 없었다는 사실을 발견했기 때문이죠. 그래서 문지기에게 묻습니다. "이 법원은 누가 들어갈 수 있나요…." 문지기는 대답하지요. "아! 지금 생각해보니깐 당신이 들어갈 수 있는 문이군요. 하지만 늦었어요. 지금 문을 잠그고 가봐야 합니다." 결국 남자는 법원에 들어가지 못한 채 숨을 거두고 맙니다.

여러분! 여기서 누가 속은 걸까요. 그 남자일까요, 아니면 문지기일까요. 내 생각에는 시골에서 올라온 남자가 속은 것 같다는 생각이 드는군요. 그는 당당하게 자기 이름을 밝히고 그 법원 안으로 들어갔으면 좋으련만, 주눅이 들어 그렇게 하지 못하고 공연히 문지기에게 돈도 주고 사정을 했던 것이 아닌가요. 하지만 소용이 없었어요. 사실 문지기는 그 남자를 못 들어가게 하고자 막아서는 방해물은 아니었고 오히려 그 남자 외에 다른 사람들을 못 들어가게 하기 위하여 지키고 있는 사람에 불과했을 뿐인데, 그 남자는 그걸 오해한 것이 아니었을까요.

중요한 건 바로 여러분이 이 법원 앞에 서 있는 남자와 같은 존재라는 것이죠. 여러분의 이상과 목표는 소중하잖아요. 뜻을 이루고 성공하고 싶은 거잖아요. 별도 따고 싶고 또 달도 따고 싶은 거 말이죠.

바로 그렇기 때문에 이상을 향해 나아가는데 그 방해물로 보이는 것에 겁먹고 좌절해서는 안 돼요. 여러분을 둘러싼 힘든 환경과 열악한 여건, 무정하게 보이는 이 사회가 여러분의 이상과 계획에 걸림돌이 되고, 여러분의 자기실현을 위협하고 있는 것처럼 보여도, 실은 그것이 여러분의 착각이고 착시이며, 오해일 가능성이 크니깐 말이죠.

2030세대 여러분! 방해물로 보이는 것에 겁먹지 말고 당당하게 사세요. 여러분은 목표를 향해 당당하게 나아가세요. 여러분은 "나는 이 일에 성공하고 싶어." 혹은 "나는 이 일에 성공했으면 좋겠는데" 하고 미지근하게 말하지 마세요. 그건 소심한 태도랍니다. 그보다는 "나는 이 일에 성공할거야"라고 자신있게 말하는 것이 좋아요. 마찬가지로 시험칠 때도 "나는 이 시험에 합격했으면 좋겠는데"라고 말하거나 "운이 좋으면 합격할 텐데"라고 말하지 마세요. 다만 "나는 이 시험에 합격할 거야"라고 말하세요.

이런 걸 가지고 적극적인 '자기 암시'라고 할 수 있을 거에요. 혹은 '자성적 예언'이라고도 할 수 있죠. 그러나 적극적 암시든 자성적 예언이든, 자신을 스스로 속이는 것이 아니라 스스로 속는 데서 깨어난다는데 그 특징이 있답니다. '법원의 우화'에서 그 남자는 이 적극적인 암시를 할 능력이 없어 결국 문지기에 속고 말았지만, 여러분은 절대로 속지 마세요.

 2030세대 여러분! 여러분을 둘러싼 주위 환경은 여러분에게 끊임없이 암시를 걸고 있잖아요. 길을 걷다보면 사방에 붙어 있는 포스터는 물론, 광고도 그렇고 책도 그렇고…. 이 암시란 불가사의한 것도, 신비스러운 것도 아니고 일상적인 것이에요. 그러나 '법원의 우화'에서의 문지기처럼 부정적 암시를 하는 메시지나 사람이 있어도 거기에 제발 속지 마세요. 여러분이 들어가고자 목표로 삼고 있는 법원은 다른 사람이 아닌 여러분만이 들어갈 수 있는 곳이기 때문이에요.

■ 우리 공동체의 과거도 알아야 하지 않을까요

 여러분이 개성과 자기실현을 소중하게 생각하는 것은 정말로 좋은 일이에요. 기성세대가 아무리해도 따라갈 수 없는 부분이죠. 자유분방함, 수평적 의사소통선호, 탈권위주의속성, 자기소신과 같은 부분은 분명 여러분 세대만이 가진 장점이잖아요. 그런데 이것이 공동체의식의 왜소함으로 나타난다면 애석한 일이 될 수도 있어요. 우리가 살고 있는 사회는 결국 하나의 공동체가 아닌가요.

 자유인의 공동체라고 해도 너와 나만의 일이 아닌, '우리 모두의 일', 즉 공동의 성격을 갖는 행위가 있게 마련이지요. 이것이야말로 바로 자기 자신을 어떻게 풍성하게 만드느냐 하는 자기실현自己實現의 문제를 넘어 딱히 눈에 보이지 않는 공동체에 대한 관심을 가져야 할 이유라고 할 수 있어요.

대한민국이라는 공동체가 지탱하기 위해서는 단순히 세금을 내는 것만으로 충분치 않죠.

바꾸어 말하면 '내'가 무엇을 해야 하고 '내'가 어떤 꿈을 갖고 있는가 혹은 '내'가 어떤 스펙을 쌓는가 하는 문제를 넘어 우리 공동체가 어떻게 이룩되어왔고 이 공동체가 어떤 방향으로 나아가야 하는지에 대한 관심과 의식도 있어야 하는 거에요.

무엇보다도 여러분은 '현재'에만 관심을 가져서는 안 돼요. 태어나자마자 풍요로운 시대에서 살아온 여러분은 불과 40년 전에 '보릿고개'가 있었다는 사실을 잘 모르잖아요. 또 대한민국은 몇 년도에 건국되었는지, 6·25전쟁은 몇 년도에 일어났는지도 모르지 않나요. 또 애국가를 누가 작곡했는지도 알지 못하지요. 또 소녀시대와 같은 '아이돌'의 가사는 글자 한자 틀리지 않고 외울 정도로 잘 알지만, 애국가는 가사 2절만 해도 쩔쩔매고 있지 않나요.

그러나 올림픽이 언제 열렸는지, 혹은 한일 월드컵이 언제 개최되었는지는 잘 알고 있지요. 특히 월드컵 4강 신화는 2030세대 여러분에게 정체성과 자부심의 원천이 되어있지요. 길거리에서 "대~한민국"이라고 외치던 게 기억나나요. 이처럼 비교적 현재에 대해서는 정통하지만, 지나간 공동체에 대한 기억과 역사에 대한 관심은 전무하다시피 한 것이 여러분의 특징이 아닌가요.

그렇기 때문에 20년 전 오늘, 30년 전 오늘, 무슨 일이 일어났는지 알지도 못하고 또 알려고 하지도 않지요. 5060세대에는 이것을 이해하기 힘들답니다. 그들은 조선왕조의 순위를 "태정태세문단세…" 하는 식으로 지금도 너무나 잘 기억하고 있는 세대이기 때문이지요.

공동체에 대한 기억이 희미해지면 공동체는 지속가능성을 구가하기 어렵답니다. 전前세대와 후後세대를 이어주는 것은 역사에 대한 기억이 아닌가요. 역사를 모르면 현실을 제대로 파악할 수 없고, 현실을 모르면 미래를 설계할 수 없습니다. 로마인들이 과거와 미래를 동시에 바라보는 야누스 신神을 숭배한 것도 바로 이 때문이 아닌가요.

기성세대인 5060세대의 우려와 걱정은 여기서 비롯된답니다. 장차 이 나라를 짊어지고 갈 2030세대 여러분이 공동체에 대한 기억이 희미하고 역사를 모르면 우리나라의 미래가 어떻게 될까요.

영국을 한번 보세요. 영국 사람들은 19세기 거문도 무단점거 사건 당시 남겨둔 영국 해군의 유해를 21세기에도 찾아와서 참배할 정도로 공동체에 대해 선명하고도 투철한 기억을 가지고 있어요.

우리의 경우는 6·25전쟁 전사자 유족에게 불과 5,000원을 지급하는 실정 아닌가요. 공동체에 대한 기억이 미흡하기에 이것이 얼마나 잘못되었는지조차 모르는 것이지요. 2030세대 여러분이 공동체에 대한 역사와 기억을 중요시 하지 않는 한, 6·25전쟁 유족에게 5,000원을 지급하는 황당함을 그대로 반복할지 모른답니다.

■ 여러분이 바로 세워주세요, 노년의 권위!

세대갈등이란 말을 들어보았나요. 우리 모두 세대갈등이란 말을 잘 알고 있잖아요. 2030세대와 5060세대 간 갈등을 말하고 있는 것이지요. 물론 우리 사회엔 세대갈등만 있는 것은 아니에요. 이념갈등과 지역갈등도 크잖아요.

하지만 이 세대갈등은 어떤 측면에서 보면 이념 갈등이나 지역 갈등보다도 훨씬 더 심각한 요소가 들어있다고 할 수도 있지요. 세대 간의 갈등이란 단순히 젊은 세대와 노년 세대 간 갈등의 차원을 넘어, 자녀 세대와 부모 세대 간의 갈등을 의미하기 때문이지요.

특히 유교적인 효孝 문화에 익숙해온 우리 사회에서 자녀 세대와 부모 세대 간 갈등은 인륜에 어긋나는 것과 같은 당혹스러움으로 비칠 수밖에 없군요.

생각해보면, 자녀 세대는 부모 세대에게 불만을 갖기보다는 "감사합니다"라고 말할 이유가 적지 않답니다. 반대로 부모 세대는 자녀 세대를 향하여 잘못했다고 구조건 야단치고 남하고 비교하기보다는 "너 오늘도 힘들었지" 하며 공감과 배려의 정신으로 그들이 겪는 고통을 어루만져야 할 이유도 많지요.

그렇다면 여러분에게 부탁하고 싶군요.

노년세대의 권위를 바로 세워주세요.

해묵은 '장유유서長幼有序'의 규범 때문이 아니'에요. 그보다는 '온고지신溫故知新'의 화두가 손짓하고 있잖아요.

생각해보면 노년이란 어떤 것인가요. 꺼져가는 등불과 같은 것인가요. 아니면 죽음을 앞둔, 가련하기 짝이 없는 삶의 끄트머리인가요. 노년에 대한 여러분의 생각은 또 어떤가요. '노친네'인가요, 아니면 '어르신'인가요.

하기야 노년을 고려장 지내던 시절도 있었답니다. "늙으면 죽어야 한다"며 부모가 늙으면 산에 내다 버린 것이지요. 그렇다면 지금은 다른가요.

나이를 먹다보면 잃은 것도 있지만, 얻는 것도 있는 법, 왜 노년의 풍요로움을 말할 수 없을까요.

아닌게 아니라 2,000년 전 로마의 키케로는 노년을 예찬하고 있지요.

"노년은 인간의 활동을 어렵게 만든다는 말이 있는데, 과연 어떤 활동이 그렇다는 것인가. 아마도 젊음과 체력이 필요한 활동을 말하는 것일 테지. 그렇다면 몸은 비록 허약하지간 정신력으로 할 수 있는 노년의 활동은 불가능하단 말인가. 그렇지 않다네. 조언과 권유로 나라를 수호한 많은 노인들이 있지 않은가.

뱃일을 한번 생각해보게. 누구는 돛대에 오르고 누구는 배안의 통로를 돌아다니며 또 누구는 용골에 괸 더러운 물을 퍼내고 있다네. 그런데 키잡이는 고물에 가만히 앉아 키를 잡고 있지. 허나 그렇다고 항해하는 데 있어 그가 하는 일이 없다고 말할 수는 없지. 젊은 선원들이 하는 일과는 다르나, 키잡이가 하는 일은 훨씬 더 중요하다네.

큰 일은 민첩함이나 신체의 기민함이 아니라 계획과 명망 및 판단력에 의해 이루어지곤 하지. 이런 자질들은 노년이 되면 줄어드는 것이 아니라 더욱 늘어나는 것이라네."

한국의 2030세대, 여러분은 키케로의 이 말을 어떻게 생각하나요. 이 글을 썼을 때 키케로의 나이가 62세였으니, 분명 노인이었죠.

그러니 여러분! "늙으니까 지혜가 있다"는 키케로의 말에 공감하지 않을 수도 있어요.

지금 2030세대 여러분은 절박한 상황에 직면하고 있지요. 취업이 잘 안 되고, 대학등록금이 비싸니 때로는 슬그머니 분노가 치솟는 것입니다. 청춘이란 말도 가슴 설레는 말이 아니라 불안함과 좌절의 언어가 된 것이 오래되지 않았나요.

"너무 아파요"라고 절규하는 여러분의 목소리에 공감하고도 남음이 있습니다.

하지만 생각해보면 노년도 불안하고 힘들기는 마찬가지랍니다. 젊음이 빠져나간 노인얼굴의 즈름살엔 고단함이 묻어 있지 않나요. 또 병마와도 싸우고 있지만, 좌절하지 않고 의지력과 강인함으로 삶을 버텨내고 있는 경우도 많지요.

그러니 세대가 다르다고 하여 노년을 타박하기보다는 차라리 그 지혜를 배우는 것이 어떤가요. 노년이란 오랜 항해 끝에 육지를 발견하고 마침내 항구에 들어선 아름다운 종결자와 같은 것이랍니다.

결국 2030세대 여러분도 깨닫지 못하는 사이에 슬금슬금 들어서는 운명과 같은 길이 아닐까요.

포도주가 오래되었다고 해서 모두 시어지는 것은 아닙니다.

마찬가지로 늙었다고 모든 사람이 초라해지는 것도 아니지요. 바로 그렇기 때문에 "인생은 짧지만 명예롭고 건강하게 살기에는 충분하다 Brave tempus aetatis, satis longum est ad bene honsteque vivendum"라고 설파한 키케로의 말을 음미하며 '장유유서'가 아닌 '온고지신'의 관점에서 노년의 권위에 대해 생각해 볼 필요가 있지 않을까요.

■ 재미없고 불편하더라도 진실은 중요해요

풍요로운 시대에 태어나 어릴 때부터 많은 정보를 흡수한 2030세대 여러분은 사이버세계에 열광하고 있지 않나요. 또 실제 세계보다 사이버 세계에서 유통되는 정보를 더 신뢰하고 있지요.

2008년 광우병 촛불집회가 있었을 때 많은 사람들이 참여했죠. TV 시사 프로그램과 인터넷에서 출처도 불분명한 정보를 수없이 쏟아내자 혹시 여러분들도 미국산 쇠고기를 먹으면 광우병에 걸린다고 생각하지 않았나요. 또 한국인은 유달리 광우병에 약하다는 소리에 두려움을 갖지 않았나요. 또 천안함 폭침 때도 북한의 소행이 아니라며 수많은 의혹이 제기되기도 했는데, 혹시 2030세대 여러분도 그 의혹에 동조하지는 않았나요. 요즈음에는 천안함 폭침이 북한의 소행이라는 걸 믿는 사람들이 많아졌다고 하는데 여러분은 어떻게 생각하나요. 정부를 믿을 수 없는디 어떻게 정부발표를 믿냐 하는 생각도 혹시 할 수 있죠.

또 '타진요'라는 블로그에서 가수 타블로의 학력 위조 의혹이 제기됐을 때 많은 네티즌들이 동조한 것은 왓비컴즈라는 인물이 정교하게 조작한 증거물을 끊임없이 제시했기 때문이 아닌가요.

2,500년 전 그리스의 소피스트 시대를 생각해볼까요. 그때는 정말로 많은 '데마고그'들이 동분서주하고 있었지요. 그들은 진리보다는 궤변을 전파했고, 진실을 의기하는 '베리타스 veritas'보다는 '진실과 비슷하지만 진실은 아닌 것'을 뜻하는 '베리시밀리투도 verisimilitudo'를 선전했답니다.

그런데 우리 사이버 세계에서도 '진실과 비슷한 허위'가 괴력을 발휘하고 있다는 생각이드는군요.

왜 그런가요. 문제는 사이버 세계에는 '이야기꾼들'이 존재하고 있다는 것이지요. 또 누구나 이야기꾼이 될 수 있다는 점도 특징이지요. 이 사이버 세계에서 왕성하게 활동하는 이야기꾼들의 이야기는 사실의 진위眞僞와 관계가 없답니다. 그것은 참일 수도 있고 거짓일 수도 있지만, 그들의 이야기에서는 아무래도 상관이 없지요.

"옛날 옛적에…"로 시작하는 할머니·할아버지의 이야기가 생각나나요. 여기서는 '참이냐, 거짓이냐'가 중요하지 않고 '재미있느냐, 재미없느냐'가 중요하고, 혹은 '졸린 눈을 동그랗게 뜨고 들을 만큼 재미있느냐', 아니면 '졸음이 올 정도로 재미없느냐'로 판가름이 나지요. 마찬가지로 사이버 세계의 이야기꾼들에 있어서도 '참이냐, 허위냐'보다는 '재미가 있느냐, 없느냐'로 성패가 판가름나게 마련입니다.

예를 들어 "동해물과 백두산이 마르고 닳도록 하느님이 보우하사 우리나라만세"로 시작하는 애국가의 가사를 한번 볼까요. 애국가를 개그 소재로 삼아 패러디한 게시물들이 인터넷에 떠돌고 있다고 한 언론에서 전하는데, 문제는 이에 대한 누리꾼들의 반응이지요.

광주광역시의 A초등학교의 한 학급 카페에는 '역시지연 vs 아이유 step_1'라는 아이디의 학생이 "동해물과 백두산이 폭발, 하느님이 사망, 보우하자마자 사망'으로 시작하는 글을 올렸답니다. '우리나라 멸망, 무궁화 멸종"이란 표현도 썼지요. 놀라운 것은 이 글에 학생들은 '진짜 만빵!!!!!', '재밌다' 등의 댓글을 달았다는 점이지요. 또 네이버에 있는 '친구 애인 친목만들기' 카페에도 '사랑이란pyo2927'이라는 아이디로 "동해물과 새우깡은 마르고 닭되도록 하느님은 보온하사 우리나라 만세" 등의 글이 올라오기도 했습니다.

사실 애국가를 가지고 이처럼 저급한 방식으로 패러디 했다면, '신성 모독'이라는 말을 들을 만큼 큰 일이 아닌가요. 그런데 '재미있다'는 반응이 나오는 것입니다 확실히 사이버 세계의 이야기는 진위를 초월해 흥미가 지향점이 아닌가요. 이야기꾼들의 의도는 진실도 거짓도 아닌 오직 흥미를 유발시킬 관큼 그럴듯한 주장을 하는 데 있답니다.

그렇다면 사이버 이야기꾼들은 구체적 사실이나 진실을 전달하는 데 큰 관심을 가지고 있는 사람들은 아니죠. 오히려 어떤 방식으로든 재미있는 이야기를 만들어 누리꾼들을 낚는 '낚시꾼들'이라고 해야 하지 않을까요. 어떤 사물이든 흥미진진한 방식으로 진실이라고 선언하죠. 그러면 그 사물은 정말 사실과 다름없는 실체가 되는 거에요.

실로 놀라운 변신이죠.

이 사이버 세계의 '이야기꾼들'이 만들어내는 이야기의 목표는 우선 그 이야기가 많은 사람들, 즉 누리꾼들에게 전파되어 알게 하는 것이에요. 그 다음으로는 누리꾼들에게 그 이야기 대상에 대해 흥미와 호감을 유발하는 것이죠.

흥미로움을 유발하기 위해 반드시 진실만을 말할 필요는 없지요. 아니 진실을 말하지 않을수록 흥미의 효과는 더 크다고 할 수도 있잖아요. 이야기자체의 완성도만 높으면 되니까요.

그렇다고 하더라도 지금 사이버 세계에는 거짓을 말하는 '양치기소년들'이 너무나 많답니다. 이들 양치기소년들은 단순히 무서워서 "민가에 늑대가 나타났다"고 소리만 지르는 것이 아니에요. 오히려 그리스 신화에서 '판도라의 상자'를 연 판도라처럼 이 사회 전체를 향해 온갖 저급함과 비열함을 대대적으로 내보내고 있지요. 그 결과 진실과 거짓, 지성과 반지성이 뒤섞여 혼란스럽기 쪽이 없지요. 또 불신과 조롱, 냉소와 비판이 유행처럼 번지고 있답니다.

그러니 걱정이 되는 거에요.

언젠가 존 스튜어트 밀John Stuart Mill은 '악마의 대변자devil's advocate'라는 개념을 말했죠. 한마디로 많은 사람들이 지동설을 믿고 있는데 생뚱맞게 천동설을 말하는 사람들이 있다면 그들을 일컫는 말이죠. 얼마나 우스꽝스러운 이야기이겠어요. 지구를 중심으로 태양이 돌고 있다니요. 하지만 생각해보면 천동설을 말하는 사람들이 있어 지동설이 빛날 수 있는 거에요. 이처럼 허위가 있어서 진리가 빛날 수 있으니 허위도 나름대로 역할이 있는 거죠. 그래서 그런 역할을 하는 사람들을 보고 '악마의 대변자'라고 한 것이죠.

그런데 요즈음 사이버상에서 근거없는 이야기들을 해대는 이야기꾼들을 보면, 이 '악마의 대변자역'을 넘어 아예 건강한 비판, 정당한 문제제기, 건설적인 대안을 밀어내버리기로 작정하고 허위와 저질이 판치는 거친 반反지성의 탁류濁流를 주류로 형성하려고 하고 있는 것 같아요.

우리 사회에서 사실이나 진실이 무엇인지는 전혀 중요치 않게 되었답니다. 더구나 트위터나 페이스북을 비롯한 SNS시대의 특징을 틈타 허위, 몰상식, 궤변, 좌절, 분노가 브레이크 없이 전파되고 있는 실정이지요.

이제 2030세대 여러분이 보다 날카로운 지성의 눈을 가지려면 사이버 세계에만 몰입되지 말고 오프라인 세계에도 당연한 관심을 가져야 합니다. 여러분은 이 두 개의 세상에 다 함께 살고 있는 존재잖아요. 그러니 이 두 개의 세상에 다 함께 친밀해져야 비로소 세대의 빛을 발할 수 있는 거에요.

2030세대 여러분! 한쪽 세계만 탐닉하지 말고 부디 가상 세계와 현실 세계, 이 두 개의 세계에 두루 정통한 세대가 되세요.

■ 권리만 갖고 말하지 않기로 해요

2030세대, 여러분의 개성존중과 개인주의는 각각의 개인이라는 존재의 엄숙함을 인정하고 개인의 개별성을 소중하게 받아들이고 있다는 점에서 의미가 크지요. 개인이 자신이 속한 공동체의 집단적 가치에 매몰되어 한 개인의 힘으로는 더 이상 '인간다운 인간'이 될 수 없었던 시대의 굴레를 벗는 데 큰 몫을 한 게 분명해요.

그러나 2030세대, 여러분! 혹시 개인주의를 선호하다보니 '개인의 몫'을 챙기겠다는 일념으로 '개인의 권리'나 '자유'의 측면에만 신경쓰지는 않았나요.

'자신이 가져야 할 몫'은 힘차게 주장하지만 다른 동료들과 함께 나누어야 하는 '공동의 몫'에는 소홀한 측면이 없었나요.

따지고 보면 그 공동체라면 개인에게 혜택으로 돌아가는 '이익의 몫'도 있지만, 그 전체를 유지하고 기능하도록 하기 위한 '책임의 몫'도 있는 거에요.

2030세대 여러분! 그러니 권리의식은 소중하지만 지나친 권리의식은 문제가 될 수 있어요. '나'는 '나'의 권리를 가지고 있고 '너'는 '너'의 권리를 가지고 있다는 사실만으로 모든 인간관계를 가늠하려 한다면, '자유인의 공동체'에서 문제가 발생할 수밖에 없기 때문입니다.

대로변에서 '나'는 조용히 길을 걷고 싶고 또 그걸 누릴 권리도 있지요. 그러나 굉음을 내며 오토바이를 타고 싶어 하는 상대방은 자신도 그럴 권리가 있다고 생각하지 않나요.

문제는 이 두 가지 권리가 충돌할 때, 어느 한쪽 혹은 둘 다 마음을 상하거나 얼굴을 붉힐 수밖에 없다는 점입니다. 이러한 상황이라면 '양보의 원리'가 나와야 되는데, 권리만을 중시하는 권리만능주의 사회에서는 그 '양보의 논리'가 도출될 수 없답니다.

엄밀한 의미에서 권리란 '무엇을 할 수 있다'는 점만을 규정할 뿐, '무엇을 하는 것이 좋겠다'든지 '무엇을 하는 것이 훌륭하다'고 규정할 수 있는 것은 아니지요.

예를 들면, 백년해로를 약속한 배우자라고 해도 그와 마음이 맞지 않거나 성격이 맞지 않아 밤낮으로 싸운다면, 이혼을 선택할 수도 있을 거에요. 이때 이혼할 수 있다는 것은 '권리'의 개념이 아니겠습니까.

그러나 자녀가 있는 경우, 이혼을 '좋은 것'이라는 의미에서 '선善'이라고 할 수 있을까요. 물론 이혼을 '절대악絶對惡'이라고까지 단죄할 필요는 없겠지요. 하지만 그렇다고 해서 '적극적 선'이라고 평가할 수 없음도 확실하지요.

기껏해야 '필요악必要惡'이라고 말해야 하지 않을까요.

이처럼 이혼과 같은 권리의 개념은 누구든 할 수 있다는 점에서 '허용된 행위permissible act'이기는 합니다. 그러나 '허용되었다'는 의미를 갖는 권리의 행위를 행사했다고 해서 그 행위를 두고 '훌륭한 것'이라든지, '우아한 것'이라든지, '감동을 줄 수 있는 행위'라고 말하기란 어렵지요. 권리란 그 자체로 '선한 것'이라고 규정하기는 어렵답니다. 다만 기껏해야 '허용가능하다' 혹은 '할 수 있다'는 정도의 평가를 받을 뿐입니다.

그럼에도 혹시 2030세대 여러분 가운데는 권리의 개념을 개인이 해야 할 행동의 모델이나 나침판인양 생각하고 있지는 않나요. 그러나 권리가 모든 것이라는 이 권리만능주의로 인해 자신의 권리가 훼손당했다며 분노하는 소리만 넘쳐날 뿐, 의무나 책임을 이행하는 문제가 사소한 문제로 밀려난다면, 어떻게 될까요.

권리를 위해서는 거리에 나서기도 하지만, 혹시 의무를 위해서도 거리에 나설 용의가 있나요.

하기야 우리 사회에도 권리만 이야기하는 '국가인권위원회'나 '국민

권익위원회'만 있을 뿐 '국민의무위원회' 같은 건 없잖아요.

그러나 여러분! 의무에 관한 인식이 바로 되어있어야 권리의 개념과 균형을 이룰 수 있답니다. 그렇지 못하고 의구감이나 의무에 관한 '도덕적 감수성'이 결여된다면, '자유인의 공동체'는 될 수 없는 거에요. 의무에는 침묵하고 권리만 주장하는 '자유인'이란 있을 수 없지요.

■ SNS시대에도 교양과 지성은 필수품이에요!

2030세대 여러분! SNS가 삶의 환경을 바꿀 수는 있으나, 인간성 자체를 바꿀 수 있는 것은 아닙니다. 원래 인간은 불완전하기 때문에 계속해서 완전성을 향해 나아가야 하는 책무는 마찬가지인 거에요. 즉, 루소 J. J. Rousseau의 표현대로 '완전해질 수 있는 존재'가 인간이 아닌가요.

그렇기 때문에 소통이 광속도로 된다고 하여 인간이 광속도로 행복해지는 것은 아닌 거에요. 또 '희로애락 喜怒哀樂' 가운데 '희락 喜樂'이 급속도록 높아지고 '노애 怒哀'가 현저하게 줄어드는 것도 아니랍니다. 또 진실과 상식이 더 쉽게 받아들여지고 허위와 비상식이 더 획기적으로 줄어드는 것도 아니지요.

과거에 '멋진 신세계'로 일컬어졌던 시대를 회상해보아도 그렇지요. 전화가 발명되고 자동차가 달리며, 비행기가 날아다니는 시대가 도래 했지만, 그럼에도 불구하고 자동차 사고나 비행기 사고로 불행을 겪는 사람들도 많아졌고 또한 험담과 비방의 빠른 소통 때문에 자살의 충동을 느끼고 가슴앓이 하는 사람들도 많아졌답니다.

인간이 '절차탁마切磋琢磨', 즉 보다 큰 완전성을 향해 지속적으로 노력해야 하는 것은 어느 시대를 막론하고 또 어느 세대와 상관없이 주어진 책무라고 할 수 있어요. 희생, 헌신과 공동체 의식, 권리 못지않은 의무의식과 초과의무의식, 이런 가치들은 시대가 변하고 세대가 달라져도 보석처럼 불변의 소중한 것으로 남아 있어야 하는 덕목들이 아닌가요.

인내라는 것도 그런 것예요. 요즈음 자판기 시대가 열렸고 패스트푸드 시대가 되기는 했죠. 또 즉석복권도 나왔잖아요. 커피를 마시고 싶으면 동전을 넣고 버튼을 누르면 되고 햄버거가 먹고 싶어 주문하면 5분도 안 돼 바로 나오죠. 과거에는 상상조차 할 수 없었던 초스피드에요.

또 컴퓨터는 즉석에서 지금의 운세가 어떤지, 결혼의 상대로는 누가 좋은지 알려주죠. 그런가 하면 손만 대면 틀림없이 성공할 사업도 말해주죠. 그뿐만이 아니에요. 가고자 하는 목적지의 교통편은 물론이고 유명한 맛집까지 바로 가르쳐 주잖아요.

소통도 그렇잖아요. 예전에 말하고 싶으면 편지를 썼죠. 그러나 지금 누가 편지를 쓰나요. SNS시대인데, 바로 휴대폰으로 하면 통화가 되죠.

정말로 신기하죠.

그러니 이젠 기다림과 인내심 없이도 살아갈 수 있는 멋진 신세계가 도래했다는 신화神話가 생기는 거에요.

그러나 과연 그럴까요. 생각해보면 그런 것은 아니에요. 커피물이 끓는데도, 밥에 뜸이 드는데도 시간은 필요하죠. 그걸 '절대시간'이라고 하지 않나요. 이런 절대시간이 있으니 인내심이 필요한 거에요. 그러니 기다릴 줄 알고 또 참을 줄 알아야 되는 거죠.

이런 것들은 SNS시대라고 해서 달라지는 건 아니에요. 상대방에게 말을 하기 전에 어떤 말을, 어떻게 할까를 생각하는데 시간이 필요하지요. 소통속도가 빠르다고 해서 아무런 말이나 이른바 '잡놈'처럼 저급하게 함부로 할 수 있는 것은 아니잖아요.

이처럼 SNS는 소통 그 자체가 아니라 소통의 수단에 불과할 뿐입니다. 중요한 것은 소통을 하는 사람이에요. 소통하는 사람에게 품위와 교양이 부족한데 소통 수단이 빨라지고 편리해졌다고 해서 자연스럽게 양질의 선진화된 소통공동체가 되는 것은 아니지요.

피아노 연주를 들어 보았나요. 피아노 연주를 잘하는 비결은 피아노에 달린 게 아니라 피아노를 치는 피아니스트에게 달린 거에요. 아무리 피아노가 좋아도 그 피아노를 치는 피아니스트가 서투르면 피아노 연주는 엉망이 되는 거죠.

SNS소통도 마찬가지에요. 소통하는 사람들의 끊임없는 자기성찰과 자기채찍질이 필요한 것은 바로 이 때문이랍니다.

한 인간 개인이 20년의 세월을 통해 자기 자신을 성숙시키는 것처럼, 한 세대도 마찬가지가 아닐까요. 교양과 지성은 그래서 필요한 거에요. 교양과 지성이 없거나 부족하면 '헛똑똑이'가 되고 결국 품위있는 '자유인의 공동체'는 신기루처럼 무망하게 되는 거죠.

사이버 세계의 이야기꾼들의 솔깃한 이야기에만 귀를 기울이지 말고 현실 세계에서 통용되는 진실과 사실, 그리고 공동체의 역사와 상식에도 — 비록 그들이 재미없고 또 불편하더라도 — 마음의 문을 여는 것이 중요한 이유랍니다.

■ 조국에 대한 사랑은 우리 모두에게 소중한 가치랍니다!

2030세대 여러분! 여러분이 가족이나 친구에 대해 사랑을 가지고 있는 것은 분명하지만 조국에 대해서도 사랑을 가지고 있나요. 가지고 있다면 얼마나 가지고 있나요.

흥미로운 결과가 있답니다. 2009년 한국청소년 정책연구원에서 "다시 태어난다면 어느 나라에 태어나고 싶은가요" 하는 질문을 했더니 청소년 10명 가운데 6명이 다른 나라 사람으로 태어나 살고 싶다고 대답했다고 하네요. 다른 기관에서 한 발표도 이와 대동소이하답니다.

이것이 사실이라면 참으로 놀라운 수치가 아닐 수 없군요.

정말로 여러분은 대한민국. 이 네 글자를 들었을 때 무슨 생각이 드나요. '나의 나라', '나의 고향', '자랑스러운 나의 조국', '나의 뿌리'라는 생각이 드나요.

보통 이런 말들은 자기 자신이 태어난 나라를 생각했을 때 드는 생각들일 거에요. 하지만 대한민국은 너무나 이상하게 애증愛憎이 겹치는 존재인 것 같다는 생각이 들 때가 많지 않나요. 어떨 때에는 너무나도 자신이 대한민국의 국민이라는 사실에 자랑스러워하지요. 월드컵 축구에서 골을 넣어 상대편을 멋지게 이기고 또 올림픽에서 금메달을 따고 시상대 위에서 애국가가 울려 퍼질 때가 그렇지 않나요.

그런데 또 한순간 대한민국 국적을 갖고 있다는 것이 창피해지고 또 싫어하기도 하지요. 어떤 땐가요. 병역문제가 불거져 나왔을 때 그렇지 않나요. "힘 있고 돈 있고 머리좋은 사람들은 누구나 병역을 회피하는 나라로구나"라는 생각이 들 때죠. 이를 위해 때로는 법을 정면으로 어기기도 하고 혹은 법의 빈틈을 찾아내기도 하고….

그런데 집을 생각할 때는 어떤가요. "즐거운 나의 집Home Sweet Home"이라는 노래의 가사가 있어요. 미국의 극작가 존 하워드 페인John Howard Payne이 작사를 해서 유명해졌는데, 한국에서는 김재인이 한국어로 번안했죠.

즐거운 곳에서는 날 오라 하여도
내 쉴 곳은 작은 집 내 집뿐이리
내 나라 내 기쁨 길이 쉴 곳도

꽃 피고 새 우는 집 내 집뿐이리
오 사랑 나의 집
즐거운 나의 벗 집 내 집뿐이리

아! 나의 집은 이처럼 즐거운 곳인데, 왜 내 나라는 그렇지 못할까요.

대한민국은 왜 이렇게 여러분에게 애증의 존재가 되었을까요.

과연 대한민국은 어떤 나라인가요.

20세기는 우리 민족에게 정말 파란만장한 영욕의 세기였죠. 나라를 빼앗기기도 하고 도로 찾기도 했으니 말이지요. 물론 그 파란만장했던 우리 현대사에서 주목할 만한 성취들도 적지 않았죠. 그 가운데 가장 중요한 성취라면, 단연 대한민국 건국이에요.

할아버지·아버지 세대가 자유민주주의와 입헌주의를 지향하는 '공화국'을 세웠다는 것은 공동체의 차원은 물론 개인의 차원에서 볼 때도 의미심장한 것이지요.

공화국이란 서로 다른 이해관계를 갖는 개인과 사회집단을 '위계적인 방식'이 아닌 '평등에 입각한 방식'으로 통합하는 자유인의 공동체가 만들어졌다는 뜻입니다.

당연히 대한민국의 건국을 계기로 하여 '개인'의 위상도 상전벽해가 됐죠. 유교적 질서의 상하관계에만 익숙했던 전前근대적 '신민'은 명실 공히 근대의 '자유인'으로 탈바꿈한 것이 아닐까요.

이처럼 자유인과 자유인의 공동체의 출현으로 인해 '정치권위'의 성격도 질적으로 달라졌어요. 공화국 수립으로 인해 자유에 기초한 정치권위의 정당화가 이루어진 것이죠. 그래서 대한민국은 왕조국가와 달리 시민들의 진정한 충성심과 헌신의 대상이 되는 국가가 된 거에요. 대한민국이 명실공히 '공화적 애국심'의 대상이 된 것이죠.

그렇다면 바로 여기서 "누구도 국가가 위대하기 때문이 아니라 자신의 나라이기 때문에 사랑할 뿐Nemo patriam non quia magna est amat, sed quia sua"이라고 설파한 2,000년 전 로마의 세네카Seneca의 절규가 새삼 와닿지 않나요.

이 절규가 우리 대한민국의 2030세대 여러분에게도 울림으로 다가오는지 궁금합니다.

북한처럼 주민들이 죽지못해 살아가는 현대판 노예 국가가 아닌 공화국으로서 대한민국에 대한 나라사랑이 특별한 것은 자유와 평등에 기반한 애국심이며 '법', 특히 그와 같은 가치들을 규정해놓은 '헌법'에 기초한 애국심이기 때문이에요. 자유와 평등 및 인권을 보장하는 '자유인의 공동체'에 대한 헌신과 희생을 말하는 애국심이라면, 절대 군주나 독재자 한 사람을 위하는 일인숭배형의 헌신이나 희생과는 질적으로 다를 수밖에 없습니다.

할아버지·아버지 세대는 대한민국이라는 공화국을 수립함으로써 이런 '헌법적 애국심'과 '공화적 헌신'이 가능한 나라를 만든 것이지요.

그렇다면 2030세대 여러분! 이런 나라에 태어난 것을 축복으로 생각할 수도 있지 않을까요. 혹은 그렇지는 못하다고 해도 회한에 젖을 필요는 없다고 생각해요.

여러분! 그 유명한 상텍쥐페리Antoine de SaintExupéry의 『어린왕자』를 읽어보지 않았나요. 어린왕자는 아주 작은 떠돌이별에서 자존심 강한 장미꽃 한 송이와 함께 살았죠. 하지만 그는 장미꽃의 투정에 너무나 마음이 상해 그 별을 떠났지요.

여행을 하면서 어린왕자는 여러 별을 거쳤습니다. 이 별들은 모두 어린왕자 자신의 별처럼 다주 작은 떠돌이별이어서 한 사람씩밖에 살고 있지 않았지요. 그곳에서 어린왕자가 만난 사람은 왕과 허영심 가득한 남자, 주정뱅이, 상인, 가로등 관리하는 사람, 지리학자였습니다. 그들은 하나같이 이상한 어른들이었지요.

마구 뽐내는 임금님, 자만으로 가득차 있는 남자, 술독에 빠질 정도로 마시며 나쁜 일을 잊으려 하는 술주정뱅이, 숫자밖에는 머릿속에 없는 상인, 쉬지 않고 일만 하는 남자, 땅을 걸어보려고 하지 않고 책을 쓰는 지리학자였으니까요.

그리고 마침내 어린왕자는 지구로 오게 됩니다.

지구에서 어린왕자가 처음 만난 것은 뱀이었습니다. 뱀은 어린왕자에게, 언제고 떠나온 별이 그리우면 도와줄 수 있다고 말하지요. 그리고 어린왕자는 여우를 만납니다.

놀라운 만남이었지요.

여우는 어린왕자에게 '길들인다'는 것의 의미와 책임을 말해주네요. 또 '잘 보려면 눈이 아니라 마음으로 보아야 한다'는 것을 가르쳐 주지요.

여우는 말하지요.

"정원의 장미꽃들에게 가봐. 네 장미꽃 같은 것이 세상에 둘도 없다는 걸 알게 될거야"

문득 어린왕자는 정원을 가득 메운 장미꽃들보다 자신과 관계를 맺은 장미꽃 한 송이가 더 소중하다는 것을 깨닫게 되지요.

이윽고 어린왕자는 장미꽃들을 만나러 갑니다.

"너희들은 내 장미꽃하고 조금도 같지 않아. 너희들은 아직 아무것도 아니야. 아무도 너희를 길들이지 못했지"

그러니까 장미꽃들은 어쩔 줄 몰라 했죠.

어린왕자는 또 이런 말도 하네요.

"너희들은 곱긴 하지. 하지만 속이 비었어. 누가 너희들을 위해서 죽을 수는 없단 말이야. 물론 내 장미도 보통사람은 너희들과 비슷하다고 생각할거다. 그렇지만 그 꽃 하나만으로도 모두를 당해내고도 남지.

그건 내가 물을 준 꽃이니까. 내가 고깔을 씌워주고 병풍으로 바람을 막아준 꽃이니까. 내가 벌레를 잡아준 것이 그 장미꽃이었으니까. 그리고 원망하는 소리나 자랑하는 말이나 혹 어떤 때는 점잖게 있는 것까지라도 들어준 것이 그 꽃이었으니까. 그건 내 장미꽃이니까"

결국 어린왕자는 한없이 연약한 장미꽃이 새삼스레 그리워지고 걱정스러워집니다. 그래서 지구에 온 지 꼭 1년이 되는 날, 어린왕자는 맹독을 지닌 뱀에게 물려 쓰러집니다.

서로를 길들이며 관계를 맺었던 그 연약하고 순진무구한 장미꽃에 대한 책임을 다하기 위해 자신의 별로 떠난 거지요.

2030세대 여러분은 이처럼 어린왕자가 될 수는 없을까요. 그렇지요. 정원에 수많은 장미꽃들이 피어있는 것처럼 이 세상에 수많은 나라가 있죠. 하지만 그 많은 나라들은 그냥 피어있는 장미꽃들과 같아요. 마음을 주거나 정을 준 적이 없어, 속이 빈 그런 장미꽃들이잖아요.

그러나 대한민국은 다르죠. 연약하고 갸날프지만 시간과 정성을 들였던 내 장미꽃처럼 대한민국도 그런 내 장미꽃과 같은 '내 나라'가 아닐까요.

분명 그렇게 여러분에게 길들이고 길들여진 나라가 대한민국일거에요.

부디 여러분은 그냥 피어있는 장미꽃들이[1]라고 할 수 있는 다른 나라의 자유인의 공동체를 부러워하지 말고 오로지 여러분의 장미꽃인 이 '자유인의 공동체'를 사랑하고 또 소중히 키워주세요.

[저자소개]

박효종

1947년 서울에서 태어났다. 가톨릭대학 신학부를 졸업하고 신학석사학위를 취득했다. 그 후 서울대학교에서 교육학 석사학위를 취득하고 미국 인디애나 대학교에서 정치학 박사학위를 땄다. 현재는 서울대학교 사범대학 윤리교육과에 재직중. 『국가와 권위(2001)』라는 책으로 제42회 한국백상출판문화상 저작상을 수상했으며, 대표저서로 『민주주의와 권위(2005)』가 있다. 오랫동안 시민단체 활동을 해왔으며, 학교에서는 '국가오· 시민'이라는 핵심교양강좌를 통해 학생들과 만나왔다.

자유, 뭥미?

초판 1쇄 인쇄   2012년 8월 10일
　　1쇄 발행   2012년 8월 15일

저자와
협의하여
인지는
생략합니다

저　　자 박 효 종
발 행 인 안 종 만
발 행 처 ㈜**박영사**

주　　소 서울특별시 종로구 평동 13-31번지
전　　화 (02) 733-6771
팩　　스 (02) 736-4818
등　　록 1959. 3. 11. 제300-1959-1호(倫)

이 메 일 pys@pybook.co.kr   홈페이지 www.pybook.co.kr

정　　가 16,000원
ISBN 978-89-6454-277-4   03190

이 책은 저작권법에 의해 보호를 받는 저작물이므로 동영상 제작 및 무단전재와 복제를 금합니다.